Bryan Washington • Dinge, an die wir nicht glauben

# Bryan Washington
# Dinge, an die wir nicht glauben

Roman

Aus dem Amerikanischen
von Werner Löcher-Lawrence

KEIN & ABER
POCKET

*Für A, D und L*

Ebenfalls von Bryan Washington:
*LOT*
*An einem Tisch*

Die Originalausgabe erschien 2020 unter dem Titel
*Memorial* bei Riverhead Books, New York

Covermotiv: Maurice Ettlin
Covergestaltung: Hannes Aechter, Berlin
Satz: Dörlemann Satz, Lemförde
Druck und Bindung: CPI books GmbH, Leck
ISBN 978-3-0369-6167-5
Auch als eBook erhältlich

www.keinundaber.ch

*Alle reden überall, denke ich, ständig über den gleichen Scheiß.*

RACHEL KHONG

*Diese Welt ist wundervoll, schrecklich.*

ANDRÉS NEUMAN

*Braucht Liebe einen Grund?*

MASAO WADA, TERRACE HOUSE

# BENSON

# 1.

Mike fliegt nach Osaka, aber seine Mutter kommt nach Houston.

Nur für ein paar Wochen, sagt er.

Oder vielleicht auch ein paar Monate, sagt er. Aber ich muss hin.

Das Erste, was ich denke, ist: Fuck.

Das Zweite, dass wir kein Geld dafür haben.

Dann wird mir bewusst, dass *wir* überhaupt nichts gespart haben. Aber Mike war schon immer gut mit Finanzen, immer gut darin, eine eigene Kasse zu führen. Das ist einfach so bei ihm. War schon immer so.

Jetzt sagt er, dass er zu seinem Vater will. Der Mann ist krank. Mike will ihn noch einmal sehen, bevor er abdankt. Und ich sitze auf dem Sofa, höre ihm halb zu und lade mein Telefon.

Du hast deine Mom seit Jahren nicht gesehen, sage ich. Sie kommt *dich* besuchen. Ich kenne sie nicht – habe sie noch nie getroffen.

Ich sage: Du magst deinen verdammten Vater nicht mal.

Stimmt, sagt Mike. Aber ich hab das Ticket schon.

Und Ma ist noch hier, wenn ich zurückkomme, sagt

Mike. Du leistest ihr super Gesellschaft. Sie wirds überleben.

Er steht am Herd, schlägt Eier auf und gibt die Dotter in zwei Pfannen. Als sie sich gesetzt haben, salzt er sie, träufelt Mayonnaise darüber und gibt ein paar Oreganozweige dazu. Früher konnte Mike Srirachasoße nicht ausstehen, bekam Anfälle, wann immer ich danach griff. Jetzt drückt er den Rest aus der verblichenen Flasche über mein Omelett und reibt das Zeugs mit einem Bratenwender rein.

Ich frage nicht, wo er in Japan wohnen wird. Ich frage nicht, bei wem er wohnen wird und wo seine Mutter hier schlafen soll, in unserem Zwei-Zimmer-Apartment. Wie genau das gehen soll. Die Sache mit einem fahrenden Zug ist, dass du ihn manchmal noch erwischen kannst. Die Familien einiger Kids, mit denen ich arbeite, haben es so in dieses Land geschafft. Stürzt du, bist du tot. Bist du zu langsam, bist du tot. Aber wenn du mit ausreichend Schwung kommst, besteht eine Chance.

Ich trete den Couchtisch also nicht um. Auch keinen der Stühle. Weder zerkratze ich sein Auto noch ramme ich damit durch die Wand ins Wohnzimmer. Nach dem blauen Auge haben wir aufgehört, uns zu schlagen – haben uns beide gedacht, jeder still für sich, dass das das Mindeste ist.

Was ich heute mache, ist lächeln.

Ich danke Mike, dass er mich informiert hat.

Ich frage ihn, wann er fliegt, und bemerke sofort meinen Fehler. Ich greife bereits nach meinem Ladegerät, um damit zu werfen, als er es sagt: Morgen.

♦

Es geht uns gut. Danke der Nachfrage.

♦

Wir sind seit, Moment, vier Jahren zusammen? Das hängt davon ab, wie man rechnet. Wir waren seit Monaten auf keiner Party mehr, und als wir noch auf Partys gingen, wusste zuerst keiner, dass wir vögeln. Mike stand einfach nur da, während sich irgendein Whitegirl zu mir durchredete, dann reckte er den Arm über meine Schulter und steckte einen Finger in mein Bier.

Oder er nieste, beugte sich vor und wischte sich die Nase an meinem Ärmel ab.

Streichelte mein Portemonnaie, langsam, und schob es in meiner Tasche herum.

Einmal, bei einem Abendessen, legte er eine Hand in meinen Schoß und fuhr mir mit dem Daumen über den Schwanz. Hin und wieder sah einer hin, und als sie es endlich kapierten, drückten sie den Rücken durch, und ihr Lächeln wurde etwas zu breit. Mike fragte, ob was wäre, aber sie sagten, nein, überhaupt nicht, und er machte weiter, ohne auch nur einen Blick zu mir.

Wir wussten beide, wie wir aussahen. Und wie wir nicht aussahen. An einem Abend vor ein paar Wochen, auf einer Kneipentour mit Mikes Kollegen, genügte ein Blick auf uns. Er arbeitet in einem Coffeeshop in Montrose, so einer Fusions-Geschichte, wo sie Reisschüsseln mit Frühlingsrollen vermanschen – wobei, wenn Mike nicht da ist, kochen sie rein mexikanisch.

Sie hatten seit einem Jahr geöffnet, und es war ihre Jubiläumsfeier. Mike hatte uns dafür eingetragen, eine Stunde lang Tortillas zu wenden gleich beim DJ-Pult.

Ich fühlte mich elend. Mike fühlte sich elend. Alle, die bei uns vorbeikamen, sahen uns auf diese Weise an, die besagte: Hmm. Sie legten uns die Hände auf die Schultern und fragten, wie lange wir schon zusammen seien. Sie wollten wissen, wo wir uns kennengelernt hätten und wie wir mit Harvey zurechtgekommen wären, und die Musik war so scheißlaut, dass Mike und ich nur irgendwie nickten.

♦

Ich sage kein Wort, als wir zum Flughafen fahren, um seine Mutter abzuholen. Auch nicht, als Mike schließlich hält. Der IAH liegt außerhalb der Houstoner Ringautobahnen, aber auf dem Highway dorthin ist ständig Verkehr. Als Mike beim Ankunftsbereich rechts ranfährt und den Schlüssel abzieht, schimmert eine Lichterlinie hinter uns, ein winziges Sternbild aus Reisenden.

Mike hat mittlerweile einen Schnäuzer. Er weht ihm übers Gesicht. Bisher hat er ihn immer gestutzt, doch jetzt denke ich, dass er wie seine eigene Karikatur aussieht. Wir sitzen vorm Terminal, und es kann nicht sein, dass unsere Situation abgefuckter ist als die anderer, aber trotzdem. Manchmal fragt man sich schon.

Ich frage mich.

Ich frage mich, ob er sich fragt.

Wir sind in letzter Zeit nicht gut darin, uns zu entschuldigen. Das wäre jetzt eine nette Gelegenheit.

Der Flughafen hat täglich etwa 111 500 Besucher, und wir zwei gehören zu den absolut lächerlichsten.

Hey, sagt Mike.

Er seufzt. Gibt mir den Schlüssel. Sagt, er ist gleich mit seiner Mutter wieder da.

Wenn du abhaust, sagt Mike, werden wir dich schon finden.

♦

Er brauchte ganze zwei Dates, um auf das Thema Hautfarbe zu kommen. Wir saßen in einer irischen Kneipe direkt hinterm Hyde Park. Alle im Innenhof waren weiß. Ich war ein bisschen betrunken, und als ich Mike sagte, er sei etwas kleiner als optimal, schnalzte er mit der Zunge, als wolle er sagen: Warum hast du dafür so lange gebraucht?

Was, wenn ich dir sage, dass du zu höflich bist?, fragte Mike.

Okay, sagte ich.

Oder dass du dich so gut ausdrückst.

Kapiert. Tut mir leid.

Entschuldige dich nicht, sagte Mike und boxte mir gegen die Schulter.

Es war das erste Mal, dass wir uns an dem Abend berührten. Der Barmann sah in unsere Richtung und zwinkerte uns zu.

Ich hoffe nur, du siehst einen vollwertigen Menschen in mir, sagte Mike. Mal abgesehen von deinem Sex-Appeal.

Halts Maul, sagte ich.

Ernsthaft, sagte Mike. Kein Scheiß.

Ich Mifune, sagte er, du Yasuke.

Hör schon auf, sagte ich.

Oder vielleicht sind wir auch fucking Bonnie und Clyde, sagte er.

♦

Drei verschiedene Cops linsen in den Wagen, während Mike in der Gepäckausgabe ist. Den ersten beiden lächle ich zu. Der dritte erntet einen düsteren Blick. Worauf zum Teufel wartest du, klopft er an mein Fenster, und als ich auf den Halleneingang deute, runzelt er die Stirn.

Dann sehe ich, wie sie nach draußen kommen. Das Erste, was ich denke, ist, dass sie wie meine Familie aussehen. Mikes Mutter geht ein bisschen gebückt, und er zieht ihren Koffer hinter sich her. Eine Weile lang haben sie sich einmal im Jahr gesehen – sie flog hierher, nur um ihn zu besuchen – aber die letzten paar Jahre waren schwierig. Seit ich bei Mike wohne, gab es keine Besuche mehr.

Ich öffne den Kofferraum. Ich wäre gern der Typ, der das nicht tut, mach es aber.

Mike hilft seiner Mutter den Sitz hinten richtig einstellen, und sie sieht mich nicht mal an. Ihr Haar ist zu einem Knoten gebunden. Sie trägt eine hellblaue Windjacke, eine Atemschutzmaske und einen Hauch Make-up.

Ma, sagt Mike. Hast du Hunger?

Sie murmelt etwas Japanisches. Zuckt mit den Schultern.

Ma, sagt Mike.

Er wirft mir einen Blick zu. Fragt noch einmal. Dann wechselt er die Sprache.

Sie sagt etwas, er sagt etwas, und dann kommt ein Typ, der den Verkehr regelt, an mein Fenster. Ein kräftiger Latino mit Weste. Den Kopf rasiert, als wär er in der Army. Er sagt etwas, was wir nicht hören können, und ich lasse das Fenster herunter. Er fragt, ob was nicht stimmt.

Ich sage, wir fahren.

Dann fahrt!

Die nächsten Worte verlassen meinen Mund, noch bevor ich sie abschmecken kann. Es ist so, als kämen sie von selbst. Ich sage: Okay, Arschloch, wir sind schon weg.

Und der Latino-Typ sieht mich düster an. Aber bevor er was sagen kann, fangen sie hinter uns an zu hupen. Er sieht mich wieder an und geht dann weg, kratzt sich die Brust und zuckt noch mal kurz zu unserem Auto hin.

Während ich das Fenster hochkurble, starrt mich Mike an. Seine Mutter auch. Sie sagt etwas, schüttelt den Kopf, und ich fädele mich in den Verkehr ein.

Ich drehe das Radio lauter, sie spielen Meek Mill.

Ich wechsle den Sender, und es kommt Migos. Ich schalte das verdammte Ding aus.

Endlich erreichen wir den Highway.

Plötzlich sind wir bloß eine weitere Soap Opera von viel zu vielen, doch dann lacht Mikes Mutter los und schüttelt den Kopf.

Sie sagt etwas auf Japanisch.

Mike schlägt gegen das Handschuhfach und sagt: *Ma.*

♦

Meine Eltern tun so, als wäre ich nicht schwul. Das ist leichter für sie, als es klingt. Mein Vater wohnt in Katy, westlich von Houston. Meine Mutter ist in Bellaire geblieben, auch nachdem sie wieder geheiratet hat. Vorher haben wir mit der Familie meist auswärts in der Stadt gegessen. Mein Vater war Meteorologe. Es war so ein Statusding. Er holte meine Schwester, meine Mutter und mich von zu Hause ab und fuhr uns die I-45 runter, nur um dann mit seinen Arbeitskollegen zu essen. Dabei bestellte er für unseren Tisch immer das größte Gericht auf der Speisekarte – fettglänzendes Schweinefleisch hing über die Tellerränder, pfundweise zischten die gedünsteten Garnelen auf Pak Choi. Er nannte das Arbeit. Weil er ständig arbeitete.

Eine Frage, die er uns immer stellte: Wie viele Niggas seht ihr hier, die das Wetter voraussagen?

Meine Mutter widersprach ihm nie, beschimpfte ihn nicht und tat auch sonst nichts in der Art. Sie wiederholte nur genau das, was er sagte. Gab seiner Stimme einen besonderen Ton. Das war ihr Ding. Sie ließ ihn wichtig klingen, wie eine Art Chef, aber mein Vater ist ein kleiner Mann, und mit ihrer Taktik erreichte sie genau das, was zu erwarten war.

Super Job heute, sagte sie, wenn wir im Auto auf der 10 feststeckten.

Das ist eine beeindruckende Prognose, sagte sie, Augenblicke nachdem er ein Weinglas gegen die Küchenwand geworfen hatte.

Ich schwöre, ich trinke nicht mehr, äffte sie ihn nach und sah ihm geradewegs in die Augen, während er dalag, betrunken nach ihren Knien griff und schwor, dass er nie wieder auch nur ein einziges Bier trinken würde.

Schließlich verließ sie ihn. Lydia zog zu unserer Mutter und wechselte die Highschool. Ich blieb auf meiner alten Junior High in der Vorstadt, und mein Vater trank weiter. Nachdem er vom Sender wegen Trunkenheit im Studio gefeuert worden war, lebte er von seinen Ersparnissen. Manchmal sprang er in der Highschool als Ersatz in Naturwissenschaften ein, aber meist saß er auf dem Sofa und buhte die stündlichen Prognosen von KHOU aus.

Wenn er zwischendurch mal kurz nüchtern war, korrigierte er Schulaufsätze. Irgendwer hatte statt Niederschlag *Niederung* geschrieben. Jemand anderes die Seite einfach mit Wattebäuschchen vollgemalt, statt zu definieren, was eine Kumuluswolke war. Einmal legte mein Vater drei Arbeiten an den Rand des übervollen Tischs, alle mit der genau gleichen Handschrift, nur mit anderen Namen.

Er gestikulierte in meine Richtung und fragte, warum immer alles so verdammt *schwer* sein müsse.

♦

Nach ein paar Monaten sagte Mike, wir könnten so sein, wie wir wollten. Ganz egal, wie das aussehe.

Ich bin da ganz locker, sagte er.

Ich nicht, sagte ich.

Das wird sich ändern, sagte er. Gib mir nur etwas Zeit.

♦

Es ist nach Mitternacht, als wir in unsere Straße biegen. Fast alle Lichter sind aus. Auf dem Bordstein hocken ein paar Kids, rauchen Gras und jagen Knaller in die Luft.

Als einer direkt hinter uns explodiert, laufen die Kids weg. Das ist ihr neuester Scheiß. Mikes Mutter zuckt mit keiner Wimper.

Ma, sagt Mike, wir sind zu Hause.

Wir wohnen im Third Ward, einem traditionell schwarzen Teil Houstons. Unser Apartment ist im Grunde zu groß, es ergibt keinen Sinn. Früher gab es Geld im Viertel, aber dann kam Crack, und das Geld verschwand, und manchmal hörst du Schüsse, Schlägereien oder Wichser viel zu schnell durch die Straßen rasen. In letzter Zeit sind hier aber Studierendenverbindungen vom College eingefallen, das ein Stück die Straße rauf liegt. Und hier und da auch ein paar Profs. Reiche Kids, die mit der Armut spielen. Die Schwarzen, die seit Jahrzehnten hier leben, lassen die Neulinge in Ruhe und freuen sich über die wissenschaftliche Tatsache, dass sie die Cops fernhalten.

Unsere direkten Nachbarn sind Venezolaner. Sie haben neun Kinder. Die auf der anderen Seite sind schwarze Großeltern, die schon immer hier wohnen. Alle paar Wochen kocht Mike für beide Familien, Sopa de pescado, Süßkartoffeln, Makkaroni und Reis. Er hat nie eine große Sache daraus gemacht. Er tut es, und nach den ersten paar Malen habe ich ihn gefragt, ob das nicht was Herablassendes hätte.

Aber nach einer Weile hab ich gesehen, wie die Leute ihn bei sich auf der Veranda sitzen lassen. Wie er mit ihren Kindern umgeht, als gehörte er zur Familie. Manchmal laden sie ihn auch in ihre Wohnung ein und zeigen ihm Bilder von den Töchtern ihrer Töchter.

Mike wohnt hier schon seit Jahren. Ich bin von meinem Vater hergezogen. In meiner ersten Nacht konnte ich nicht schlafen, weil es so laut war, und Mike sagte, ich würde mich schon dran gewöhnen, aber ganz ehrlich: Das wollte ich gar nicht.

Mikes Mutter stellt ihre Schuhe neben unsere Tür. Sie fährt mit der Hand über die Wand. Klopft auf die Arbeitsplatte, stößt mit einem Zeh gegen das Holz. Als sie in die Diele geht, grinst mich Mike an. Es ist das erste Lächeln seit Monaten, wie es mir vorkommt, und dann hören wir es, zögerlich erst, wie ein Schluckauf: Mikes Mutter fängt an zu weinen.

♦

Ein paar Jahre nach ihrer Trennung gingen meine Eltern mit mir in Montrose essen. Wir hatten seit Ewigkeiten nicht mehr am selben Tisch gesessen. Lydia hatte die beiden abgeschrieben. Sie war ausgezogen, hatte einen Schritt nach vorne getan und mir gesagt, ich solle es genauso machen, aber stattdessen bestellte ich ein Reuben.

In der Woche davor hatte mein Vater mich dabei erwischt, wie mir irgendein Typ einen runtergeholt hatte. Wer es war, ist egal. Wir hatten uns über so eine scheiß App kennengelernt. Mein Vater machte die Tür auf, hustete und sagte tatsächlich, entschuldige, als er wieder nach draußen verschwand. Der Junge neben mir machte ein Gesicht wie: Sollen wir's zu Ende bringen oder was.

Abends, als er weg war, wartete ich darauf, dass mein Vater etwas sagte. Aber er saß nur auf seinem Sofa und arbeitete sich durch zwei Sixpacks. Der Vorfall löste sich in Luft auf. Bevor er abgedampft war, hatte der Typ noch gefragt, ob er mich wiedersehen könne, und ich hatte gesagt, lieber nicht, weil es mit uns wahrscheinlich eh nichts würde. Da hatte ich noch nicht kapiert, dass die Anzahl Leute, die an einem interessiert sind, begrenzt ist.

Als unser Kellner, ein dünner brauner Kerl, fragte, ob wir noch was bräuchten, antwortete ich ein bisschen zu schnell. Er lächelte. Dann lächelte auch meine Mutter.

Du weißt, dass du mit uns reden kannst, sagte sie.

Mit uns beiden, fügte sie hinzu.

Meine Mutter roch nach Schokolade. Mein Vater trug sein schönes Hemd. Niemand hätte geglaubt, dass er jemand war, der seine Frau gegen die Wand geschleudert hatte. Und dass ihm die Lady da neben ihm gleich darauf eine Gabel in den Ellbogen gerammt hatte.

Super, sagte ich. Danke.

Über alles, sagte meine Mutter und griff nach meiner Hand.

Als ich zusammenzuckte, zog sie ihre Hand zurück. Mein Vater sagte kein Wort.

Später setzte er mich zu Hause ab und meinte, er sei am Morgen wieder da.

Nicht mal eine Stunde später schickte ich dem besagten Jungen eine SMS. Als ich ihm die Tür aufmachte, wirkte er leicht unsicher, doch dann nahm ich seinen Arm, und er grinste bis zu den Ohren rauf.

Ich ließ mich von ihm auf dem Sofa ficken. Und dann noch mal in der Küche. Und im Schlafzimmer meines Vaters. Wir machten es ohne Kondom.

Er ging am nächsten Morgen, aber vorher aßen wir

noch einen Toast. Er war ein Filipino mit einem heftigen Akzent. Er sagte, er wolle mal Anwalt werden.

♦

Irgendwann, da waren wir schon so zwei Jahre zusammen, erzählte ich das alles Mike. Wir waren gerade beim Einkaufen. Er befühlte Ingwer, Kohl und Speck.

Als ich etwa halb mit der Geschichte fertig war, unterbrach er mich, um nach Kombu zu fragen.

Dann sagte er: Deine Leute klingen wie echte Engel.

Und du, sagte Mike, bist wie ein Baby. Ein Junge mit sehr viel Glück.

Und dann eines Morgens war Mike schon ins Restaurant gefahren. Er hatte sein Telefon neben der Spüle vergessen. Ich wollte es nicht anrühren, doch dann leuchtete es auf, und ich tat es trotzdem.

Ich kannte und kenne den Typen nicht, dessen Schwanz da über den Bildschirm zuckte.

Nur kurz, nur für eine Sekunde.

Dann war er wieder weg.

Du kennst solche Situationen aus dem Fernsehen und so, und da denkst du, das könnte dir nie passieren. Und natürlich würdest du was unternehmen. Wegwerfen würdest du das Ding.

Als Mike an die Tür klopfte und nach seinem Telefon suchte, zeigte ich stumm zur Spüle hinüber.

Warte, sagte er, was ist?

Nichts, sagte ich.

Sag schon!

Alles gut, sagte ich. Bin nur müde.

Du trinkst nicht genug Wasser, sagte Mike, und er setzte sich tatsächlich hin, um mir was einzuschütten.

Ich habe nie was von dem Foto erzählt. Aber ich denke, man könnte sagen, dass es mir zugesetzt hat.

♦

Mike findet, seine Mutter sollte auf dem Sofa schlafen.

Morgen kriegst du das Schlafzimmer, sagt er zu ihr und kuckt mich an.

Seine Mutter sagt kein Wort, aber sie hat aufgehört zu heulen. Sie stellt ihre Tasche auf die Theke und verschränkt die Arme vor der Brust. Wir ziehen das Sofa aus und beziehen es mit der Bettwäsche, die Lydia uns geschenkt hat, und als ich ins Schlafzimmer gehe, um ein paar Kissen zu holen, beschließe ich, nicht wieder herauszukommen.

Die Sache mit unserer Wohnung ist die: Das meiste, was ich verdiene, geht für meinen Mietanteil drauf, und Mike gibt sein ganzes Geld für Essen aus. Wodurch, wenn man's recht überlegt, reichlich für ein Ticket übrig bleibt. Genug Geld, die halbe Welt zu umfliegen.

Als ich ins Bett gehe, schreien sie sich im Wohnzimmer immer noch an. Irgendwas Schweres knallt auf den Boden. Ich springe nicht auf, um nachzusehen, und als Mike schließlich hereinkommt und die Tür hinter sich zumacht, höre ich seine Mutter im Nachbarzimmer schluchzen.

Sie nimmt es gut auf, sagt Mike.

Du hast sie kaum vorgewarnt, sage ich. Sie fliegt her, um dich zu sehen, und du verpisst dich.

Das ist unfair. Du weißt genau, warum.

Ihr gegenüber ist es auch nicht fair.

Es ist okay. Sie kommt damit klar.

Du bist echt liebenswert.

Ma ist pflegeleicht, sagt er. Du musst nichts tun, falls dir das Sorgen macht. Nach ein paar Tagen wird dir nicht mal mehr auffallen, dass sie da ist.

Ich will sagen: Kann sie überhaupt Englisch.

Und schlucke es wieder runter.

Und dann frage ich doch.

Du machst Witze, sagt Mike und zieht sich das Hemd übern Kopf.

Mache ich nicht, sage ich.

Ich werde dich jetzt keinen Rassisten nennen, sagt Mike. Aber es ist schon Scheiße. Eine Sekunde lang hatte ich gedacht, du wolltest mir helfen.

Er tritt sich die Hose von den Beinen, direkt in seine Reisetasche. Er hat an Gewicht zugelegt, aber das ist nichts Neues. War nie ein Thema, nichts, weswegen ich die Nase gerümpft hätte, doch jetzt muss ich zum ersten Mal leicht würgen.

Mike bemerkt es, sagt allerdings nichts.

Du kannst es ihr ja beibringen, sagt er. Wenn es dir so wichtig ist. Wort für Wort.

Du machst Witze, sage ich.

Ich packe, sagt Mike.

♦

Meine Schwester hat ihn zufällig kennengelernt. Es war an Halloween, in einer Kneipe bei der Westheimer. Ich war kurz weg zum Pinkeln, und als ich zurück an den Tisch kam, rührte Lydia neben ihm in ihrer Cola. Sie hatte so ein Hexendings an, ein Kostüm mit viel zu vielen Gurten und Riemen. Mike eine Toga. Ich war als ich unterwegs.

Ich hab gerade mit Mark geredet, sagte Lydia.

Du hast gar nicht erzählt, dass du eine kleine Schwester hast, sagte Mike.

So ging es weiter, hin und her. Lydia bestellte mehr Drinks, und als ich sie fragte, ob sie nicht ein Date habe, zu dem sie hinmüsse, lächelte sie und sagte, das würde sie verschieben. *Das hier*, sagte sie, ist was Besonderes. Ich werde den Freund meines kleinen Bruders nie wieder zum ersten Mal treffen.

Lydia ist so alt wie Mike. Ein paar Jahre älter als ich. Damals textete sie für das Buffalo Soldier Museum, und wenn du ihr sagtest, du hättest gar nicht gewusst, dass es so was in Houston gibt, sagte sie, weil's was für Niggas ist.

Aber an dem Abend blieb sie cool. Lachte über unsere Witze. Und bestellte mehr Bier.

Direkt vor der letzten Runde gab Lydia Mike ihre Nummer.

Wow, sagte Mike, das ist was Neues.

Das Leben ist lang, sagte Lydia.

Cheers, sagte Mike.

Später abends schrieb mir Lydia.

Er ist witzig, schrieb sie.

Zu witzig für dich, schickte sie dann noch hinterher.

♦

Von uns vieren sind mein Vater und Lydia die Dunkelsten. Immer wenn wir als Kinder mit unseren Eltern essen waren, saßen sie und ich am selben Ende vom Tisch. Wenn nicht, bestand das Risiko, dass die Kellner zwei Rechnungen brachten, worüber sich mein Vater noch Monate aufregte. In diese Restaurants gingen wir dann nie wieder.

♦

Es ist spät, als Mike mich anfasst, und ich hab keine Lust, bis wir mitten dabei sind – dann reiben wir unsere Brüste aufeinander und verwinden Beine und Ellbogen.

Seine Zunge berührt meine. Meine Nase bohrt sich in seinen Bauchnabel. Es kommt dieser Moment, wenn du mit einem zusammen bist, und es ist alles nur noch Reaktion. Ihr habt alles schon gemacht, was zu machen ist.

Aber alle Jubeljahre mal fühlen sie sich wie Fremde an, als hieltest du einen Besucher in den Händen.

Es ist das erste Mal seit Wochen, dass wir uns küssen, und dann lutsche ich Mike, als er die Knie anhebt.

Ich zeige zum Wohnzimmer rüber.

Werd erwachsen, sagt er.

Und bevor er noch was anderes sagen kann, habe ich bereits einen Finger drin, dann vier. Als würde ich Teig kneten. Er lacht. Hört damit auf, als ich mit dem Schwanz in ihm bin.

Es ist eng, aber ich passe rein.

Ich wünschte, es würde länger dauern.

Hinterher wackelt Mike ins Bad, und ich starre auf seine

gepackte Tasche. Als ich aufwache, liegt er wieder im Bett und schläft, die Arme um die Schultern geschlungen.

Jetzt wäre der richtige Zeitpunkt, ihn aufzuwecken und zu bitten, dass er bleibt, aber ich tus nicht.

Ich sehe zu, wie sich seine Brust hebt und senkt, hebt und senkt.

♦

Nach ein paar Dates erzählte mir Mike einen Witz. Ich hatte mich gerade in seiner Wohnung von ihm vögeln lassen. Wir waren nicht weiter als bis zum Sofa gekommen. Und es war okay, im Prinzip, bis auf ein paar Dinge, zum Beispiel, dass er mir einen Daumen in den Mund steckte, den ich ausspuckte. Dass ich ihn zu schnell rieb und er sagte, *langsamer*, und dass ich lachte und er sofort kam, und ich aber ewig brauchte.

Doch irgendwann war es so weit.

Hinterher rieb ich ihm mit der Handfläche über die Schenkel. Er hielt meinen Kopf im Schoß.

So, sagte Mike. Ein Japs und ein Nigger kommen in eine Kneipe.

Hey, sagte ich.

Das wars, sagte Mike. Das ist der Witz.

## 2.

Das Knallen von Schranktüren weckt mich auf. Ich greife nach meinen Pillen. Dann nach Mike, und er ist nicht da.

Seine Tasche ist auch weg. Er hat das Licht im Bad angelassen. Es wäre zu viel verlangt gewesen, um einen kleinen Brief zu bitten, doch natürlich suche ich trotzdem danach.

Aber da ist eine Textnachricht: MITSUKO HARA

Und dann: SORGE DAFÜR DASS SIE IHRE MEDIZIN NIMMT WEIL SIE ES VERGISST

Und: ES IST WEGEN MEINEM VATER, BEN. WIRKLICH NICHT WEGEN DIR

♦

Mitsuko ist in der Küche, macht Schränke auf, schaut rein und macht sie wieder zu. Wasser blubbert auf dem Herd. Auf der Theke steht eine Tasse. Sie hat Reis gekocht, eine Gurke aufgeschnitten und ein Ei pochiert. Als ich reinkomme, blickt sie nicht auf, nimmt nicht mal zur Kenntnis, dass ich da bin.

Dann nickt sie in meine Richtung.

Arbeitest du, fragt sie.

Was, sage ich.

Du arbeitest also nicht, sagt Mitsuko und schüttelt den Kopf.

Doch, sage ich. Meist nachmittags.

Und wie sieht das aus?

Ich bin in einer Tagesstätte.

Du bist also Kindergärtner, sagt Mitsuko.

Eher ein Babysitter, sage ich.

Und Mitsuko sagt dazu nichts. Ich ermuntere sie auch nicht.

Mikes Mutter ist kompakt wie er, aber beweglich. Sie isst ihre Schüssel leer und will abwaschen. Ich sage, sie soll sich nicht die Mühe machen, doch sie dreht sich nicht mal um.

Als sie mit allem fertig ist, wischt sie die Spüle aus und stellt die Sachen zurück in die Schränke. Ich habe keine Ahnung, wo sie den Lappen gefunden hat. Aber als sie nach ihrer Jacke greift und nach den Schuhen bei der Tür, frage ich sie, ob sie ihre Pillen genommen hat, und endlich sieht Mitsuko mich an.

Soll das ein Witz sein, sagt sie.

Mike meinte nur, sage ich.

Unglaublich, sagt sie. So was sagt er dir.

Tut mir leid, sage ich.

Und jetzt entschuldigst du dich, sagt Mitsuko.

Nun, sagt sie, du bist zu spät.

Und laut, sagt sie.

Ihr beide, sagt Mitsuko, bevor sie die Tür zuzieht, die ganze Nacht. Wie Hunde.

♦

Der neue Mann meiner Mutter ist Nigerianer. Er ist Pastor. Sie haben diesen Zwergspitz und zwei Söhne. Sie leben in einer geschlossenen Wohnanlage, laden Leute aus der Straße ein, und alle bringen was zu essen mit. Als ich Lydia das Weihnachtsfoto zeigte, das sie meinem Vater mit der Post geschickt hatten, kreischte sie.

Der *Hund*, sagte sie. Der ist potthässlich.

♦

Normalerweise fahre ich mit dem Fahrrad zur Arbeit. Das Auto gehört Mike. Es ist auf ihn zugelassen, aber jetzt ist er weg, also nehme ich den Wagen, nur um zu sehen, wie das ist. Das Lenkrad ist abgegriffen und fühlt sich warm an, der Stoff aufgerissen und reibt über meinen Daumen. Der Sitz ist ausgebeult, wahrscheinlich von Mikes Hintern. Ich versuch mich anders hinzusetzen, aber irgendetwas fühlt sich falsch an. Nachdem ich ewig mit dem Rückspiegel herumgetan habe, gebe ich auf und fahre den ganzen Weg blind.

Meist sind dieselben acht Kinder in der Nachmittagsbetreuung. Hannah mit den geglätteten Haaren und Thomas mit den Zuckungen. Xu und Ethan sind Zwillingsbrüder, und Marcos hat eine Schwester namens Silvia. Und dann sind da noch Margaret, die etwa ein Jahr älter ist als der Rest, und Ahmad, ein einsamer schwarzer Junge, um die zwei Jahre jünger.

Ich arbeite mit Barry, der groß, weiß und ungepflegt ist. Dazu kommt noch Ximena, die das alles nicht ist. Wir bilden so was wie ein Team. Unsere Chefin kuckt abends rein, aber sie kümmert sich nur um Geld und Arbeitspläne, und wenn sie uns nicht gerade unsere Lohnschecks gibt, ist sie meist kurz weg.

Als ich durch das Eingangstor stolpere, winkt mir Ximena zu. Sie hat ein Auge auf Ethan und Xu, die beide schaukeln. Ahmad kommt aus dem Sandkasten angerannt und zeigt hinter sich, und ich nehme ihn bei den Ellbogen und hebe ihn in die Höhe. Das ist unser Ding.

Ich erzähle Ximena von Mike.

Du machst Witze, sagt sie.

Nope.

Und, sagt Ximena, hast du schon mit der Mutter gesprochen?

Sie eher mit mir, sage ich.

Sie, sagt Ximena.

Ja.

Und?

Ich weiß nicht, sage ich.

Sie ist Mikes Mom, sage ich.

Nein, sagt Ximena. Es gibt Mütter, und es gibt Moms. Und dann noch *Mamas*.

Ximena wohnt bei ihrer Mutter, und sie kümmern sich gemeinsam um ihr Kind. So sagt sie es gerne: dass sie zusammen mit ihrer Mutter einen Sechsjährigen großzieht. Sie hat mal Medizin studiert, dann aber damit aufgehört, und wenn am Ende der Nachmittagsbetreuung die Väter kommen, stehen sie alle bei Ximena rum.

Vor einer Weile habe ich Ximena gefragt, warum sie sich mit ihnen unterhält. Sie fragte zurück, ob ich schon mal eine Leiche gesehen hätte.

Kommt nicht drauf an, ob sie fünfzig oder zwanzig Jahre älter ist, sagte sie, eine Leiche ist eine Leiche ist eine Leiche.

Aber Ximena heiratet, wieder. In ein paar Wochen. Einen Whiteboy, der vom Zähnereinigen lebt. Ich habe ihn genau ein Mal gesehen.

Bevor ich mein Mittagessen heraushole, fasst mich Ximena beim Ellbogen.

Etwas Gutes hat es, sagt sie. Stell dir vor, es wäre Mikes Vater gewesen.

Und Mike hätte dich für einen anderen Mann verlassen, sagt sie.

♦

Beim siebten, achten oder neunten Date fragte ich Mike nach seinen Eltern. Ich hatte angefangen, manchmal bei ihm zu übernachten. Wir bestellten Pizza mit nur einem Belag und tranken Wein von der Tanke.

Er sah mich lange an, bevor er schließlich antwortete.

Ma ist in Tokio aufgewachsen. Wurde da geschwängert. Hat mich zur Welt gebracht, ist hergezogen und dann am Ende wieder nach Hause.

Nach Japan?

Klar.

Aber du wolltest nicht mit ihr zurück, sagte ich, und Mike machte dieses Gesicht.

Nein, sagte er. Ich lebe hier.

Aber Ma ist anpassungsfähig, sagte er. Das habe ich von ihr.

Und dein Vater, sagte ich.

Was ist mit ihm, sagte Mike.

Über ihn hast du nichts gesagt.

Habe ich nicht, sagte Mike.

♦

Eines Abends erzählte mir Mike, dass sein Vater Mitsuko geschlagen hatte. Wir waren im Warehouse und sahen zu, wie seine Freunde in irgendeiner Band Gitarre spielten. Sie stolperten auf die Bühne, bisschen abgefuckt, und drehten an den Verstärkern herum, die längst viel zu viel Hall produzierten. Ein Typ in einem Mariachi-Kostüm blies in eine Trompete. Hinter uns nickte ein müdes Publikum auf eins und drei mit den Köpfen.

Ich wusste nicht, ob mir das alles gefiel. Mike hatte gesagt, dass sein Ex da mitspielte. Ich versuchte mir vorzustellen, wer von denen auf der Bühne es war, doch dann gähnte Mike und fragte, ob wir gehen sollten.

Schon?, sagte ich.

Er hat uns gesehen, sagte Mike. Ich glaube es wenigstens. Er hatte die Möglichkeit.

Und so standen wir draußen vor dem Eingang, dampften, und er erzählte mir von seinem Vater. Ein Paar mit einem Pitbull kam an die Kreuzung hinter uns. Das Viech knurrte uns an. Mike bleckte die Zähne, und der Hund hörte auf und sah seine Besitzer an, die Mike ansahen, der mich ansah.

Ma hat mit einer Pfanne zurückgeschlagen, sagte Mike. Da waren wir schon in den Staaten.

Scheiße, sagte ich.

Sie hat ihn so richtig umgehauen, sagte Mike. Ich dachte, sie bringt ihn um. Dann schrie sie mich an, weil ich ihr nicht geholfen hatte. Aber sie schrie zu schnell, auf Japanisch, und ich konnte sie nicht verstehen.

Es war wie in einem Film, sagte Mike und zog an seinem Vaper. Ich glaube, sie hat mir immer noch nicht vergeben.

Als die Ampel auf Grün sprang, ging das Paar weiter. Der Pitbull schnappte nach einem Fahrradfahrer, den es fast zerlegt hätte.

Filme basieren auf dem Leben, sagte ich.

Nicht immer, sagte Mike.

♦

Mitsuko blättert durch eine Zeitschrift, als ich von der Arbeit zurückkomme. Sie starrt auf meine Schuhe, und ich drehe um und stelle sie an der Tür ab.

Ich denke, ich sollte es versuchen.

Und, sage ich, wie war dein Tag?

Wie war mein Tag, sagt Mitsuko.

Ich komme zu Besuch und mein Sohn verlässt das Land am nächsten Morgen, sagt sie.

Und lässt mich mit ich-weiß-nicht-wem für ich-weiß-nicht-wie-lange allein, sagt sie.

Ich habe ihn seit Jahren nicht gesehen, sagt sie, und er geht sich um meinen Ex-Mann kümmern, der in diesem Moment an Krebs verfault.

Mein Tag war scheißphänomenal, sagt Mitsuko.

Ich zittre ein bisschen und lächle. Sage ihr, dass ich mich nur eine Minute im Schlafzimmer hinlege. Aber dann ziehe ich die Decke über mich und stehe die nächsten Stunden nicht wieder auf.

Gegen Mitternacht bin ich wach. Im Wohnzimmer brennt kein Licht.

Ich schreibe Mike eine Nachricht.

Ich schreibe: Ich bin fertig mit dir

Ich schreibe: Fick dich

Ich schreibe: Es ist vorbei, Arschloch

Ich schreibe: Wie geht es dir, und das schicke ich ab.

♦

Ich war der Erste, dem meine Mutter von ihrem neuen Mann erzählt hat. Sie hat mir vertraut, oder wenigstens sagte sie das. Also habe ich Lydia nichts gesagt. Auch meinem Vater nicht. Ich sah, wie er kam und ging, manchmal mit einer Frau, manchmal ohne.

Sie hieß Carlotta. Gelegentlich blieb sie über Nacht. Dann briet sie morgens Eier und schnitt Queso fresco auf. Sie kam aus San Antonio, wohnte bei ihren Brüdern in der Nähe der Highschool und sagte immer, sie wünschte, ich wäre hetero, weil ich perfekt für ihre Tochter wäre.

Sie steht nur auf üble Kerle, sagte Carlotta.

Ich bin auch kein guter, sagte ich.

Und Carlotta musterte mich einen Moment lang, bevor sie weiter ihren Koriander klein schnitt.

Das ist was anderes, sagte sie mit einem Grinsen.

Ich weiß nicht, wann genau mein Vater das mit meiner Mutter herausfand, aber irgendwann kam Carlotta nicht mehr. Und dann ging mein Vater eine Weile nicht mehr aus dem Haus.

Er saß meist auf der Terrasse.

Er fing an, *bitte* zu sagen.

Zu der Zeit wurde ich einmal frühmorgens von der Türklingel geweckt. Es konnte nicht später als vier Uhr sein. Draußen standen so zwei Typen, sie stützten meinen Vater, der nur Unterhemd und Unterhose anhatte. Die Männer wirkten unsicher, und mein Vater hatte schlaff die Arme um ihre Schultern hängen.

Es tu papa?, fragte einer von ihnen.

Sí, sagte ich, tut mir leid.

Lo encontramos por allá, sagte er. Da drüben haben wir ihn gefunden, und er zeigte zu ein paar Bäumen auf der anderen Straßenseite hinüber.

Ist nicht sicher, sagte der andere.

Lo siento, sagte ich noch mal, und sie gaben ihn mir.

Necesitas cuidarlo, sagte der Erste und kratzte sich an der Schulter. Musst auf ihn aufpassen.

Hinterher lachte mein Vater. Er hatte den ganzen Morgen Schluckauf und redete allen möglichen Unsinn, bevor er plötzlich am Nachmittag alle viere von sich streckte.

Am nächsten Morgen rief er mich nach unten zum Frühstück. Er meinte, er hätte mir etwas zu sagen. Etwas über meine Mutter.

Ich versuchte, überrascht zu kucken.

# 3.

Es ist noch dunkel, als ich am nächsten Morgen aufstehe, aber Mitsuko schneidet bereits Shrimps klein. Sie ist über das Brett gebeugt, hat Eier, Mehl und Honig neben sich.

Isst du, sagt sie.

Ich sage: Ja.

Wir sagen keinen Ton, während sie das Essen zubereitet. Mitsuko zerhackt alles in einem Mixer. Gibt die Mischung in eine Pfanne, betupft sie mit Sojasoße und faltet den Teig nach und nach zusammen. Ich nehme meine Pillen und sehe ihr zu. Sie ignoriert mich komplett und arbeitet vor sich hin.

Als ich mich aufs Sofa setze, hört Mitsuko auf, das Omelett zu wenden. Ich stehe auf, um Besteck zurechtzulegen, und sie fängt wieder an.

Als sie fertig ist, füllt sie eine Schüssel mit Gewürzgurken und holt zwei Teller heraus. Wir essen über die Theke gebeugt, Hüfte an Hüfte.

So, sagt Mitsuko, wie lange schläfst du schon mit meinem Sohn?

Oder ist es nichts Festes?, sagt sie.

Doch, schon, sage ich.

Ich weiß nicht, wie das geht, sagt Mitsuko.

Ich glaube, das ist bei allen gleich.

Ist es nicht, sagt Mitsuko.

Sie sagt: Du hast ja gesehen, dass Michael und ich uns sehr nahestehen.

Wir sind etwa vier Jahre zusammen, sage ich. Mehr oder weniger.

Mehr, sagt Mitsuko, oder weniger?

Ein bisschen mehr, sage ich.

Aber nur ein bisschen, sagt sie.

Mike ist mit Zahlen besser, sage ich.

Mir wird mit einem Mal bewusst, dass ich eine scheiß Haltung habe. Mitsukos ist makellos, sogar in dieser vorgebeugten Position. Ich drücke den Rücken durch, mache aber gleich wieder einen Buckel. Mitsuko hebt eine Braue.

Sie schnaubt und sagt: Mein Sohn könnte mit Zahlen nicht schlechter sein.

Danach essen wir stumm weiter. Spanische Sprachfetzen dringen durchs Fenster. Die Kinder nebenan schießen mit einem Fußball gegen die Mauer, bis ihr Vater laut schimpfend rauskommt und fragt, wer da den Verstand verloren habe.

Während sich Mitsuko auf ihr Essen konzentriert, sehe ich sie an. Es ist offensichtlich, dass sie früher mal eine verblüffende Schönheit war.

Sie fängt meinen Blick ein. Ich blinzele, als hätte ich was ins Auge gekriegt.

Sie sagt: Mir ist bewusst, dass das auch für dich komisch sein muss.

Nein, sage ich, ist schon okay.

Du lügst, sagt Mitsuko.

Ich lüge nicht. Ehrlich.

Ich weiß, was okay bedeutet, sagt Mitsuko. Okay bedeutet, am Arsch.

Hat mein Sohn dir gesagt, wie lange er wegbleibt?, sagt sie.

Einen Monat, sage ich. Vielleicht zwei. Ich weiß nicht. Wir haben nicht viel darüber geredet.

Natürlich nicht.

Hat er es denn dir gesagt?

Was gesagt?

Wie lange er wegbleiben will, sage ich. Oder überhaupt, dass er wegwollte?

Mitsuko sieht mir in die Augen. Sie drückt ihre Finger gegen die Theke, ihre Gelenke knacken.

Nein, sagt sie. Mein Sohn hat es versäumt, mir was zu sagen. Aber vielleicht ist es eine gute Sache. Ich musste für eine Weile raus aus Japan. Es hat keinen Sinn, zurück nach Tokio zu eilen, um einem Mann beim Sterben zuzuschauen.

Also bleibst du hier?, frage ich. Bis Mike zurückkommt?

Meine Stimme will kurz nicht mehr, bricht ab, nur ganz kurz. Aber Mitsuko merkt es. Sie grinst.

Wäre das ein Problem?, fragt sie.

Nein, sage ich. Das habe ich nicht gemeint.

Was dann?

Tut mir leid, sage ich. Es war einfach nur eine Frage.

Das reicht für Mitsuko, um die Arme vor der Brust zu verschränken. Sie lehnt sich an die Theke, ihr Haar rutscht ihr auf die Schultern. Ich atme extra langsam und lasse die Schultern ein wenig hängen.

Dann, denke ich, werde ich tatsächlich hierbleiben, sagt

Mitsuko. Ich kann eine Auszeit brauchen. Eure Wohnung ist verdreckt, aber bis Michael zurückkommt, wird es reichen.

Und das ist völlig okay, sage ich. Absolut perfekt.

Denk daran, sagt Mitsuko. Du bist derjenige, der ihn hat gehen lassen.

Du hast recht, sage ich. Ich hab ihn gehen lassen.

Wie großzügig, sagt Mitsuko, aber dann sagt sie nichts mehr.

Als Mitsuko fertig gegessen hat, stellt sie ihren Teller in die Spüle. Sie dreht das Wasser an und nimmt dann auch meinen. Das Omelett war köstlich, als hätte es Mike zubereitet. Er macht immer alles in der Küche, und da denke ich plötzlich, dass das vielleicht von Anfang an das Problem war.

Nette Unterhaltung, sagt Mitsuko, und ich entschuldige mich, bin aber nicht sicher, warum.

♦

Irgendwann begannen Lydia und ich, über die neue Familie meiner Mutter zu reden. Ich habe sie nie gefragt, wie sie es erfahren hat, und von wem. Aber sie mich auch nicht.

## 4.

Am nächsten Tag kocht Mitsuko Kartoffeln, Okayu und ein Stück Fisch. Sie stellt mir eine Schüssel hin, mit ein paar Schalotten auf dem Reisbrei. Dann nippt sie an ihrem Tee, und ich trinke Wasser, wie ein Ertrinkender, und ich sehe sie nie irgendeine Tablette nehmen, ihren Blutdruck messen oder sonst etwas.

Als sie fertig ist, schlüpft Mitsuko in Jacke und Schuhe. Ich frage nicht, wohin sie will. Ich werde nicht zweimal den gleichen Fehler machen.

♦

Bei der Arbeit fragt Ximena, was ich denke, wo Mitsuko den Tag verbringt. Wir sehen uns Fotos vom Restaurant an, wo die Feier stattfinden soll. Sie hat beschlossen, die eigentliche Hochzeit zu lassen. Vor einer Weile hat sie mir erklärt, dass sie den Gang zum Altar schon einmal gemacht hat, ohne dass es ihr viel gegeben hätte. Warum also noch mal das ganze Theater anzetteln?

Mikes Mutter geht dahin, wo Mütter mit gebrochenem Herzen hingehen, sage ich.

In den Waschsalon, sagt Ximena.

Die Mall, sage ich.

Den Hundepark.

Ins Wellnesscenter.

Den Markt.

Ins Fitnessstudio.

Die Kneipe.

Sicher nicht.

Was, sagt Ximena, denkst du, du bist der Einzige, der Sex braucht?

Ich versuche das nicht mit Mitsuko in Verbindung zu bringen, sage ich.

Und deshalb kommst du nicht weiter, sagt Ximena. Sie ist kein Mensch für dich. Denk mal nach.

Im Gegensatz zu einem Engel, sage ich.

Zu was auch immer, sagt Ximena.

Du nennst mich einen Frauenhasser.

Ich nenne dich einen Mann, Benson.

Bevor ich meinen Mund aufmachen kann, kommt Barry um die Ecke gerannt, mit Ahmad. Er hält den Jungen bei den Schultern, und Ahmad hängt fest auf Barrys Bauch.

Barry ist verheiratet, seit der Highschool ist er mit seiner Frau zusammen. Sie ist Chirurgin. Und er putzt hier bei uns Laufgitter. Wenn seine Frau mal herkommt, lächelt sie allen zu, aber Ximena hat mich irgendwann darauf aufmerksam gemacht, dass sie nie etwas anfasst. Ich solle mal drauf achten.

Und Ximena hatte recht. Nie fasst sie was an.

Als Ahmad Barry am Hals zieht, lässt der den Jungen beinahe fallen.

Dein Sohn hat einen super Tag, sagt Barry.

Er ist nicht mein Sohn, sage ich.

Bensons Sohn muss zum Friseur, sagt Ximena.

Stopp, sagt Ahmad. Ich bin nicht seiner.

Das ist der Witz hier: Ausgerechnet ich, der Angestellte, der nur Bürokram erledigen wollte und das ambivalenteste Verhältnis zu Kindern hat, kommt am besten mit ihnen zurecht. Die meisten Kids, um die wir uns kümmern, *mögen* mich. Und ich bin auch der Einzige, auf den Ahmad was gibt. Das heißt, wann immer Ximena oder Barry ein Problem haben, bin ich die letzte Rettung. Und dann renkt sich alles wieder ein. Ich kann immer noch nicht sagen, wie ich mich deswegen fühle. Aber dann habe ich Mike davon erzählt, und er meinte, klar, das mache Sinn, dass ich mir meiner Wirkung nicht bewusst bin. Das sei Teil des Ganzen.

Am Ende frage ich Ahmad, was passiert ist, was das Problem ist, und er erklärt mir, dass Marcos ihn geschlagen hat.

Du meinst, Marcos hat zurückgeschlagen, sagt Barry. Du hast angefangen.

*Er* hat angefangen, sagt Ahmad.

Du hast ihn zuerst geschlagen, sagt Barry.

Ja, sagt Ahmad, aber er hat angefangen.

Ich könnte Ahmad sagen, dass er auf seine Weise recht hat. Nicht immer fängt der, der zuerst schlägt, den Streit an. Und ich würde ihm gern erklären, so jung, wie er ist: Es wird auch nicht leichter.

Aber stattdessen hebe ich ihn in die Höhe und lege ihn mir über die Schulter. Und er sieht sich um, leicht argwöhnisch. Und lacht wie ein erwachsener Mann.

♦

Irgendwann fing Mike an, abends wegzubleiben. Ging nach seiner Schicht wer weiß wohin. Oder arbeitete länger. Vielleicht saß er auch in seinem Auto, kaute auf den Nägeln und wartete. Jedenfalls fing ich an, auf dem Sofa zu kampieren, was ich aus einer Telenovela haben musste.

Eines Abends dann kam er betrunken in die Wohnung gestolpert und legte sein Telefon auf die Theke. Ich sprang unter meiner Decke hervor, griff nach dem scheiß Ding und schleuderte es gegen die Wand.

Das Handy zerbrach in zwei Teile. Wir sahen schweigend zu, wie es zerschellte. Dann fing es an zu klingeln, und bevor es wieder aufhörte, sah Mike mich an und fragte, ob er rangehen solle.

Als ich das Ximena erzählte, konnte sie nicht aufhören, mit dem Kopf zu schütteln. Wir saßen bei ihr zu Hause. Ihre Mutter war nicht da, und wir sahen zu, wie ihr Sohn, Juan, im Zimmer hin und her rannte, kicherten wegen nichts und warteten auf den Lieferservice. Ihr Verlobter war nicht in der Stadt, er war auf einer Konferenz über Schneidezähne, und wir hatten mit dem Geld, das er dagelassen hatte, Pad Thai bestellt.

Es ist, als befänden wir uns in einer verschissenen romantischen Komödie, sagte ich. Als wären wir beide verschissene Rom-Com-Bösewichte.

Juan rannte gegen den Kaffeetisch, prallte ab und schlug gegen das Bücherregal. Ich dachte, Ximena würde vielleicht aufstehen und nach ihm sehen, doch sie blieb sitzen, und schon sprang er wieder auf.

Vor einer halben Ewigkeit, als sie noch mit Juans Vater zusammen war, kam Ximena mit dem Kind zu mir und Mike. Sie heulte, war völlig aufgelöst und hatte einen halb gepackten Rucksack für Juan dabei. Mike kochte ihr einen Tee, während ich mit ihr auf dem Sofa saß. Ximena sagte, sie gehe nie wieder zurück, das Fass sei jetzt voll, aber es dauerte noch einen Monat, bis sie wirklich mit dem Kerl Schluss machte.

Jetzt sahen wir ihrem Sohn zu, wie er versuchte, im Krebsgang den Teppich zu überqueren.

Ximena sagte: Jeder ist für irgendwen der Bösewicht.

# 5.

Mitsuko und ich entwickeln so was wie ein abendliches Ritual. Sie kocht. Ich hole Teller und Besteck. Wir essen zusammen an der Theke. Später wische ich über die Ablage, während Mitsuko abwäscht.

Davon abgesehen, bleibt jeder für sich. Es ist wahrscheinlich besser so.

Aber ich habe ein paar Dinge gelernt. Kleine Dinge.

Zum Beispiel, dass sie zu Hause in einem Juwelierladen in Shimokitazawa arbeitet.

Und dass sie dreimal im Jahr nach L. A. fliegt, um einen Mann zu treffen, oder einen Freund – einen Mann, der auch ein Freund ist.

Mitsuko träg nur schöne Sachen, wirkt aber nicht protzig. Jede Strumpfhose, jeder Rock, jeder Ohrring ist klar Teil eines größeren, vielfältigen Ganzen.

Mike dagegen trägt ständig dieselben drei Dinge.

Er hat keine Ruhe für Zeitpläne, Gewohnheiten oder feste Routinen.

Bevor wir uns kennenlernten, datete Mike, wen er wollte, wann er wollte, fickte sie, wie er wollte, und sobald er sich langeweilte, machte er Schluss.

Mit Mitsuko zusammenzuwohnen ist, in anderen Worten, völlig anders, als mit ihrem Sohn zusammenzuleben. Mit seinem Schwulsein hat sie keine Probleme, oder wenigstens keine großen. Zumindest findet sie es, wahrscheinlich, nicht so widerlich wie meine eigenen Eltern.

Als Mitsuko fragt, wo das Waschpulver steht, sage ich, im Schrank unter dem Waschbecken.

Als sie fragt, wo wir waschen, zeige ich auf den Waschsalon auf der anderen Straßenseite.

Als sie fragt, wo wir unsere Lebensmittel kaufen, nenne ich ihr ein paar Läden, aber sie scheint bei allen skeptisch.

Werden die Nattō haben, fragt sie.

Ich sage, der H Mart vielleicht schon.

*Du* weißt, was Nattō ist?, fragt Mitsuko und zieht die Augenbrauen zusammen.

Sojabohnen, sage ich, richtig? Mike kocht damit.

Und zum ersten Mal, seit wir uns kennen, scheint Mitsuko verwirrt.

Hier in Houston, sagt sie. Der Stadt, in der man vor ein paar Jahren noch nicht mal Daikon auftreiben konnte?

Yeah, sage ich.

Und du *isst* Nattō, sagt sie.

Ja, sage ich.

Das glaube ich dir nicht.

Weil du dir nicht vorstellen kannst, dass ich das mag?

Wie zum Teufel soll ich wissen, was du magst, sagt Mitsuko.

An dem Abend höre ich den Fernseher aus dem Schlafzimmer. Mitsuko klickt sich durch Filme. Sie entscheidet sich für *Krieg der Welten*, und ich höre, wie Tom Cruise seinem Sohn hinterherjagt. Der Junge will sich dem Widerstand oder so einem Scheiß anschließen, und da weiß man schon, den kann man abschreiben. Aber Tom sieht das nicht. Er folgt ihm.

Und so döse ich weg, bis mein Telefon klingelt. Ich denke, es ist Ximena, dabei ist es Mike.

Er schickt ein Selfie, aufgenommen vor etwas, das wie ein Bahnhof aussieht. Er lächelt nicht richtig. Hinter ihm sind massenhaft Menschen.

Und er schreibt: WIE LÄUFTS?

Ich schreibe: Was erwartest du?

Ein paar Minuten später kommt noch ein Selfie. Vor einem Wohnviertel. Es wirkt ruhig, von Telefonmasten umgeben.

Wenn man die Helligkeit richtig einstellt und genau hinkuckt, kann man ihm in die Nase sehen.

Sieht cool aus, schreibe ich.

IST ES

Ihn schon gefunden?

YEAH

Und?

ES GEHT IHM GUT

OK NICHT WIRKLICH

ICH KANNS NICHT SO RICHTIG SAGEN

Mike schickt noch ein Foto von ein paar Bäumen. Und dann eins von einem anderen Bahnhof. Es gibt viele Dinge, über die wir reden sollten, aber wir machen einen Bogen um absolut alles.

Ich schreibe: Wo kriegt man hier Natto

WARUM?

Deine Mom sagt, sie will das kochen

Und Mikes Antwort kommt sofort. Womöglich schneller, als er mir je geantwortet hat: WHAT THE FUCK?

# 6.

Am nächsten Morgen klopft Mikes Mutter zum allerersten Mal an meine Tür. Sie ist komplett angezogen, während ich mich in Unterhemd und Boxershorts am Türrahmen abstütze.

Lass dir Zeit, sagt sie.

Großer Gott, sagt sie.

Fünf Minuten später verlassen wir das Haus. Unsere schwarzen Nachbarn sehen von ihrer Veranda herüber. Auf dem Gesicht des Großvaters ist eine Frage zu erkennen, und ich bin gespannt, ob er sie stellen wird.

Aber Mitsuko schaut nicht weg. Wenn überhaupt, geht sie langsamer. Und bringt ihn dazu, wegzukucken.

Mikes Auto liegt voller Klamotten, Hoodies, Socken und einem Paar Schuhe. Und es riecht nach ihm, und ich sehe, wie seine Mutter die Luft einatmet. Als ich eine Shorts nach hinten werfe, ächzt sie. Auf dem Rücksitz liegt auch ein Jockstrap, und ich hoffe, dass Mitsuko es nicht sieht.

Als wir aus dem Viertel und auf dem Weg in die Stadt sind, sagt sie: Bist du sicher, dass die haben, was ich brauche?

Sollten sie, ja, sage ich. Du und Mike, ihr kocht die gleichen Sachen.

Vielleicht etwas Ähnliches, sagt Mitsuko. Nicht das Gleiche.

Wir fahren durch die Straßen, wo die Anwohner langsam ihren Tag beginnen. Ganze Bereiche Houstons sehen wie Teile anderer Länder aus. Es gibt Schlaglöcher vor Gourmet-Bäckereien, Taquerías und Noodle-Bars. Wie kopiert und in die graue Landschaft eingefügt.

An einer Ampel überqueren zwei lächelnde Typen mit einem kleinen Mädchen die Straße, das sie links und rechts an der Hand halten. Der eine ist weiß, der andere schwarz. Sie sehen aus wie direkt aus *OutSmart*, diesem queerem Magazin. Ich werfe einen Blick auf Mitsuko, aber ihr Gesicht verrät nicht viel.

Du bist also schwarz, sagt sie.

Du hast es gemerkt, sage ich.

Gerade so, sagt Mitsuko. Und wie hast du meinen Sohn kennengelernt?

Per Zufall, sage ich.

Lass mich raten, über Grindr.

Nein.

Du hast meinen Sohn über das Internet gefunden.

Nein.

Wir haben uns bei einem Treffen im erweiterten Freundeskreis kennengelernt, sage ich. Ein Bekannter hat uns vorgestellt.

Sicher, sagt Mitsuko.

Als das Pärchen über die Straße ist, sieht ihre kleine Tochter zu ihnen auf und strahlt. Sie ist das glücklichste Kind, das es jemals gegeben hat. Wenn Mike sie sähe, täte er so, als müsste er würgen, oder er würde hupen. Oder er würde ernüchtert dreinblicken und kaum was sagen.

♦

Sonntagmorgens fuhr Mike mit mir von Markt zu Markt, durch die gesamte Northside. Er jonglierte mit Zwiebeln und Stachelannonen, Knoblauch und Ananas, verhandelte in seinem miesen Spanisch mit den Verkäufern und kochte abends drei verdammte Versionen des gleichen Essens. Ich nahm einen Bissen von einer, dann von der zweiten und schon drängte mich Mike zur dritten. Normalerweise mochte ich die zweite Version.

Mike sagte, es sei ein Training für ihn. So werde er besser. Ich meinte, dass das sicher nicht alle machten, und er sagte, klar, und dafür gibt es auch einen Grund.

Ich bin nicht mit einem so feinen Gaumen aufgewachsen, sagte er. Die können sich nen Scheiß vorstellen, ich nicht.

Also muss ich herhalten, sagte ich. Du zwingst es mir die Kehle runter.

Du wirst es noch vermissen, sagte Mike.

♦

Unser örtlicher H Mart ist unfassbarerweise heute geschlossen und der nächste Lebensmittelladen, zu dem ich mit Mitsuko fahre, wirklich versifft – aber es gibt Nattō. An der Tür haben sie einen Metalldetektor, und direkt beim Eingang steht ein Mann in einem Kittel und verkauft Grillhähnchen. Links von uns befingern ältere Frauen und ihre Kinder Karottenbündel, und ein kleines Mädchen läuft mit einer Petersilienkrone auf dem Kopf durch die Gänge.

Ich suche nach einem Einkaufswagen und finde schließlich einen mit drei Rädern. Wir füllen das Ding bis an den Rand, genauso wie unseren Korb, und Mitsuko lädt sich noch die Arme voll.

An der Kasse suche ich nach meinem Geldbeutel und warte darauf, dass Mitsuko abwinkt. Aber das tut sie nicht. Also ziehe ich langsam meine Karte heraus, doch da holt Mitsuko einen Schein aus ihrer Tasche und schüttelt den Kopf.

Die Kassiererin lacht und zieht sich an ihrem Zopf.

Typisch Nigga, sagt sie.

Nicht wahr, sagt Mitsuko.

Auf dem Parkplatz draußen schreien sich zwei Frauen mit Hidschabs an. Jeder Satz wird mit einem Keuchen beendet. Alles scheint fürchterlich. Sie sind den Tränen nahe, doch dann fallen sie sich in die Arme und lachen, bis sie nicht mehr können.

# 7.

In der Tagesstätte schubst Ahmad Ethan. Daraufhin kommt Xu seinem Bruder zu Hilfe und stößt die beiden in den Sand. Ich betrachte das alles durchs Fenster, Ximena auch, und ich warte, dass sie dazwischengeht, aber wie sich herausstellt, tut sie's nicht.

Als ich nach draußen komme, ist Barry bereits da. Er packt Xu beim Gürtel und Ahmad beim Ellbogen.

Ich setze Ethan vor mich hin und frage ihn, was war. Er sagt, ihm wurde aufgelauert, und als ich ihn frage, warum, reckt er den Kopf, als müsste ich es wissen.

Ich gehe hinein, um nach Ahmad zu sehen. Barry hat ihn an den Maltisch in unserem winzigen Computerzimmer gesetzt.

Er will nicht sagen, warum er Ethan geschubst hat, sagt Barry.

Wir wissen, warum, sage ich. Er tut es jeden Tag.

Klar, sagt Barry, aber es gibt immer einen Grund. Kopfschmerzen. Bauchschmerzen. Irgendwas zu Hause.

Wenn du ihn fragst, sagt er es dir.

Er redet verdammt noch mal nur mit dir, sagt Barry.

Ich gehe ins Computerzimmer und gebe Ahmad einen Saft. Er blinzelt, bevor er ihn nimmt. Dann setze ich mich neben ihn auf den Teppich und will etwas sagen. Er sieht erleichtert aus, als ich es doch nicht tue.

Wir beobachten, wie Silvia und Margaret durchs Fenster zu uns hinausschauen. Sie ducken sich weg und kommen Sekunden später wieder hoch.

Einer unserer Grundsätze ist, wann immer es einen Streit gibt, mit den Eltern zu reden. Der Vater der Zwillinge kommt in Basketballshorts und einem Texans-Hoodie. Als wir ihm erzählt haben, was war, blickt er finster.

Ich rede mit den beiden, sagt er. Hätte aber schlimmer sein können, oder?

Hm, sage ich.

Xu hat einem Jungen Dreck in die Augen geworfen, sagt Barry.

Klar, sagt der Vater, und lebt der Junge noch? Konnte er den Dreck nicht einfach wegwischen?

Kurz darauf kommt Ahmads Bruder, verschwitzt und mit rotem Kopf. Er heißt Omar und ist, glaube ich, eine Art Physiotherapeut. Ich sage ihm, was passiert ist, und er hebt die Hände vors Gesicht.

Ihr sagt also, er hat angefangen, sagt Omar.

Das fragen immer alle, sagt Barry.

Ahmad war beteiligt, sage ich, aber wir geben niemandem die Schuld.

Vielleicht solltet ihr das, sagt Omar.

Vielleicht. Aber wir tun es nicht.

Wofür zum Teufel bezahlen meine Eltern euch dann?

Ich antworte nicht darauf. Barry zuckt zurück. Dann sacken Omars Schultern ein.

Tut mir leid, sagt er.

Ist schon okay, sage ich.

Ist es nicht. Ernsthaft.

Es ist etwas schwer, sagt Omar. Ahmad wohnt bei mir. Unsere Alten haben ein paar Probleme.

Verstehe ich vollkommen, sage ich.

Omar ist leichter gebaut als sein Bruder. Wie ein Bäcker. Wenn sie nebeneinanderstehen, sehen sie sich nicht die Spur ähnlich – nur die Nasen sind nicht zu unterscheiden.

Heißt das, ich darf nicht mehr herkommen?, sagt Ahmad.

Omar und ich sagen: Doch.

Alles okay, sage ich.

Alles, sagt Omar mit einem Blick zu mir.

Ahmad blickt zwischen uns hin und her. Offensichtlich glaubt er uns nicht. Aber er akzeptiert es fürs Erste und läuft nach draußen.

Ich sage Omar, dass ich es verstehe. Und er sagt Danke, gibt mir die Hand und lächelt übers ganze Gesicht. Als ich die beiden davongehen sehe, rechne ich halb damit, dass er Ahmad eine runterhaut, aber er tut nichts in der Art. Er verwuschelt seinem kleinen Bruder die Haare und schiebt ihn zum Auto.

Am Ende frage ich Ximena, warum sie die Streithähne nicht getrennt hat. Sie sieht mich lange an, bevor sie antwortet.

Ich wollte, sagt sie, aber wann lernt man das schon mal? Dass man manchmal einfach verliert?

Besser hier als später, sagt sie, wenn es wirklich um was geht.

♦

Einmal habe ich Mike gefragt, ob er Kinder will. Wir waren in einem Pub in den Heights und sahen zu, wie zwei betrunkene Whiteboys sich gegenseitig stützen mussten. Einer von ihnen rutschte von seinem Barhocker, und der andere hielt ihn fest. Dann strauchelte der andere, und sein Kumpel half ihm auf die Beine.

Mike hatte sein Bier bereits ausgetrunken, schaffte es aber trotzdem irgendwie, noch was auszuspucken.

Etwa um die Zeit hatten wir auch unser Monogamie-Gespräch. Mike fing damit an.

Ich widersprach ihm nicht direkt, aber ich habe ihm auch nicht zugestimmt.

Ich sage nur, wir sollten darüber nachdenken, ob wir es nicht offen halten wollen, sagte Mike.

Da gibt es nichts zum Drüber-Nachdenken, sagte ich.

Mir wäre egal, was du tust, sagte Mike, solange du wieder nach Hause kommst.

Du hast keine Beziehung mit dir selbst, sagte ich.

Denk einfach drüber nach, sagte Mike. Ich sage nur, dass die Welt da draußen groß ist.

Die Welt?, sagte ich. Scheiße, welche Welt? Wir leben an einem Ort.

Du weißt, was ich meine.

Und die Sache ist, ich wusste, was er meinte. Ich wusste es. Und ich hatte schon darüber nachgedacht. Doch ich war zu der Zeit weniger besorgt, was Mike täte, als dass ich mich fragte, wie ich damit umgehen würde: Wenn ich die Tür aufmachte, auch nur einen Spalt, hätte ich dann immer noch einen Grund, wieder reinzugehen?

Beschlossen haben wir am Ende nichts. Aber keine Entscheidung ist auch eine Entscheidung.

♦

In meiner Kindheit bestimmte meine Schwester mein Leben. Unser Vater war immer arbeiten oder leerte in der Stadt die Schnapsflaschen. Unsere Mutter kaufte sich als Ausgleich Handtaschen, und die Kredite häuften sich an.

So gab mir Lydia meine erste Zigarette und schüttelte den Kopf, als ich beim Inhalieren würgen musste.

Sie zeigte mir, wie und wen ich anhauen musste, um in der Drogerie an Bier ranzukommen.

Und sie brachte mir das Autofahren bei und bezahlte meine erste Strafe für zu schnelles Fahren.

Lydie überreichte mir meinen ersten Joint. Ich durfte mit ihr und allen möglichen Bekanntschaften, die sie um sich scharte, im Rauch sitzen.

Und schließlich zeigte Lydia mir auch, wie man küsst. Dafür hatte sie eine Mitschülerin mitgebracht. Sie redeten in ihrem Zimmer und tranken Gin aus dem Barfach meiner Eltern, bis sie mich zu ihnen hoch rief.

Das Mädchen hatte dunkle Haare und Meerjungfrauenohrringe. Sie berührte vorsichtig meinen Unterarm und zog die Stirn kraus, als ich wegzuckte.

Sie fragte, ob ich nicht wollte. Ich sagte, doch, und sah zu meiner Schwester hinüber, die tief enttäuscht schien. Sie wollte wissen, ob sie es mir vormachen sollte, und ihre Freundin verzog das Gesicht, aber ich sagte, das sei nicht nötig, ich wisse schon Bescheid.

Jahre später hat mich Lydia an all das noch mal erinnert. Sie wohnt jetzt im Museumsviertel. Ihre Wohnung ist voll mit Pflanzen. Der Boden ist aus poliertem Holz. Unsere Mutter hat sie früher ständig gefragt, wann sie denn heiraten würde, und unser Vater wollte wissen, wann sie sich endlich einen richtigen Job suche, aber irgendwann sagte sie ihnen, dass sie das nichts angehe. Ihre Zeit sei nun um, sie hatten ihre Chance. Und dann habe ich mich geoutet, was ihr für eine Weile den Druck nahm.

♦

Mitsuko kaut Vitamine, als ich zurück in die Wohnung komme, und ich will mich ins Schlafzimmer schleichen, doch sie ruft nach mir.

Kannst du ein Hähnchen machen, sagt sie.

Ein Hähnchen?, sage ich.

Ich meine, was ich gesagt habe.

Du meinst Chickenwings?

Sicher nicht, sagt Mitsuko. Komm her.

Sie fühlt sich wohler in Mikes Küche, als ich es je getan habe. Es war alles nach seinen Wünschen angeordnet, aber Mitsuko hat die Küche komplett umorganisiert. Alles in den Schubladen, sämtliche Kellen, Bratenwender und Kochlöffel. Die Schüsseln stehen an einem neuen Platz. Alle Gewürze, alle Utensilien. Ich wusste nie, wo die Essstäbchen waren – sie tauchten einfach aus dem Nichts auf, wenn wir sie brauchten –, mittlerweile ist nichts mehr wiederzuerkennen. Sie hat alles auf den Kopf gestellt. Es ist verwirrend, aber ich finde mich zurecht.

Mitsuko nimmt das Hähnchen bei einem Bein und balanciert das andere auf einem Hackmesser. Mit einer flüssigen Bewegung teilt sie das Hähnchen in zwei Teile.

Heilige Scheiße, sage ich.

Still, sagt Mitsuko.

Sie zerlegt das Hähnchen immer weiter, Stück für Stück, und gibt die Reste in einen Topf auf dem Herd für die Brühe. Sobald auch das Fett abgeschnitten ist, schüttelt sie die einzelnen Teile mit einer lockeren Handbewegung. Die Gewürze stehen alle bereit. Sie taucht das Fleisch in etwas, das wie eine Salzlake aussieht, sagt aber kein Wort dazu, dreht sich schließlich zur Seite und wirft alles in eine Pfanne. Das Fett prasselt wie Regen auf einem Blechdach.

Zu Hause hätte ich es mariniert, sagt Mitsuko. Aber ich bin nicht zu Hause.

Als sie fertig und das Fleisch gar ist, stellt Mitsuko zwei Schüsseln auf den Tisch, was neu ist. Ich sitze ihr gegenüber.

Wir essen schweigend.

Hast du das begriffen, sagt Mitsuko.

Nun, sage ich, das eine oder andere.

Sie mustert mich etwas kühl.

Das ist in Ordnung, sagt sie, du wirst es lernen.

Das musst du, fügt sie hinzu.

♦

Meine Eltern haben nicht gekocht. Lydia auch nicht. Sie haben alles beim Vietnamesen ein paar Straßen entfernt bestellt, oder wir sind essen gegangen. Aber nachdem meine Mutter und Lydia weg waren, habe ich meinem verkaterten Vater kleine Sachen zum Frühstück gemacht: Rührei, mit Käse Überbackenes, Fruchtsalat. Eine fade Guacamole.

Einmal, ich war ein wenig von der Rolle, habe ich mich an Chilaquiles versucht. Am Abend zuvor hatte ich einen Mann im Internet gesehen, der eine Portion in der Pfanne anbriet. Idiotensicher nannte er das Rezept. Unmöglich zu verpatzen.

Ich gab zu viel Käse darüber. Schnitt mich beim Tomatenzerkleinern. Mein Vater hing im Wohnzimmer rum, während ich Chips und Eier vermengte. Er stöhnte mit einem Blick auf das Wetter draußen, als ich ihm seinen Pappteller gab.

Wir saßen auf dem Sofa, kauten vor uns hin und beobachteten den Sturm. Mein Vater verzog das Gesicht, spuckte aber nichts wieder aus.

♦

Abends schreibt mir Mike. Seinem Vater geht es schlechter.

Schlechter?, schreibe ich.

KANN NICHT SCHLAFEN, ISST NICHTS, ATEMBESCHWERDEN, schreibt Mike.

Tut mir leid

DU HAST IHN NICHT KRANK GEMACHT

Als ich Mike frage, wie die nächsten Schritte aussehen, sagt er, das wüssten sie noch nicht. Er sagt, sein Vater sei stur. Was Mike jedoch weiß, ist, dass er froh ist, hingeflogen zu sein, zumindest glaubt er, froh drüber zu sein, oder er kann sich nicht vorstellen, wie es wäre, wenn er es nicht getan hätte.

Es ist zu kompliziert für ein paar Textnachrichten. Ich schreibe, dass ich mit seiner Mutter ein Hähnchen zerlegt habe.

Mike schreibt: ???

Ich weiß, schreibe ich. Bin selbst geschockt

HAT ES SPASS GEMACHT?

Ich hab es überlebt

HA. MACHST DU'S WIEDER MAL?

Mal sehen

Ich warte, dass Mike nach seiner Mutter fragt. Wie es uns geht in Texas. Aber er fragt nicht. Die Punkte pulsieren auf meinem Bildschirm, erscheinen und verschwinden, werden aber nicht zu Worten.

Also frage ich ihn, wie es *ihm* geht, wie es ihm wirklich geht, und er schickt mir ein Selfie.

Er ist rasiert, weicht beinah zurück vor dem Foto, und zum ersten Mal seit einem Jahr kann ich sein ganzes Gesicht sehen.

# 8.

Als ich am nächsten Morgen aufstehe, ist Mitsuko schon weg. Ihre Jacke ist nicht mehr da. Ihre Brille weg. Ich sehe nach ihren Schuhen, und die sind auch fort.

Ich suche nach einer Nachricht, und Mitsuko hat tatsächlich eine auf dem Tisch zurückgelassen.

Aber es sind japanische Schriftzeichen.

Ich könnte verrückt werden.

Dann sehe ich, dass sie die Wäsche mitgenommen hat. Ihre und meine. Und das Waschpulver.

Bei der Arbeit sitzt Ahmad stundenlang in der Ecke und redet mit niemandem.

Ximena versucht ihn mit Lego zu ködern, Barry mit Basketball. Als ich an der Reihe bin, frage ich ihn, warum er da so hockt, und er sagt, er streikt.

Okay, sage ich. Aber warum?

Die Regeln, sagt er.

Wie spannend. Wann hast du angefangen?

Gestern.

Und wie lange dauert es noch?

So lange wie nötig.

Da wirst du noch eine Weile da sitzen, sage ich.

Okay, sagt Ahmad.

Und so nicke ich, stehe auf, und Ahmad atmet aus.

Du gehst, sagt er.

Du streikst, sage ich. Ich bin hier der Leiter. Da trennen sich unsere Wege.

Aber du musst nicht gehen.

Doch, ich glaub schon.

Keiner muss was tun, sagt Ahmad. Nicht mal du.

Was unfassbarerweise etwas ist, was auch Mike sagen würde.

Und weil mir keine passende Antwort einfällt, setze ich mich wieder.

Beim Mittagessen zeigt Ximena Bilder von ihrem Kleid für die Feier herum. Was die Schuhe angeht, hat sie sich noch nicht entschieden. Ihre Mutter mischt sich nicht ein, weder bei den Schuhen noch beim Kleid. Ihr Vater ist am letzten Wochenende von Laredo hergefahren, und als er Noah kennengelernt hatte, sagte er seiner Tochter, der junge Mann sei schon in Ordnung, aber warum habe sie sich einen Gabacho ausgesucht?

Stellt euch das mal vor, sagt Ximena. Was denkt der sich, verdammt.

Als Omar kommt, erkläre ich ihm, dass sein kleiner Bruder streikt. Ich frage ihn, ob er wisse, warum, und Omar lächelt.

Die bessere Frage ist, warum wir es *nicht* tun, sagt er.

Stimmt, sage ich.

Wenn wir, du und ich, jetzt anfangen würden, sagt Omar, wie lange, denkst du, würde es dauern?

Zweiundsiebzig Minuten.

Das ist sehr genau.

Genauigkeit ist wichtig.

Ich würde gerne glauben, dass wir Besseres zustande brächten, sagt Omar.

Ich weiß nicht mal, was ich tun würde, sage ich.

Das, was wir immer tun, sagt Omar und tätschelt seinem Bruder den Kopf.

Aber er sagt nicht, was das ist.

Am Abend schneide ich neben Mitsuko Zwiebeln. Sie seiht Dashi in eine Schüssel, während ich mein Bestes gebe, mir die Finger nicht abzuschneiden.

Als Mitsuko meine zerschnittenen Zwiebeln sieht, seufzt sie und nimmt mir das Messer aus der Hand. Sie schneidet meine Hälften in Viertel und die noch mal in Hälften.

♦

Selbst nachdem wir angefangen hatten, uns mit Möbeln zu bewerfen, brachte Mike immer Essen von der Arbeit mit. Er stellte die Tupperware auf die Theke. Alles von ihm gekocht. Und es schmeckte immer so verdammt gut.

Einmal sagte mir Ximena, das sei ein Zeichen. Wir waren bei ihr und sahen zu, wie Juan einen Lego-Zug baute. Ich schrieb Mike, dass es spät werden würde und ich vielleicht erst am nächsten Morgen zurückkäme, und er antwortete gleich mit einem klaren Okay.

Noah bringt mir nie was zum Essen, sagte sie. Mike denkt an dich.

Noah vögelt nicht mit der halben Stadt.

Müsste das nicht weniger als die Hälfte sein? So viele von euch gibts da draußen auch wieder nicht.

Von euch?

Leuten, die schwul sind, sagte Ximena.

Was?, sagte ich. Es gibt mehr von uns, als du denkst.

Und selbst wenn Mike an mich denkt, sagte ich, weiß ich nicht, ob das gute Gedanken sind.

Das kannst du nicht kontrollieren, sagte Ximena.

Du nimmst Platz im Denken eines anderen Menschen ein, sagte sie. Du bist eine fremde Größe. Ein Parasit. Das bedeutet an sich schon viel.

# 9.

An den Wochenenden mit Mike liege ich bis mittags im Bett. Er sitzt am Tisch und isst Pfannkuchen, jeweils drei, vier, und brät mir auch welche, wenn ich aufstehe.

Aber als ich jetzt aufwache, höre ich Stimmen in der Küche. Dann erkenne ich sie. Die Synapsen schaffen die Verbindungen, und ich fliege durchs Schlafzimmer.

Mitsuko nippt an ihrem Kaffee. Lydia sitzt auf dem Sofa, meine Mutter zwischen den beiden, die Hände im Schoß. Sie lachen über etwas. Selbst Mitsuko lächelt, lange genug, dass ich es sehen kann.

Lydia ist die Einfachste, also fange ich mit ihr an.

Heilige Scheiße, sage ich.

Selber heilige Scheiße, sagt sie.

Ihr habt ganz schön Mut, sage ich.

Ja, sagt, Lydia, mehr als du.

Hört auf, sagt meine Mutter und steht auf, um mich zu umarmen.

Ich will es nicht. Ich würde lieber einfach die Arme verschränken, aber selbst das kriege ich nicht hin.

Kein Hallo?, sagt meine Mutter.

Buenas, sage ich. Warum seid ihr hier? Wie seid ihr hergekommen?

Warum seid ihr hier, macht Lydia mich nach, nur zwei Oktaven höher.

Und, sagt Lydia, wo ist Mike?

Genug, sagt meine Mutter.

Als ich Mitsuko ansehe, zuckt sie nur mit den Schultern. Ihr Lächeln ist wieder da.

Benson, sagt meine Mutter, wann hast du das letzte Mal von deinem Vater gehört?

Deswegen könnt ihr nicht hergekommen sein, sage ich.

Kannst du bitte die Frage beantworten?, sagt Lydia.

Ich werfe ein Kissen nach ihr. Lydia wirft es zurück. Meine Mutter schimpft, wir sollen beide verdammt noch mal runterkommen.

Es geht ihm nicht gut, sagt sie. Die Trinkerei.

Dann schafft ihn zum Arzt, sage ich.

Benson, sagt meine Mutter.

Die Leute entgiften sich ständig. Ihr könnt alle zusammen hin.

Wenn du wirklich denkst, dass es so einfach ist, sagt meine Mutter, hätten wir tatsächlich nicht herkommen sollen.

In dem Moment räuspert sich Mitsuko.

Sie sagt, sie macht einen Spaziergang.

Mitsuko sieht mich an und sagt, ich soll die Tür nicht abschließen, und als sie weg ist, atmen Lydia und meine Mutter einmal tief aus.

Ich meine, sie ist etwas älter, sagt Lydia. Und du fängst spät an. Aber ich finde es gut.

Halt den Mund.

Du hast da definitiv eine besondere Vorliebe.

Mit euch kann man nicht reden. Ich muss meine verdammten Pillen nehmen.

Dann solltest du das tun, sagt Lydia.

Was stimmt mit meinem Vater nicht?, sage ich, und Lydias Gesichtszüge sacken weg.

Um ehrlich zu sein, glaube ich, er ist einfach einsam, sagt sie. Er braucht Gesellschaft. Aber meine Meinung zählt in dieser Familie ja nicht.

Das glaubst du doch nicht wirklich, sagt meine Mutter.

Sag mir nicht, dass du das nicht siehst, sagt Lydia. Es gibt einsame Leute, und dann gibts noch Dad.

Wenn das stimmt, bist du selbst schuld, sagt meine Mutter.

Wir alle sind schuld, sagt meine Mutter, sieht auf ihre Absatzschuhe, und meine Schwester und ich folgen ihrem Blick.

Denn, ernsthaft, unsere Mutter sieht besser aus denn je. Sie trägt diese Armbänder und diese Stiefel und eine freche Jacke, die sich mit allem beißt. Als sie noch mit meinem Vater zusammen war, trug sie meistens Braun. In all meinen Erinnerungen sehe ich sie so.

Hör zu, sage ich, es tut mir leid. Echt jetzt. Aber ich glaube nicht, dass ich da was tun kann. Besonders, weil ihr es schon versucht habt.

Du bist sein Sohn, sagt meine Mutter.

Und du warst seine Frau, sage ich.

Ich werfe das ein, um sie zu schocken, aber ich weiß nicht, ob es funktioniert. Meine Mutter blinzelt nur kurz. Als bewertete sie etwas neu.

Er hat dich bei sich behalten, sagt meine Mutter. Das

musste er nicht, aber er wollte es. Er wollte, dass du bei ihm bleibst.

Und jetzt braucht er dich, sagt sie.

Er braucht *Medizin*, sage ich.

Und wer könnte besser dazu geeignet sein, sie ihm zu bringen, als du?, sagt meine Mutter.

Sie fügt noch hinzu: Du hast schließlich eindeutig nichts anderes zu tun.

Meine Mutter geht zuerst. Sie verabschiedet sich nicht. Setzt sich nur die Sonnenbrille auf und geht aus der Tür. Lydia bleibt noch und gibt mir die neue Nummer meines Vaters. Als sie fragt, ob ich auch seine Adresse brauche, sage ich, dass ich weiß, wo er wohnt.

Wenn du meinst, sagt sie. Ruf mich an, wenn du bei ihm warst.

Das werde ich, sage ich.

Nein, wirst du nicht, sagt sie.

Es kommt der Moment, in dem ich sie fragen sollte, wie es ihr geht, aber ich lasse ihn verstreichen. Sie auch. Ich weiß nicht, ob sie dankbar oder enttäuscht ist.

Aber bevor sie geht, fasst Lydia mich noch bei der Schulter.

Du hast nicht gesagt, wo Mike ist, sagt sie.

Dir entgeht auch nichts, sage ich.

So sagt man.

Genau wie Jesus. Hat bei ihm auch super funktioniert.

Du bist ein echter Fang, kleiner Bruder, sagt Lydia. Beste Qualität.

Als Mitsuko zurückkommt, liege ich auf dem Sofa. Sie wirft einen Blick auf mich, macht den Mund auf und wieder zu.

Dann sagt sie: Mein Sohn hat angerufen.

Sie sagt: Er klang fürchterlich.

♦

Mike und ich haben einmal ein langes Wochenende in Galveston verbracht. Wir waren noch nie zusammen weggefahren, es war was ganz Neues. Zum ersten Mal seit Monaten hatte er sich im Café freigenommen, ich musste über das Feiertagswochenende nicht arbeiten, wir saßen in der Wohnung, und zwischen uns baute sich eine merkwürdige Spannung auf, da wir beide nichts mit uns anzufangen wussten. Am Abend zuvor hatten die Nachbarn geklopft und uns gewarnt, sie würden eine Marathon-Quinceañera veranstalten. Die erste Nacht feierten sie draußen im Hof durch, schrien und tanzten und zerschlugen eine Piñata. Gegen zwei Uhr morgens fassten sie sich bei den Händen und sangen ein Lied über Jesus. Als der Refrain zum sechsten Mal ertönte, sagte ich zu Mike, wir müssen hier weg, egal, wohin. Aber er schnarchte schon.

Der Sand war schmuddelig blass. An unserem Ende des Strandes war nicht viel los. Hinter uns stritt sich ein Highschool-Pärchen in einer Sandburg wegen des Abschlussballs, vor uns rollten ein paar Mädchen im Wasser herum, während die Mutter den Kopf in einem Ferrante-Roman vergraben hatte. Hin und wieder sah sie zu ihren Töchtern hin, dann zu uns. Als Mike ihr schließlich zuwinkte, wackelte sie mit den Fingern.

Wir lagen auf einem Handtuch, hatten die Hemden ausgezogen und brutzelten den ganzen Nachmittag in der Sonne. Mittags hatten wir uns auf dem Pier Fisch-Tacos gekauft. Der Frau, die sie verkaufte, fehlte ein Ohr. Die Tacos waren köstlich, und wir bestellten noch vier mehr und sahen ein paar Jungs zu, die im Sand beim Steg Saltos machten. Ein Stück um die Ecke lag ein älteres Paar. Ehemänner und -frauen sahen zu den Jungs hinüber, ohne sich weiter um sie zu kümmern.

Am Ende kauften wir noch mehr Tacos von der einohrigen Frau. Sie sagte: Buenos suerte a ambos, und ich fragte Mike, was das bedeute.

Er sagte, wir seien Glücksbringer. Alles, was wir berührten, werde zu Gold.

Und wir gingen mit dem Essen zurück zu unserem winzigen Platz im Sand. Ich schlief ein, Mikes Waden auf meinen Schultern.

Als ich aufwachte, hatte sich der Strand geleert. Die Fenster der Strandhäuser entlang des Piers leuchteten warm.

Ich tastete nach Mike. Er lag nicht auf dem Handtuch. Nur seine Badehose, direkt neben mir, und ich spürte diesen Schauder.

Und da rief er mich, aus dem Wasser. Er stand weit genug draußen, um davongetrieben zu werden, rief meinen Namen und wedelte mit den Armen. Mit einem Riesengrinsen auf dem Gesicht. Und als ich in seine Richtung lief, rief er, ich solle die Hose ausziehen.

Ich sah mich um. Mike rief: Hör auf.

Dass es den Leuten egal sei.

Und wenn nicht, mache es auch nichts.

Und manchmal half es zu denken, dass ich einer war, der so was konnte. Ich konnte mich da am Strand splitternackt ausziehen und durch den Sand rennen. Weil mir jemand so wichtig war.

# 10.

Am nächsten Tag besuche ich meinen Vater nicht. Und ich rufe ihn auch nicht an.

# 11.

Am Tag danach auch nicht.

# 12.

Dann ist das Wochenende um, und ich gehe wieder zur Arbeit.

Ximena überfällt mich, um über ihre Feier zu sprechen.

Ich sehe zu, wie Barry mit den Zwillingen rauft.

Ich starre auf mein Telefon. Mike hat sich nicht gemeldet, und plötzlich ist der Tag um.

# 13.

Mitsuko kauft neun Kochbücher, ich weiß nicht, wo. Sie sagt, wir fangen mit den Klassikern an. Sie ist besser drauf, seit sie von ihrem Sohn gehört hat. Es ist fast so, als hätte Mike sie mit neuer Energie erfüllt – und am Abend kocht sie sein Lieblingsgericht, wie sie sagt: Kartoffel-Korokke mit Zwiebeln und Soße, dazu Tomatenscheiben und Blattsalat. Sie zerdrückt die Kartoffeln in ihren Händen, vermischt sie mit Schweinefleisch und gibt ein bisschen Salz und Pfeffer dazu, formt kleine Bällchen und wendet sie in Mehl, Eigelb und Panko. Ich sehe von der Theke aus zu, wie sie die Pattys knusprig brät, und Mitsuko sieht zu, wie ich zusehe.

Es ist das bisher Persönlichste, an dem sie mich teilhaben lässt, und das sage ich ihr.

Sie sieht mich eine Weile an und sagt dann: Rede keinen Unsinn.

## 14.

Wir zeigen den Kindern *WALL-E*. Sie sitzen völlig gebannt vor dem Fernseher. Für gewöhnlich schalten wir ihn nicht ein, wir werden schließlich dafür bezahlt, genau das nicht zu tun, aber keines der Kinder hat den Film schon gesehen. Silvia und Marcos setzen sich auf den Teppich. Es folgen Ethan, mit Xu im Schlepptau, dann Thomas, Margaret und Hannah. Das einzige Kind, das nicht kommt, ist Ahmad, der am Tisch sitzen bleibt und mit Buntstiften winzige Himmelslandschaften malt.

Kein Wunder, sagt Barry.

Der Fernseher wirkt wie Fentanyl, sagt er. Schaltet sie komplett ab.

Ximena und ich fragen ihn nicht, wie er auf die Analogie kommt, oder warum.

Als Omar am Nachmittag Ahmad abholt, fragt er mich, ob er mit mir reden kann.

Ein besserer Tag?, fragt Omar und legt seinem Bruder die Hand auf den Kopf.

Der Streik ist vorbei, sage ich.

Wenigstens vorläufig, sagt Omar.

Jeder Tag ist ein Geschenk, sage ich.

Du siehst gar nicht aus, als wärst du religiös.

Ich wusste nicht, dass man religiös aussehen kann.

Ich weiß, sagt Omar mit einem Lächeln. Sind die Menschen nicht ein Rätsel?

Ahmad verdreht den Saum seiner Jacke und scharrt mit den Füßen.

Hör zu, sagt Omar. Ich habe eine Frage. Aber ich möchte nicht, dass es komisch klingt.

Dann solltest du sie einfach stellen.

Du kennst meinen Bruder wirklich gut, sagt er.

Klar.

Und ich versuche ihn besser kennenzulernen. Hinter diese Sache zu kommen, die er gerade hat.

Also, würdest du mal mit mir was trinken gehen?, sagt Omar.

Kein Date, sagt er. Du weißt schon. Nur zum Reden.

Ich sehe Omar an, dann Ahmad. Der starrt hinauf in die Wolken über uns, und ich kann nicht sagen, ob er irgendwas von dem aufnimmt oder nicht.

Ich denke mir, dass sie sich überhaupt nicht ähnlich sehen.

Ich sage, sicher doch. Dass ich mit ihm zu diesem Kein-Date komme.

Ich frage ihn, ob es einen Ort gibt, den er nicht empfehlen würde.

Nein, sagte Omar. Aber ich kann dir keine Nachricht schicken.

Soll ich dich unter einem falschen Namen abspeichern, sage ich.

Nur, wenn du mir die falsche Nummer gibst, sagt Omar.

Natürlich sieht Ximena alles. Sie beißt sich kurz auf die Lippe.

Ich sage ihr, es ist nichts, und sie sagt, ich habe nichts gesagt.

Stattdessen zeigt sie mir Fotos von den Schuhen, die sie sich ausgesucht hat. Was ihre Mutter anziehen wird, wo die Feier stattfinden wird. Den Anzug für ihren Sohn. Zum Schluss noch Fotos von ihrem Kleid, einem leuchtenden goldenen Ding. Offenbar hat sie es bereits Noah gezeigt.

Ich weiß, das soll man nicht, sagt Ximena und wischt über den Bildschirm. Aber es ist *okay*.

Am Abend ruft meine Mutter an, und ich gehe nicht ran.

Lydia ruft an, und ich gehe nicht ran.

Mitsuko lässt mich Schweinekoteletts braten und gibt mir Anweisungen am Herd. Das erste lasse ich anbrennen, das zweite noch schlimmer. Doch sie nimmt einen Bissen von beiden, und wir sagen kein Wort dazu.

Dann plötzlich, völlig unvermittelt, fragt mich Mitsuko nach meiner Mutter.

Sie war mal geschieden, sage ich. Jetzt nicht mehr.

Dann haben wir ja etwas gemeinsam, sagt Mitsuko. Kennst du ihren neuen Mann?

Ich habe ihn einmal getroffen. Er ist reich.

Überrascht dich das?

Schon.

Warum?, sagt Mitsuko.

Ich weiß es nicht, sage ich. Er ist einfach überhaupt nicht wie mein Vater.

Falsch, sagt Mitsuko. Ihr seid alle wie eure Väter.

Und dann, später beim Abwaschen, räuspert sich Mitsuko.

Sie sagt: Es geht mich ja nichts an. Aber mein Sohn hat für seinen Vater den Ozean überquert.

♦

Einmal hatte Mike etwas gekocht, von dem ich gesagt habe, ich fände es widerlich. Aber nur, weil ich sehen wollte, was passiert. Wir hatten uns nachmittags gestritten, wegen nichts, wegen Geld. Er meinte, ich verstehe ihn nicht, weil ich *mit* aufgewachsen sei. Weil meine Eltern Geld gehabt hatten.

Wir haben in einer Kiste gewohnt, sagte Mike. Mit verfickten Kakerlaken, die uns über die Gesichter gelaufen sind, und wir sind verfickt noch mal nicht an der verfickten Elgin essen gegangen. Meine Alten konnten es nicht einfach so raushauen.

Du weißt ja nicht, wovon du redest, sagte ich, obwohl er es natürlich tat, und das Gespräch endete so, wie es nur enden konnte – mit einem Fick, halb angezogen, hastig, auf der Theke, weil uns die Worte fehlten.

Er hatte einen Eintopf mit Schweinefleisch gekocht. Du konntest es die ganze Straße runter riechen. Ich aß einen Löffel, zog leicht die Brauen zusammen und sagte, das wäre nichts für mich.

Am Ende standen wir beide nackt vor der Theke. Mike hatte so ein Lächeln auf dem Gesicht, als würde er gleich anfangen zu heulen.

Ich konnte mich nur entschuldigen.

## 15.

Und so stehe ich am nächsten Morgen, trotz allem, vor seiner Tür.

Der Tür meines Vaters.

Und ich klopfe. Warte.

Es ist schwer, nach Hause zurückzukehren, ohne einer gewissen Wehmut zu erliegen. Da zu stehen, wo so viele frühere Versionen deiner selbst gestanden haben, an jenem magischen Ort am Rand der Stadt. Dort in der Sackgasse ist die Bäckerei mit der koreanischen Lady, die mir immer Donuts zugesteckt hat. Dann der Laden mit den Chicken-Sandwiches bei der Tankstelle. Das Pasta-Restaurant neben dem Tex-Mex-Imbiss. Und die Rasenflächen vor den Häusern leuchten im Mittagslicht, und alle paar Sekunden taucht ein Minivan auf, und ich überlege schon, ob ich umdrehen und die ganze Aktion abblasen soll, als sich die Tür öffnet, nur einen Spaltbreit.

Die Augen meines Vaters.

Wer bist du, sagt er.

Hör auf, sage ich.

Mein Vater blinzelt noch etwas mehr.

Für den Bruchteil einer Sekunde denke ich, dass alles weit schlimmer sein könnte als angenommen.

Kleiner Spaß, sagt er und öffnet die Tür.

Lern endlich, Spaß zu verstehen, gottverdammt, sagt er.

Das Haus ist ein Schweinestall. Es ist kaum zu glauben. Überall auf dem Teppich verstreut liegen Take-away-Schachteln, und die Möbel strömen einen intensiven Moschusgeruch aus. Die Fenster sind von innen beschlagen, die Trainingshose meines Vaters ist voller Flecken, und ich muss mich fragen, ob es zu meiner Zeit hier auch schon so ausgesehen hat und nur Mikes Standards meine eigenen angehoben haben.

Mein Vater setzt sich aufs Sofa. Zwischen uns steht ein offenes Bier. Er beäugt mich, dann das Bier, dann die Decke.

Los doch, sage ich. Ich bin kein Cop.

Verhältst dich aber wie einer, sagt mein Vater. Tauchst hier in aller Herrgottsfrühe auf. Völlig unerwartet. Hast du deine Pillen überhaupt schon genommen?

Mach dir um mich keine Sorgen, sage ich. Ma sagt, dir gehts nicht gut.

Da hast du recht. Sag du mir, wie's mir geht.

Sie sagt, du beantwortest ihre Anrufe nicht. Sie macht sich Sorgen.

Dann sag ihr, sie soll verdammt noch mal selbst hier rauskommen.

Wenn mein Vater so wird, ist nicht mit ihm zu reden. Es hat keinen Sinn. Also sammele ich ein paar Burger-Packungen ums Sofa herum auf und suche nach einem Mülleimer. Nach einer Weile habe ich mich so durch den Eingangsbereich gearbeitet und komme in die Küche.

Sein Schlafzimmer lasse ich aus, aber mein altes Zimmer daneben steht offen.

Ich sehe hinein, und es ist der einzige Raum, der nicht vermüllt ist. Die Poster sind unberührt, Bowie, Hendrix und Ultraman Tiga. Schallplatten liegen auf dem Schreibtisch verstreut. Drunter, in den Schubladen, fände ich wahrscheinlich noch verblichene Pornohefte.

Als ich wieder nach unten komme, döst mein Vater. Ich greife nach seinem Bier, aber er ist schneller.

Er trinkt und sieht mir in die Augen.

♦

Ich kann an einer Hand abzählen, wie oft sich meine Eltern vor meinen Augen berührt haben.

Einmal nach der Beförderung meines Vaters auf dem Bahnhof. Eine Umarmung.

Dann noch mal, nachdem seine Mutter gestorben war. Vor einer zweitägigen Fahrt nach Columbia zur Beerdigung.

Und dann, nachdem die Mutter meiner Mutter gestorben war, während einer fünfstündigen Fahrt nach Dallas.

Ein viertes Mal an dem Abend, als Lydia ihnen eröffnete, dass sie von ihrem Scheiß genug hatte.

Und dann noch einmal vor einem Mittagessen im Deli, nach unserem letzten großen Streit. Ich sah von der Einfahrt durchs Fenster zu ihnen hinein. Auf dem Weg hinaus hatte ich eine Kommode mit einer ganzen Generation Fotos darauf umgestoßen. Mein Vater legte meiner Mutter im Esszimmer eine Hand auf den Rücken, ganz kurz und instinktiv, denke ich. Schon zog er die Hand zurück, linste durch die Scheibe zu mir hinaus, und keiner von beiden verlor je ein Wort darüber.

♦

Als ich fertig bin, ist das Haus zwar nicht sauber, aber doch nicht mehr so zugemüllt. Mein Vater zupft an seinen Hemdsärmeln. Er blickt düster auf meinen fünften Müllsack.

Keiner hat dich gebeten, das zu tun, sagt er.

Jetzt bin ich aber hier, sage ich.

Je drüber nachgedacht, dass genau das das Problem ist?, sagt mein Vater. Dass die Niggas freiwillig Sachen tun, um die ich sie nicht gebeten habe?

Das ist mein Stichwort. Ich nehme meine Schuhe, die neben der Tür stehen.

Bye, Dad, sage ich. Ruf Mom an. Sie macht sich Sorgen.

Und dann bin ich draußen.

Es sind vielleicht, wie viel, noch drei Schritte bis zu Mikes Auto, als ich höre, wie die Tür hinter mir aufgeht.

Da steht mein Vater und sieht hinter mir her. Ich lehne mich gegen das Autofenster.

Wann, denkst du, kommst du wieder her?, fragt er.

Du willst, dass ich wieder herkomme?, sage ich.

Du kannst eine Frage nicht mit einer Frage beantworten, sagt mein Vater, und ich sehe ihn an, und er sieht wirklich einsam aus.

Eine Weile lang war er ein Mann, der mit seinem Gewieher ganze Redaktionen auf Trab hielt. Doch das war einmal. Jetzt steht er so da. Und ich habe ihn nicht mal gefragt, wann er zuletzt als Lehrer eingesprungen ist. Wie es ihm finanziell geht. Nicht, dass ich ihm helfen könnte.

Bald, sage ich.

Ungefähr, sagt mein Vater.

Ich weiß nicht, sage ich. In ein paar Tagen. Am Wochenende.

Hmm, sagt er, arbeitest du noch mit diesen frechen Kids?

Ja, mit den frechen Kids arbeite ich noch.

Habe ich mir gedacht.

Versprich es, sagt mein Vater und spielt mit seinen Händen herum.

Wie auch immer. Okay. Versprochen.

Ich glaube es, wenn ich dich sehe.

Dann sehen wir uns, sage ich, setze mich ins Auto und lasse den Motor an. Weg bin ich.

♦

Lydia nimmt an, die mangelnde Intimität unseres Haushalts ist der Grund, warum ich Schwierigkeiten damit habe, Verbindungen aufzubauen. So hat sie es mir gesagt, mit genau den Worten, als wir ihre letzte Wohnung ausgeräumt haben. Sie zog wieder mal um, in ein anderes Haus ein paar Straßen weiter. Ihre Wohnung hing voll mit Fotos von Freunden und Orten, an denen sie gewesen war.

Wie zum Teufel willst du wissen, was mit mir nicht stimmt?, sagte ich.

Kleiner Bruder Benson, sagte Lydia, ich habe buchstäblich verfolgt, wie du deine ersten Schritte gemacht hast. Natürlich weiß ich das.

Wir rauchten was ziemlich Hartes auf den Stufen zu ihrer neuen Bleibe, einer Etagenwohnung ohne Aufzug hinter einer Handvoll Kneipen in Montrose. Ich hatte sie gefragt, ob sie sich wegen ihrer neuen Nachbarn Sorgen mache und was die wohl von ihr dächten, und sie hatte bloß mit den Schultern gezuckt.

Wen stört es, was die denken?, sagte sie. Ich zahle monatlich meine Miete.

Das tun sie auch, sagte ich.

Genau. Wir kennen alle unsere Rollen. Gibt also nichts zu diskutieren.

Wie gehts diesem einen Typen?, sagte ich. Dem, mit dem du zusammen warst?

Netter Versuch, sagte Lydia.

Du erzählst mir nie etwas.

Du bist doch der, dem Diskretion so wichtig ist.

Du weißt, was ich meine, sagte ich und trat gegen die Stufen. Lydia legte mir eine Hand auf die Schulter.

Sie sagte: Wenn's etwas zu erzählen gibt, erfährst du's.

Bis dahin können wir alle tot und im Jenseits sein, sagte ich.

Das ist nicht unmöglich. Der Meeresspiegel steigt.

Am besten lege ich einen Vorrat mit den Liebesgeschichten von uns beiden an.

Das würde nicht schaden, sagte Lydia. Du bist ja in guten Händen.

Ich weiß es nicht, sagte ich.

Da gibts nichts zu wissen, sagte Lydia. Ich sage es dir. Mike ist ein Guter.

Sie streckte ihre Beine hinter mir aus und reckte sich zur Decke. Ich machte sie nach, und sie klopfte mir hinten auf den Kopf.

Mike ist eine wilde Nummer, sagte ich.

Er muss der Liebevolle sein, sagte Lydia.

So würde ich Mike zuallerletzt beschreiben, sagte ich.

Du bist ihm zu nahe, um das zu sehen.

Ich glaube, ich kenne ihn ein bisschen besser als du.

Und trotzdem, sagte Lydia. Ihr seid beide so soft.

Weil du so tough bist, sagte ich.

Bruder, sagte Lydia, du hast absolut keine Ahnung.

♦

Ich stecke auf der I-10 fest und rufe meine Mutter an. Die Trucks um mich herum wechseln ständig die Spuren, schlingern herum wie Enten auf einem Teich.

Bevor sie antwortet, ruft mich jemand an, eine unbekannte Nummer. Ich denke nicht mal nach.

Mike, sage ich.

Was?, sagt Omar.

Oh, sage ich.

Wer ist Mike?, sagt Omar.

Ist nicht wichtig, sage ich. Was geht? Was ist los?

Ich rufe wegen unserem Date an, sagt Omar.

Ich meine, sagt er, ich weiß, es ist kein Date. Wirklich nicht. Aber ich muss es absagen.

Okay, sage ich.

Vor mir öffnet sich eine Lücke, die sich gleichzeitig mit einem Pick-up und einem Porsche füllt. Die Fahrer drängeln sich gegenseitig weg.

Dann sagt Omar: Darf ich dich fragen, was du gerade machst?

In diesem Augenblick? Stehe im Stau auf dem Allen Parkway.

Tut mir leid.

Mir auch.

Aber, sagte Omar, ob du es glaubst oder nicht, da gibts eine Happy Hour, da in der Gegend, die ich echt mag. Bei der Greenway Plaza? Hotdogs, weißt du. Vielleicht können wir mal –

Wie wäre es mit jetzt gleich?, sage ich, bevor ich weiter darüber nachdenke. Bevor er die Implikationen in Worte fasst.

Oh, sagt Omar. Wow. Ja. Isst du Fleisch?

Ich esse alles.

Und dann gibt mir Omar die Adresse.

Und dann sagt mir Omar, wo ich parken soll.

Es ist trotzdem kein Date, verspricht Omar.

Ich weiß, sage ich.

Gut, sagt Omar.

Die Happy Hour findet in einer Bar statt. Der Hof ist übervoll mit weißen Leuten. Von sechs, sieben Fernsehern plärren Wiederholungen desselben College-Footballspiels. Omar sitzt auf einer Bank weiter hinten. Er scheint ganz in sich versunken, wirkt ein bisschen benommen. Und raucht eine Zigarette. Als ich näher komme, tritt er sie aus.

Keine Sorge, ich verpetz dich nicht, sage ich.

Nein, sagt Omar, ist schon gut. Ich versuche eigentlich aufzuhören.

Sieht aus, als hättest du Erfolg.

Bis heute schon, sagt Omar und zerdrückt den Stummel mit der Fußspitze.

Wir bestellen beide einen Hotdog. Seiner ist vernünftig groß, meiner obszön, eine Bratwurst mit viel zu viel Belag. Der Typ, der sie uns bringt, ist blass und tätowiert und fragt uns einmal und dann noch mal, ob wir was trinken wollen. Wollen wir aber nicht.

Auch nach ein paar Bissen haben wir es noch nicht hinbekommen, richtig miteinander zu reden. Omar sieht mich an, dann über meine Schulter.

Ahmad ist ein komischer Junge, sagt Omar.

Alle Kinder sind komisch, sage ich. Es sind Kinder.

Sieh an, sagt Omar. Du musst es ja wissen. Ich war auch ziemlich komisch.

Und jetzt?

Jetzt bin ich Physiotherapeut, sagt Omar. Dehne Leute, die sich selbst nicht dehnen. Bisschen weniger komisch also.

Aber nur ein bisschen, sage ich. Lebt dein Bruder bei dir?

Mein Bruder lebt in seiner eigenen Welt, sagt Omar. Von Zeit zu Zeit meldet er sich bei mir.

Ich würde mich ihm anschließen, wenn ich könnte, sage ich.

Omar ist mit seinem Hotdog fertig und sieht aus, als wollte er sich die Krümel von den Fingern lecken, tut es aber nicht. Stattdessen wackelt er mit ihnen herum.

Ich sollte Ximena danken, sagt Omar. Ohne ihren Rabatt könnten sich meine Eltern den Betreuungsplatz gar nicht leisten.

Xim ist die Beste, sage ich. Kennst du ihren Verlobten?

Ja. Der ist cool.

Er ist okay, sage ich.

Und dann plötzlich haben wir die Liste mit den Dingen, über die wir reden können, abgearbeitet.

Mir kommt kurz der Gedanke, dass Omar, wenn er Ximena gut genug kennt, um einen Rabatt zu bekommen, wahrscheinlich von Mike weiß.

Die Whiteboys hinter uns werden laut. Als einer von ihnen mit dem Arsch auf dem Beton landet, heben die anderen ihr Bier und johlen.

Danke, sagt Omar.

Wofür?

Für das hier.

Ich habe schon bezahlt, sage ich.

Nein, sagt Omar. Dass du hergekommen bist. Das hättest du nicht müssen.

Ich musste mal mit jemand anderem reden, sagt er. Es wird einfach viel. Es *ist* viel.

Keine Sorge, sage ich. Jederzeit.

Wir sehen den Whiteboys hinter uns zu.

Morgen?, sagt Omar, und einen Moment lang weiß ich nicht, ob es ein Scherz ist.

Nein, aber zu jeder anderen Zeit, sage ich.

Zu einer unbestimmten Zeit, sagt Omar.

Zeit und Ort legen wir noch fest, sage ich.

Cheers!, sagt Omar.

Als ich nach Hause komme, hat Mitsuko schon gekocht. Auf der Theke steht einen Miso-Suppe. Sie sitzt auf dem Sofa und sieht fern. Ihre Augen sind gerötet, als hätte sie geweint, und als sie mich sieht, sagt sie kein Wort. Und dann höre ich sie schluchzen und blicke zum Fernseher.

Sie schaut *Manhattan Love Story*.

Sie heult wegen *Manhattan Love Story*.

Jennifer Lopez sitzt auf der Treppe, und Mitsuko strömen die Tränen übers Gesicht.

Als sie merkt, wie ich sie anstarre, fragt sie, warum zum Teufel ich so kucke.

Später abends schreibe ich Lydia wegen unserem Vater. Dann rufe ich meine Mutter an. Sie hebt beim dritten Klingeln ab.

Ich bin gerade etwas beschäftigt, sagt sie, und ich kann ihr neues Leben im Hintergrund toben hören.

Kinder lachen. Der Zwergspitz bellt. Ich glaube, ich höre einen Mann.

Ich war bei Dad, sage ich.

Etwas knallt am anderen Ende. Meine Stiefbrüder lachen weiter. Wir haben uns nur ein paarmal gesehen, und ich bringe ihre Namen nie mit ihren Gesichtern zusammen.

Ich sagte, ich bin beschäftigt, sagt meine Mutter.

Ich war bei Dad, sage ich wieder.

Moment, sagt meine Mutter und bewegt sich vom Lärm weg.

Okay, sagt sie. Okay. Hat er getrunken?

Er war nicht betrunken.

Gut, sagt meine Mutter. Das ist gut. Er war es nämlich, als wir da waren. Du musst an ihm dran bleiben.

Ich kann hören, wie eine Fliegengittertür hinter ihr zuschlägt, und dann das Klicken eines Feuerzeugs.

Rauchst du?, frage ich.

Ja, sagt meine Mutter.

Ich dachte, dein Mann steht da nicht drauf?

Du kannst ruhig seinen Namen benutzen, Benson.

Könnte ich.

Es würde dich nicht umbringen, sagt meine Mutter und nimmt einen Zug.

Seit sie wieder verheiratet ist, wechselt meine Mutter zwischen ihren alten Lastern und ihrem neuen Leben hin und her: Sie hat wieder angefangen, zur Kirche zu gehen, weil es für ihren Mann beruflich wichtig ist, sich da blicken zu lassen. Aber sie hat auch wieder mit dem Rauchen angefangen, weil sie es liebt. Sie hat sich komplett neu eingekleidet. Hat angefangen zu fluchen, und zu lächeln, übers ganze Gesicht.

Lydia sagt, meine Mutter und ich sind gleich. Auch da bin ich zu nahe dran, sagt sie, um es zu sehen.

Du hast mir nicht gesagt, wie es dir geht, sagt meine Mutter.

Du hast nicht gefragt, sage ich.

Habe ich. Und jetzt tu ich's noch mal.

Ist alles okay. Es hat sich nichts geändert.

Nimmst du deine Tabletten?

Darum musst du dir keine Sorgen machen.

Du kannst mich nicht davon abhalten, mir Sorgen um dich zu machen. Und wie geht es Mike? Ich habe ihn nicht gesehen.

Mike ist weg, sage ich, und ich kann hören, dass meine Mutter etwas sagen will, dann aber innehält.

Ist das etwas, worüber du reden magst?, fragt sie.

Nein, sage ich.

Es ist okay, über solche Dinge zu sprechen, Benson.

Du musst meinen Namen nicht ständig wiederholen.

Du bist mein Sohn, sagt meine Mutter. Den Namen hast du von mir. Ich sage ihn gerne.

Ich sehe ein paar Fliegen draußen vor dem Fenster tanzen. Sie treffen zusammen und lösen sich voneinander.

Lass mich wissen, wenn du etwas brauchst, sagt sie. Was immer es ist. Ich bin für dich da. Was immer du gerade durchmachst, du musst das nicht alleine schaffen.

Und ich fange an, ihr zu danken, doch dann schreien die Kinder, und der Hund kläfft, der Mann meiner Mutter ruft ihren Namen, und an ihrem Ende der Verbindung löst sich alles in Lärm auf.

# 16.

Ein weiterer Traum mit Mike: Diesmal sind wir in einem Nightclub. Einem Laden, in dem man uns normalerweise nie finden würde. Und er ist ein Fremder, genau wie ich, und wir sitzen an der Bar und flirten.

Hey, Fremder, sagt Mike.

Hallo, Fremder, sage ich.

Und dann lachen wir, und die Sohlen unserer Schuhe küssen einander.

Und dann sind wir in einer Toilettenkabine, einem schäbigen, verbeulten Kabuff, beißen uns in die Haut, die Hände in der Hose des anderen, und grunzen wie die Otter.

Es ist kurz nach Mitternacht, als ich mich im Bad säubere. Es ist Jahre her, dass ich einen feuchten Traum hatte. Der Ton des Fernsehers draußen ist ein leises Murmeln. Lydia hat zurückgeschrieben.

Du warst echt da, Nigga? Lach mich schlapp.

## 17.

Am nächsten Morgen, bevor ich zur Arbeit gehe, sagt Mitsuko, sie müsse in die Innenstadt gebracht werden. Sie hat sich Zutaten aus Japan ins FedEx-Gebäude beim Marriot schicken lassen.

Wir verlassen unser Viertel und dann die I-15 und geraten in die ewige Baustelle auf der Elgin. Als ich an der Ampel unter der Brücke nach rechts abbiege, steht da ein heruntergekommener Kerl in einem Rocket-Pullover und nuckelt was aus einer braunen Tüte. Er hat schon bessere Tage erlebt, aber der Pullover ist ganz neu. Da hängt sogar noch das Preisschild und alles dran.

Er nickt in unsere Richtung. Ich nicke zurück. Dann springt die Ampel auf Grün, und wir kehren beide wieder in unser Leben zurück.

Erzähle mir was über meinen Sohn, das ich nicht weiß, sagt Mitsuko.

Also, sage ich.

Aber die Sache ist die, da gibts nichts.

Mike ist leicht reizbar.

Kurz angebunden.

Er macht diese Sache mit seiner Zunge.

Die ersten paar Monate fuhr er mir im Bett mit dem

Finger über den Rücken, und wenn ich erriet, was er malte, knabberte er an meiner Schulter.

Mike kann ein bisschen Spanisch, sage ich.

Das ist schön, sagt Mitsuko.

Das muss er. Für seinen Job.

Und, sage ich, er interessiert sich wirklich fürs Kochen.

Danke, sagt Mitsuko. Ehrlich. Was du alles weißt.

Aber sag mal, sagt sie, wann hast du begriffen, dass du schwul bist?

Ich nehme den Blick von der Straße und schwenke fast auf den Bürgersteig. Ein paar Männer mit Sonnenbrille, die dort herumlungerten, springen vom Bordstein zurück. Sie gestikulieren im Rückspiegel hinter mir her.

Schon gut, sagt Mitsuko.

Sorry, sage ich, das lag nicht an dir.

Natürlich nicht, sagt Mitsuko.

Wir reihen uns wieder in den Verkehr ein.

Wenn es hilft, sagt sie. Ich hatte keine Ahnung, dass Mike schwul ist.

Er hat es mir nie gesagt, fährt Mitsuko fort. Oder seinem Vater. Ich hatte Freunde, deren Kinder schwul waren. Söhne, die mit Söhnen schliefen. Töchter, die mit Jungs und Mädchen schliefen.

Meiner nicht, sagt Mitsuko. Ich habs nicht gesehen.

Und dann eines Tages, sagt sie, habe ich es begriffen. Bevor er von zu Hause weg ist, hat es geklickt. Alles ergab mit einem Mal Sinn.

Danach gab es nichts mehr zu sagen, sagt Mitsuko. Das haben wir beide verstanden.

Wir fahren in ein Parkhaus und finden direkt gegenüber vom Aufzug einen freien Platz. Ich mache den Motor aus, und wir sitzen im Dunkeln.

Was für einen Mann hattest du dir für deinen Sohn vorgestellt?, frage ich.

Ist das eine ernst gemeinte Frage, sagt Mitsuko, oder willst du eigentlich was anderes wissen?

Willst du wissen, ob ich einen Japaner erwartet hätte?, sagt sie. Oder ob es mir was ausmacht, dass du schwarz bist?

Ein weißer Typ kommt aus dem Aufzug vor uns und scheint absolut verzweifelt. Er fummelt an seinem Schlüssel herum. Als sich sein Auto meldet, entspannt er sich.

Wenn du es so ausdrücken willst, sage ich.

Nun, sagt Mitsuko, ich habe nicht darüber nachgedacht. Es war nicht meine Sache. Ist es immer noch nicht. Ich bin seine Mutter.

Oder willst du einfach nur wissen, was ich über *dich* denke, sagt sie.

Ein anderer weißer Mann schließt das Auto neben uns auf. Er linst durch meine Scheibe und macht ein düsteres Gesicht über seiner Krawatte.

Ich würde es dir ja sagen, sagt Mitsuko, aber dann fährst du uns vielleicht gegen die Wand.

Ich folge Mitsuko. Wir gehen an verschiedenen Büros vorbei, eine Rolltreppe hinauf und über eine Brücke. Die Leute bei FedEx sind fast alles Frauen, hauptsächlich schwarz.

Sie sehen Mitsuko an. Sie sehen mich an.

Eine lichtschnelle Überlegung leuchtet in ihren Augen auf.

Als wir den Schalter erreichen, lächele ich so breit, wie es geht. Mitsuko hat ihre Sonnenbrille nicht abgenommen. Sie gibt einer Frau eine Karte und bekommt einen Armvoll Umschläge. Als sie gefragt wird, ob sie einen Korb braucht, lehnt Mitsuko ab.

Dafür ist er da, sagt sie und nickt in meine Richtung.

Die gefällt mir, sagt eine andere Frau hinter der Theke und gluckst.

Auf der Rückfahrt frage ich Mitsuko, wie sie in Tokio wohnt. Sie hebt eine Braue.

Ruhig, sagt sie.

# 18.

Ahmad belagert mich bei der Arbeit und hängt sich mir an meine Schultern. Marcos und Ethan sehen es, machen mit und umklammern meine Knie. Dann kommt Barry angestolpert und versucht zu helfen, doch ich winke ab. Die Jungs und ich wanken vom Kopierer zum Container beim Spielplatz und weiter zur kaputten Flurtür.

Als ich ihnen sage, dass ich müde bin, lassen sie los und stehen da.

Als ich dann aber wieder aufstehe, hängen sie sich gleich wieder an mich.

Ahmad scheint es besser zu gehen, sagt Ximena.

Ich frage sie, wie sie darauf kommt, und sie schaut skeptisch.

Auf dem Weg nach Hause überfahre ich beinahe eine Taube – die Bremsen greifen, kurz bevor ich sie erwische.

Glücklicherweise ist keiner hinter mir. Ich steige aus und gehe zu dem Tier. Es sieht mich an und beäugt dann etwas auf der Straße vor sich: Da liegt ein Vierteldollar auf dem Teer.

Der Vogel untersucht die Münze. Sieht mich an. Schnappt sich das Geldstück mit dem Schnabel, schlägt mit den Flügeln und fliegt davon.

# 19.

Als ich meinen Vater das nächste Mal besuche, besteht er darauf, dass ich mit ihm essen gehe.

Also fahren wir los. Nicht weit von seinem Haus gibt es ein Krustentier-Restaurant. Das ist ungewöhnlich für die Gegend, und sehr alte Schwarze sitzen neben sehr jungen Weißen. Im letzten Jahr hat ein Pakistaner das Geschäft gekauft, den Boden herausgerissen und ein paar Mauern versetzt. Er hat die Speisekarte erneuert, den Kühlschrank mit Craft-Bier gefüllt und an sämtliche Wände Flachbildschirme geschraubt.

Mein Vater nippt an einem dieser Biere.

Du magst IPA, frage ich.

Die reine Pisse, sagt mein Vater. Was bedeutet, dass ich weniger trinke.

Als unsere Bedienung kommt, bestellt mein Vater noch ein Bier. Sie ist ein hübsches Whitegirl und fragt mich, ob ich noch okay bin mit meinem Wasser. Mein Vater sagt, keiner ist einfach nur mit Wasser okay.

Aber ich sage, es ist alles gut so. Sie neigt den Kopf etwas zur Seite und lächelt.

Als sie wieder weg ist, lässt mein Vater einen Pfiff hören.

Deine Mutter sagt, dass du mit einer Frau zusammenwohnst, sagt er.

Vorübergehend, sage ich.

Ich hoffe, es ist nicht schwulenfeindlich, wenn ich das eine bedeutende Entwicklung nenne, sagt mein Vater.

Du und Mom, ihr sprecht also miteinander, sage ich.

Immer, sagt mein Vater. Wir haben uns nur nichts zu sagen. Heißt das, dass du nicht mehr schwul bist?

Nein, sage ich.

Es ist nie zu spät, sich zu ändern, sagt mein Vater.

Das ist typisch für ihn. Ich versuche nicht mehr, ihm das auszutreiben.

Unsere Hände sind voller Krabben. Ihr Saft durchweicht die Zeitungen darunter. Als die Bedienung erneut zu unserem Tisch kommt, lächelt mein Vater und fragt nach mehr Wasser, und obwohl mein Glas frisch aufgefüllt ist, schüttet sie noch etwas nach.

Lass mich raten, sagt mein Vater. Das war ein unsensibler Kommentar.

Bin schon drüber weg, sage ich.

Du weißt, ich meine es nicht so, sagt mein Vater.

Du bist ein erwachsener Mann. Es ist, wie es ist.

Ich kenne einfach die Regeln nicht, sagt mein Vater. Sie ändern sich ständig.

Sonst wären es auch eher Anordnungen, sage ich.

Es gibt einen Grund, warum Diktatoren tun, was sie tun, sagt mein Vater.

Es ist unmöglich, alles aufzuessen. Die Krabben haben uns überwältigt. Mein Vater sagt, er isst später noch was, und ich weiß, das wird er nicht, aber wir wickeln die Reste trotzdem in das Zeitungspapier.

Als wir über den Parkplatz gehen, winkt die Kellnerin noch mal. Als ich zurückwinke, klopft mein Vater aufs Dach von Mikes Auto.

Auf der Rückfahrt nehmen wir einen Umweg. Alle paar Meilen gibt mein Vater einen Kommentar ab.

Das Haus da hätten deine Mutter und ich fast gekauft.

In die Kirche da sind wir jahrelang gegangen, die mit dem Pastor, der fremdging.

Den Komplex da hätte deine Tante beinahe gepachtet.

Diese Wiese gehört deinem Chemielehrer.

Da die Apotheke.

Der Pool.

Der Park.

Ich werde jedes Mal langsamer, halte aber nicht an.

Und dann sind wir wieder zu Hause.

Weißt du was, sagt mein Vater, es war mir immer egal, wen du gevögelt hast.

Du denkst, es war nicht so, sagt er. Aber es stimmt.

Deiner Mutter macht es was aus, sagt mein Vater. Viel. Aber nicht so viel, wie du denkst.

Und dann nimmt er sein Krabbenpaket, das die Fußmatte ganz durchweicht hat.

# 20.

Am Abend sehe ich, wie Mitsuko mit unserer venezolanischen Nachbarin eine Tasse irgendwas trinkt. Es ist einer der seltenen Momente, in denen ich die Frau ohne ihre Kinder sehe. Sie und Mitsuko lächeln nicht, reden auch nicht. Sie trinken nur etwas zusammen, stumm, über den Zaun hinweg.

Von Zeit zu Zeit blickt eine von ihnen auf, als hätte sie plötzlich etwas gehört. Sagt aber nichts dazu.

# 21.

Hier ist der Kern des Problems, unseres Problems: Am Abend, bevor er geflogen ist, im Bett, bevor wir gevögelt haben, hat Mike mich gefragt, ob ich denke, dass das mit uns funktioniert.

Was für eine verfickte Frage ist das denn?, habe ich gesagt. Ob es funktioniert? Soll das heißen, wir sind miteinander fertig? Direkt nachdem wir deine verdammte Mutter hergebracht haben?

Ich stelle nur eine Frage, sagte Mike. Das ist alles.

Spucks schon aus. Zick nicht rum.

Benson, ich frage dich nur, was du denkst.

Ich denke, du solltest ehrlich sagen, was du sagen willst. Wenn du denkst, dass wir miteinander fertig sind, sag es, und ich packe morgen meinen Kram zusammen.

So einfach ist es nicht, sagte Mike und vergrub sein Gesicht in den Händen.

Doch, das ist es, sagte ich.

*Du* bist der Einzige hier, der andere fickt, sagte ich.

Das wieder, sagte Mike.

Ja, sagte ich. Das wieder. Und wieder und wieder und wieder. Und jetzt gehst du wer weiß wohin für wer weiß wie lange.

Du bist nicht fair, sagte Mike. Das ist nicht fair. Es geht um meinen Dad.

Jemanden, der dir scheißegal ist!

Wenn er tot ist, spielt das keine Rolle mehr.

Wir hatten geflüstert. Ohne uns dabei anzusehen. Ich spürte, wie sich Mikes Körper neben mir entspannte.

Hör zu, sagte Mike. Wenn etwas nicht funktioniert, heißt das noch lange nicht, dass es kaputt ist. Man muss es nur reparieren wollen. Der Wunsch muss da sein.

Sag, erwiderte ich. Willst du es reparieren?

Ich nehme an, das versuche ich herauszufinden, sagte Mike.

# 22.

Ich koche gerade mit Mitsuko, als Omar anruft.

Es ist Ahmad, sagt er. Scheiße.

Was ist?, sage ich, und Mitsuko wirft mir einen Blick zu.

Ich weiß nicht, was er macht, sagt Omar. Ich weiß nicht, was –

Du musst einen Krankenwagen rufen, sage ich.

Nein, sagt Omar. Das ist es nicht. Nichts Wildes. Er ist einfach komisch, weißt du? So wie er manchmal ist? Aber du kennst das ja. Mir fiel niemand ein, den ich hätte anrufen können.

Wir legen auf. Ich sage zu Mitsuko, dass ich denke, ich müsse kurz weg.

Sie blickt auf den Topf, der auf dem Herd vor sich hin köchelt, ein Meeresfrüchte-Curry mit Muscheln, Shrimps und Möhren, das nur noch auf den Reis wartet. Sie trägt ihr Haar offen, ist nicht geschminkt. Es ist das erste Mal, seit sie hier ist, dass sich Mitsuko wohlzufühlen scheint.

Nur, wenn du mir sagst, dass du das Essen mitnimmst, sagt sie.

Als ich den Mund aufmache, um zu protestieren, verzieht Mitsuko das Gesicht.

Wir verschwenden das nicht, sagt sie. Das tun wir nicht.

So stehe ich mit einem Armvoll Curryreis und Katsu vor Omars Tür.

Als er sieht, dass ich es bin, drückt er den Türöffner und sagt, ich solle hochkommen. Er hat Basketballshorts und ein Trägerhemd an, das ihm zu lang ist.

Entschuldige, sagt er.

Ist schon okay, sage ich.

Nein, sagt Omar. Es ist wirklich nichts. Ich hätte nicht anrufen sollen.

Wir gehen durch die Wohnung, die hell ist und gut beleuchtet – Ahmad liegt bäuchlings auf dem Boden, die Beine von sich gestreckt wie bei einer Art Performance. Er ist im Flur untergebracht.

Als ich seinen Namen sage, hebt er den Blick.

Hey, Junge, sage ich.

Hey, sagt Ahmad.

Was ist los?, sage ich.

Ich denke nach, sagt Ahmad.

Worüber?

Zeugs.

Klingt ernst.

Ich setze mich neben ihn und sehe zu Omar hoch, der seinen Bruder ansieht, dann mich, sich unbeholfen hinter uns setzt und dabei ziemlich auf seinen Hintern knallt.

Und so bleiben wir. Sagen nichts. Was mir die Möglichkeit gibt, mich umzusehen. Es hängen keine Bilder an der Wand, aber es gibt ein Bücherregal. Ein paar Dekokissen. Ein Teppich mit Westernmotiv liegt auf dem Holzboden, und der Raum riecht nach Zimt.

Omar rutscht herum und sucht nach einer bequemeren Stellung.

Ahmad liegt immer noch so da. Er hat sich kaum bewegt, und so strecke ich die Beine aus und lege mich neben ihn flach auf den Bauch.

Als wir beide so daliegen, dreht Ahmad den Kopf und sieht mich an.

Plötzlich fängt er an zu weinen.

Nachdem wir seinen Bruder ins Bett gebracht haben, kommt Omar zu mir ins Wohnzimmer.

Es ist die Scheidung, sagt er. Kinder nehmen es ganz verschieden auf.

Es könnte schlimmer sein, sage ich. Glaube mir.

Er hat, seit er bei mir wohnt, nicht darüber gesprochen.

Nimm ihn hin und wieder mal in den Arm. Sorge dafür, dass er sich wahrgenommen fühlt.

Das ist es ja. Ich glaube nicht, dass er das möchte.

Das sollte nicht er entscheiden. Ihn nicht zu beachten ist das Einzige, was du falsch machen kannst.

Und dann sitzen wir schweigend da.

Ich frage mich, ob wir das Gleiche denken.

Neben der Tür steht ein Paar Arbeitsschuhe, neben Kinderturnschuhen und meinen. Und noch sechs Paar Sandalen, bärengroß, an den Zehen durchgescheuert.

Moment, sagt Omar, du hast was zu essen mitgebracht.

Du kannst kochen!, sagt Omar.

Hat jemand anders gekocht, sage ich.

Jemand, sagt Omar.

Jemand, sage ich.

Wenn du es sagst.

Vertrau mir.

Na, sagt Omar, sollen wir jetzt essen?

Und dann sagt er: Vielleicht könnte das jetzt das Date sein?

Es kommt jungenhaft aus ihm heraus, als wäre er sich nicht ganz sicher. Dann überkreuzt er die Beine auf dem Sofa, stützt einen Arm auf. Er wirkt definitiv lächerlich.

Um ehrlich zu sein, sage ich, solltest du das vielleicht für Ahmad aufbewahren.

Er wird hungrig sein, sage ich, und die Worte fühlen sich wie Gewichte an in meinem Mund.

Er wird das nicht essen, sagt Omar. Nicht böse gemeint, aber er will Pommes und sonst gar nichts.

Ich sollte gehen, sage ich, weil ich es wirklich sollte, und ich will aufstehen, mich auflehnen gegen die Schwerkraft, doch dann, völlig unvermittelt und ohne jeden Grund, oder vielleicht auch aus allen Gründen, die sich längst klar gezeigt haben, beugt sich Omar vor und küsst mich.

Kurz. Lippe an Lippe.

Dazu dieses schmatzende Geräusch, als hätten wir gerade eine Auster geöffnet.

Und schon sitzt Omar wieder aufrecht. Die Hände im Schoß, als hätte man ihn zurückgewiesen.

Ich sage: Ha.

Ich sage: Ich sollte trotzdem gehen.

Und ich stehe auf.

Und ich nehme meine Schuhe

Und dann bin ich weg.

Ich habe das Auto gerade vor der Wohnung geparkt, als mein Handy klingelt.

Ben, sagt Mike.

Verdammte Scheiße, sage ich.

Es ist etwas her, sagt Mike.

Da stimme ich ihm zu.

Eine unserer schwarzen Nachbarinnen sitzt auf ihrer Veranda. Sie schaukelt mit ihrem Stuhl hin und her und sieht zu den flackernden Laternen hinüber. In der Straße ist es ausnahmsweise ruhig, die Mücken sind unterwegs, und die Frau schlägt sich von Zeit zu Zeit auf die Ellbogen und reibt sich mit der Armbeuge über den Mund.

Also, sage ich zu Mike.

Wie stehts, frage ich. Bist du bei deinem Vater?

Ja, sagt Mike. Oder war. Im Moment machen wir einen kleinen Ausflug.

Es geht ihm nicht gut, sagt Mike.

Das tut mir leid, sage ich.

Und statt seines gewohnten Es-ist-nicht-deine-Schuld oder Du-musst-das-nicht, sagt er nur: Danke.

Das ist der Moment, in dem ich verstehe.

Aber wie geht es meiner Mutter, sagt Mike.

Wunderbar, sage ich. Sie gewöhnt sich noch an unsere Nähe.

Das hat sie mir auch gesagt.

Stell dir vor.

Das ist ein Kompliment, sagt Mike. Könnte schlimmer sein. Ma sagt, du hast angefangen zu kochen.

Wir spielen Familie, ja.

Kann ich mir nicht vorstellen.

Nur weil das Viertel schnarcht, heißt das nicht, dass es schläft. Ein paar Häuser weiter feiern sie eine Party. Einige Whitegirls stolpern lachend mit roten Plastikbechern auf den Rasen draußen und sehen zurück zur Tür, aus der sie gekommen sind. Eine legt sich eine Hand auf den Mund, ihre Freundin hängt sich an ihre Schultern und hält sie beide im Gleichgewicht.

Hey, sage ich, wann kommst du nach Hause?

Stimmfetzen dringen durchs Telefon, da ist einiges los. Bei Mike ist es Mittag.

Das ist *die* Frage, oder?, sagt Mike.

Jap.

Mike fragt, ob ich möchte, dass er zurückkommt, und ich sage kein Wort.

Wir schweigen beide und warten.

Ich verdanke ihm viel, sagt Mike.

Nicht alles, sagt er. Aber ich denke, ich sollte ihm da durchhelfen, weißt du?

Ich weiß, sage ich.

Das heißt, sagt er, ich komme zurück, wenn er gestorben ist.

Du kommst, sage ich, wenn er gestorben ist.

Die Whitegirls wanken übers Gras und lachen und lachen. Die Laternen flackern weiter. Eine kühle Brise kommt auf. Und als tauchte sie aus einem Traum auf, fängt unsere Nachbarin an zu lächeln und winkt in meine Richtung, kräftig, mit dem halben Körper.

Und dir, sagt Mike. Wie geht es dir?

Neulich habe ich eine Taube mit Geld davonfliegen sehen, sage ich.

Stell dir vor. Wahrscheinlich für Alkohol.

Denkst du?

Was sonst, sagt Mike. Zerbrich dir darüber nicht den Kopf.

Ich mache die Tür so leise hinter mir zu, wie ich nur kann. Mitsuko ist bereits auf dem Sofa eingeschlafen.

Auf der Theke steht eine Schüssel Reis, mit einem Küchentuch zugedeckt. Sie ist noch warm.

# 23.

Einmal hat mich Mike gefragt, was ich wollte. Das war vor ein paar Monaten. Vor dem Foto. Wir standen neben einem Taco-Truck in den Heights. Mike war daran vorbeigefahren, hatte gesehen, wie ich das Schild bewundernd angestarrt hatte, und hatte sofort kehrtgemacht. Es war das Spontanste, was wir seit Langem zustande gebracht hatten.

Ein Mann und eine Frau standen hinter der Scheibe. Der Mann lehnte sich über den Herd, neben dem ein kleiner Heizofen stand, und seine Partnerin spielte mit einem Kreditkartenlesegerät. Als Mike und ich auf Spanisch bestellten, flatterten ihre Augenlider etwas, doch dann lächelte sie, und wir warteten unter ein paar Bäumen auf unser Essen. Es war Winter. Sie starben ab.

Das hier sollte reichen, sagte ich.

Das meinte ich nicht, sagte Mike.

Was dann?

Ich meine, was du *willst*?

Ich sah zum Truck hin. Ein bisschen Dampf drang durch die Fenster und wurde vom Winde davongeweht.

Also im Moment eigentlich nichts, sagte ich.

Okay, sagte Mike.

Ich will keine Kinder, wenn du das wissen willst.

Ich bin ein dicker, schwuler Asiat, da könnte ich dir eh nicht helfen.

Genau, sagte ich. Oder nicht genau. Du weißt, was ich meine.

Da bin ich nicht ganz sicher, sagte Mike.

Ich sage, dass ich keinen Ring brauche. Wir müssen nicht mal monogam sein. Alles okay.

Ich will, dass es mehr als okay ist.

Dann lerne doch programmieren. Verdien uns ein Vermögen.

Ich meine es ernst, sagte Mike, und die Art, wegen der Art, wie er mich ansah, wusste ich, dass er es wirklich ernst meinte.

Er fuhr mit den Händen über seinen Hoodie und trat die Blätter am Boden platt. Sie knisterten unter seinen Turnschuhen, dann auch unter meinen, bis wir eine Art Blätterfriedhof produziert hatten.

Hör zu, sagte ich. Okay ist gut. In Ordnung ist gut. Die meisten Leute kriegen nicht mehr. Alles andere ist ein Märchen.

Ich glaube nicht, dass das so sein muss, sagte Mike.

Wenn etwas passiert, passiert es eben. Dann werden wir damit fertig.

Das denken alle, bis es tatsächlich so weit ist.

Du reichst mir, sagte ich. Unsere Situation reicht mir. Und alles, was damit zusammenhängt.

Du sagst also, du weißt nicht, was du willst, sagte Mike.

Ich denke, du siehst ein Problem, wo keines ist.

Aber, sagte Mike, und in dem Moment rief uns die Frau aus dem Truck.

Sie reichte uns unsere Tüte und lächelte. Mike gab ihr fünf Dollar Trinkgeld. Sie sagte, wir sollten auf uns aufpassen, und ich sagte, wir würden es versuchen, aber Mike war bereits auf dem Weg zum Auto und stopfte sein Essen in sich hinein.

# 24.

Bei der Arbeit sehen wir den Kindern zu, wie die Berglöwen klettern sie jeweils auf den Rücken eines anderen knienden Kindes. Sie schaffen drei Etagen, bevor sie umfallen. Und auf dem Kies liegend geben sie sich gegenseitig die Schuld, schimpfen und beschweren sich – doch schon wischen sie sich die Hände ab und wollen es noch mal probieren.

Ximena erklärt mir, wo die Feier stattfinden wird. Sie und Noah haben sich für eine Taquería am Airline Drive entschieden, in der sie ständig essen gehen. Sie wollen eine Mariachi-Band organisieren und jede Menge Sombreros. Ximenas Mutter war dagegen, bis sie hörte, dass die Familie des Bräutigams alles bezahlen wird.

Plötzlich findet sie alles wunderbar, sagt Ximena. Plant mit. Hat nur noch kleine Einwände.

Sie fragt, ob Mike rechtzeitig zurück sein wird. Ich antworte, dass ich es nicht sagen kann.

Lass es mich wissen, sagt sie, dann kann ich die Barkeeper vorwarnen.

Schließlich gelingt den Kindern ein wackliger Turm. Marcos ist ganz oben und hebt triumphierend die Hand.

Ximena und ich, wir klatschen und klatschen und klatschen.

Ich sehe Omar, als er Ahmad abholt. Er verdreht seinen ganzen Körper, um den Blickkontakt mit mir zu vermeiden, bleibt aber noch bei Ximena stehen, um mit ihr zu reden.

Später, als er weg ist, fragt sie mich, was los ist.

Warum muss immer was los sein, sage ich.

Muss es nicht, sagt Ximena. Deshalb frage ich ja.

# 25.

Ein paar Jahre nach der Scheidung nahm mich meine Mutter mit in ihr neues Zuhause. Alle anderen waren an dem Morgen nicht da. Sie hatte angeboten, mir das Haus zu zeigen. Ich hatte gesagt, gut, aber als wir in der Einfahrt standen, erklärte ich ihr, ich könne da nicht rein. Sie sah mich lange an, machte ihre Autotür auf und setzte sich auf die Motorhaube. Ich sah zu, wie sie eine Zigarette nach der anderen aus ihrer Tasche zog und rauchte. Irgendwann setzte ich mich zu ihr. Sie bot mir auch eine an, und ich nahm sie.

Wir rauchten die ganze Schachtel, bevor sie sich wieder ins Auto setzte. Ich folgte ihr, und wir fuhren zurück zu mir. Sie ließ mich aussteigen. Ich bin nie wieder dorthin gefahren, und wir haben nie wieder darüber geredet.

# 26.

Drei Wochen sind um, und es ist schon erstaunlich, wie wenig Mitsuko und ich über ihren Sohn gesprochen haben. Als ich ihr das sage, schüttelt sie den Kopf.

Was gibt es da zu besprechen?, sagt sie. Was könntest *du* mir schon sagen? Ich habe dich bereits einmal gefragt, und da kam nichts.

Er ist aus meinem Körper gekommen, sagt Mitsuko. Er ist homosexuell. Er hat seine Mutter für einen Fremden verlassen. Ich weiß längst alles, was ich wissen muss.

Sie sitzt am Tisch und scrollt auf ihrem Tablet. Ich stehe in der Küche und lehne am Herd.

Ich weiß nicht, sage ich.

Genau, sagt Mitsuko. Du weißt es nicht. Also mach dir deswegen keine Gedanken.

Vielleicht könntest du mir eine Geschichte erzählen, sage ich, und Mitsuko lacht.

Eine Geschichte ist ein Erbstück, sagt sie. Etwas Persönliches.

Okay, sage ich.

Darum bittet man nicht. Das wird einem einfach geschenkt.

Okay, okay.

Sieh nach dem Reis, sagt Mitsuko.

Ich denke, sie will mich bloß abwürgen, aber dann schaue ich auf den Herd und sehe, dass es blubbert.

♦

Hier ist eine Geschichte: Einmal fuhr mein Vater mit der ganzen Familie nach Dallas. Da gab es eine Art Tagung. Er fand, wir sollten mitkommen. Unsere Mutter wehrte sich – sie war an dem Punkt schon mit einem Bein aus der Tür –, aber unser Vater überredete sie, oder sagen wir, den Rest von uns, und wir nervten sie so lange, bis sie einwilligte.

Auch wenn es erst ganz zuletzt dazu kam, bis dahin waren wir nie zusammen als Familie weg gewesen, und natürlich traute unsere Mutter meinem Vater nicht zu, allein mit uns Kindern irgendwo hinzufahren. So saßen wir am Ende zu viert in seinem Corolla und fuhren stundenlang über die I-10, hinaus aus der Stadt, mitten in der Woche.

Ich verbrachte den Großteil der Zeit am Hotel-Pool, nahm Blickkontakt mit einem Whiteboy auf, der morgens seine Bahnen schwamm – irgendein College-Kid, ein paar Jahre älter als ich – und mit einem anderen, der in der Lobby arbeitete, und noch mit einem dritten im Café. Doch als ich endlich überzeugt war, sie würden auch mich richtig wahrnehmen, mussten wir schon wieder zurück.

Es war bei der Tagung für meinen Vater nicht gut gelaufen. Er hatte irgendeine Anerkennung verpasst, und als wir etwa auf halbem Weg waren, fünf Meilen über der zulässigen Geschwindigkeit fuhren, aber um zwanzig langsamer als die Spur neben uns, hielt uns ein Cop bei einer Tankstelle in Huntsville an.

Der Bursche war jung und blond. Er erklärte meinem Vater, dass wir zu schnell gefahren seien. Er sagte, er habe uns nicht anhalten wollen, aber das sei nun mal sein Job und das Gesetz sei das Gesetz. Da flippte mein Vater aus.

Er schlug gegen die Scheibe. Er schrie. Er war wütender, als ich ihn je erlebt hatte, und zitterte, als müsse er was beweisen. Mein Vater nannte den Cop einen Motherfucker und ein Bullenschwein, und bevor ich mich versah, hatte der Whiteboy ihm bereits Handschellen angelegt.

Mein Vater sagte dem Cop, er wisse nicht, was er tue. Er werde ihn verklagen. Seine Familie. Die ganze verdammte Polizei. Und der Whiteboy hielt meinen Vater locker beim Handgelenk und sah den Rest von uns an, als wollte er fragen, warum wir nicht aus dem Auto gesprungen kamen, um ihm zu helfen.

Da machte meine Mutter den Mund auf.

Sie erklärte dem Cop, dass mein Vater es nicht so meine.

Er hat einfach nur Angst, sagte sie, um seine Familie. Seine Versicherung. Sie wissen ja, wie das ist.

Der Cop sah sie an, als hätte sie ihm die Erlaubnis gegeben, die Sache gut sein zu lassen.

Er lächelte. Sie lächelte zurück.

Er ließ uns mit einer Verwarnung weiterfahren.

Mein Vater setzte sich ins Auto und sagte kein Wort, und wir waren schon ein paar Meilen weiter, als mir bewusst wurde, dass ich mich die ganze Zeit an Lydias Hand festgehalten hatte.

Für den Rest der Fahrt redete er nicht mit meiner Mutter. Den Rest der Woche. Des Monats.

♦

Mike ist der Einzige, dem ich die Geschichte je erzählt habe. Zwei Jahre habe ich dafür gebraucht.

Wir waren in einer Spielhalle in der Lester Street, und er stand über einen *Tekken*-Automat gebeugt und drückte unentwegt dieselben zwei Knöpfe.

Er sagte nichts, als ich fertig war. Er drückte immer weiter.

Und dann: Verstehe.

Was, sagte ich.

Ich verstehe es einfach, sagte Mike und steckte noch eine Münze in den Automaten.

# 27.

Ich sitze mit meinem Vater auf dem Sofa, und wir sehen einen der *The Fast and the Furious*-Filme an. Ich habe ihm eine Schüssel Instantnudeln gekocht und mit ein paar Käsescheiben belegt. Er stochert mit einem Löffel darin herum. Zehn Minuten habe ich in der Küche nach Essstäbchen gesucht und es beinahe aufgegeben, bis ich ein paar beschissene Einwegdinger von einem Take-away gefunden habe.

Während eines Monologs von The Rock, wie man der Schwerkraft zu trotzen habe, sagt mein Vater: Hat er dir das beigebracht?

Ich frage ihn, was er meint. Mein Vater hantiert mit den Stäbchen.

Früher hast du nie damit gegessen, in meinem Haus, sagt er.

Ich will sagen, doch, hab ich, du warst einfach zu betrunken, um es zu sehen.

Oder dass es nicht einfach nur *sein* Haus war.

Ich schmecke die Worte und schlucke sie herunter.

Wer ist *er*, sage ich.

Du weißt schon, sagt mein Vater.

Wirklich nicht.

Dein Schönling. Der Nigga, mit dem du zusammenwohnst.

Du weißt ja nicht, wovon du redest.

Lydia hat es mir erzählt, sagt mein Vater, aber wir müssen nicht darüber sprechen.

Im Fernsehen fliegt ein Typ mit seinem Wagen von einer Brücke. Das Auto explodiert in der Luft. Eine Gruppe Leute darunter schnappt nach Luft.

Du hast mit Lydia geredet?

Alle meine Kinder finden mich, wenn ich sie brauche. Ihr macht euch bezahlt.

Warum sitze ich dann hier?, sage ich.

Mein Vater zuckt mit den Schultern und nickt zum Fernseher hin.

Es läuft eine Werbung für ein Gerät, das dich scheinbar fit schüttelt. Der Mann auf dem Bildschirm tut nicht viel. Er hält es und sitzt da. Aber er sieht schon gesünder, glücklicher, besser aus.

# 28.

Omar liefert seinen Bruder ab und fragt, ob er mit mir sprechen könne. Ximena hört es und wirft mir einen Blick zu, sagt aber nichts.

Bevor ich meinen Mund aufbekomme, sagt er: Ich wollte mich nur entschuldigen.

Da gibts nichts zu entschuldigen, sage ich.

Ich wusste nicht –, fängt er an, und ich schneide ihm das Wort ab. Du hast recht, sage ich. Das wusstest du nicht. Schnee von gestern.

Und der liegt einfach so da, sagt Omar.

Und wartet auf warmes Wetter, sage ich.

Friede?, sagt Omar.

Wir geben uns die Hand drauf.

# 29.

Mitsuko steht in der Küche, und ich sehe, wie sie das Ei mit nur einer Hand aufschlägt. Zuerst denke ich, es ist Zufall, doch dann macht sie es gleich noch einmal.

Moment, sage ich. Moment!

Was, sagt Mitsuko.

Wie hast du das gemacht?

Was gemacht?

Mitsuko sieht mich an, als wäre sie unendlich genervt. Aber dann tut sie es wieder, schlägt das Ei supersauber auf.

# 30.

Ein paar Tage vor Ximenas Feier ruft Omar an.

Was zum Teufel ziehen die Leute zu so was an?

Einen Anzug, sage ich, aber es ist keine richtige Hochzeit.

Das höre ich von allen Seiten.

Und es stimmt.

Aber wenn wir nur so tun, als ob, sagt Omar, sind sie dann trotzdem verheiratet?

Natürlich, sage ich, wobei ich nicht weiß, wie überzeugt ich klinge. Also sage ich es noch einmal.

Geil, sagt Omar. Danke.

Ich lege jetzt auf, sagt er.

Er bleibt aber noch dran, und ich ebenfalls.

Hey, sagt er, hör zu. Es tut mir leid.

Darüber haben wir schon gesprochen, sage ich.

Es tut mir aber echt leid, sagt Omar. Ich wusste es nicht.

Oder nur in etwa, sagt er. Ximena hatte was angedeutet.

Du wusstest es nicht sicher, sage ich. Nicht von mir.

Richtig, sagt Omar. Aber jetzt.

Dann ist ja gut, sage ich.

Sagt man das nicht so?, füge ich hinzu. Dass du es versuchen musst, um sicher zu sein?

Das funktioniert nur bei weißen Leuten, sagt Omar.
Wir müssen es keinem sagen, sage ich.
Genau, sagt Omar. Es bleibt unser Geheimnis.

# 31.

Ich schreibe Mike am Abend eine Nachricht und denke, jetzt fängt er gerade seinen Tag an, nachdem Mitsuko und ich ein kompliziertes Gemeinschaftsprojekt beendet haben: in einem Feuertopf gekochte Udon, dazu Aburaage, Kamaboko, Spinat und zwei Hühnerbeine.

Mitsuko schlägt ein Ei in den Topf, probiert einen Löffel und zieht keine Grimasse.

Es ist essbar, sagt sie.

Wirklich?

Wirklich.

Als wir das Ganze am Köcheln haben, mache ich ein paar Fotos. Sie sind alle unscharf. Trotzdem schicke ich Mike eins, und er antwortet sofort.

NICE!, schreibt er.

Mike hat noch nie ein Ausrufezeichen in unseren Chats benutzt. Niemals. Er ist nicht der Typ.

Ich frage, ob alles in Ordnung ist.

Bis die nächste Nachricht kommt, dauert es etwas.

ICH RUFE BALD AN, schreibt er.

ES KOMMT ALLES IN ORDNUNG, schreibt er.

ICH VERSPRECHE ES, schreibt er, und den Satz nehme ich mit in den Schlaf.

♦

Mike hat mir noch nie etwas versprochen. Nur etwas getan oder nicht getan. Er sagt immer, Versprechen sind nur Worte und Worte nur das, was man aus ihnen macht.

♦

Es ist spät, als ich jemanden am Schloss der Wohnungstür rütteln höre.

Ich schlüpfe in meine Basketballshorts und in ein Paar Sandalen und gehe ins Wohnzimmer. Mitsuko steht bei der Tür, zieht eine Jacke an und ihre immer grauer werdenden Turnschuhe. Sie wirft mir einen Blick zu, als ich husten muss.

Du kannst mitkommen, sagt sie, aber halt den Mund.

Wir verlassen die Wohnung, gehen eine Straße weiter und ein paar Blocks hinunter. Die Luft ist mild für Houston, doch ein bisschen zu frisch für Februar. Während ich so hinter Mitsuko hertrotte, frage ich mich, wie wir wohl für jemanden aussehen, der gerade aus seinem Fenster linst.

Schließlich bleiben wir vor etwas stehen, das aussieht wie eine Kirche. Was Methodistisches. Ich sehe Mitsuko an, dann das Schild, und sie winkt mich zum Eingang hinüber, der offen ist.

Im Altarraum brennt ein Licht, der Altar selbst ist leer. Die Gänge sind frei, die Bänke sauber, die Fenster zeigen verschiedene Szenen aus dem Alten Testament.

Als wir vorne ankommen, geht Mitsuko auf die Knie.

Ich komme mir lächerlich vor, wie ich da hinter ihr stehe, und lasse mich rechts neben ihr nieder.

So bleiben wir eine Weile. Mitsuko murmelt leise etwas Japanisches vor sich hin. Sie hat die Hände gefaltet und hält den Kopf nach vorne geneigt. Irgendwann höre ich Mikes Namen, dann noch einmal, mehr verstehe ich nicht.

Ich bin mindestens zehn Jahre nicht mehr in einer Kirche gewesen. Als Teenager wurde ich getauft, weil meine Mutter darauf bestand. Der Pastor hat mich ins Wasser getaucht und so weiter. Hinterher war ich tropfnass und fühlte mich wie neu, wie eine frisch geprägte Münze, aß eine Hostie, trank etwas Wein und bin nie wieder zurückgekommen.

Ich frage mich, wie lange Mitsuko das schon macht.

Ich frage mich, ob es überhaupt erlaubt ist. Ob wir hier keinen Hausfriedensbruch begehen.

Als sie fertig ist, nickt Mitsuko zum Chorgestühl hinüber, ohne dass dort jemand wäre. Dann steht sie auf und hält sich an meiner Schulter fest.

Komm schon, sagt sie. Gehen wir.

In der Wohnung schenke ich uns beiden ein Glas Wasser ein. Mitsuko bedankt sich nicht, nimmt es aber.

Falls du dich wunderst, sagt sie, so weit ist es gekommen. Es ist absurd.

Ich denke nicht, dass es absurd ist, sage ich.

Es ist absurd, sagt Mitsuko.

Ich sehe zu, wie sie ihr Wasser trinkt. Das ist alles, was sie zu sagen hat. Ich nehme mein Glas mit in mein Zimmer und trinke dabei den Rest aus.

# 32.

Und dann ist es der Morgen der Feier.

Ich wache auf und habe zwei Nachrichten.

Die erste ist ein Foto von einer lächelnden Ximena mit Juan im Schlepp. Drunter steht: Der große Tag!!!!!!!, mit ungefähr neunzehn verschiedenen Emojis.

Die nächste ist von Lydia, die fragt, ob ich was von unserem Vater gehört habe.

Ich antworte bereits, da trifft eine weitere Nachricht von ihr ein.

Falscher Alarm, schreibt sie. Ich kümmere mich.

Viel Spaß beim Ball, schreibt sie.

Als Mitsuko meine Krawatte sieht, schnappt sie nach Luft und springt vom Sofa auf.

Oh, sagt sie. Du bist es.

Nur ich, lache ich.

Trotz all meiner Proteste lasse ich am Ende doch Mikes Auto bei Ximena stehen. Ich sage, es ist aufdringlich, bei den frisch Verheirateten mitzufahren, aber sie meint, an ihrem Hochzeitstag eine Einladung von ihr auszuschlagen wäre absolut unverschämt.

Aber ihr seid doch schon verheiratet, sage ich.

Genau, sagt Ximena. Du legst dich mit einer echten *Ehefrau* an.

Ihre Mutter steht bei der Tür, sie telefoniert. Als ich ihr zuwinke, hebt sie einen Finger. Ximenas Mann sitzt im Wohnzimmer auf dem Sofa und lässt ihren Sohn auf seinem Schoß reiten. Der Junge scheint überglücklich, und der Mann auch. Sie sind beide schon für den Abend angezogen.

Sie schauen zu mir.

Noah hebt dem Jungen die Arme.

Ben, sagt Noah.

Noah, sage ich. Hey.

Und Glückwunsch, füge ich hinzu.

Danke, sagt Noah.

Das bedeutet uns viel, sagt er, besonders, weil's von dir kommt. Du weißt, wie viel Xim von dir hält.

Nur am Zahltag.

Wenigstens nimmst du es mit Fassung.

Noah lässt den Jungen auf seinem Schoß rumhüpfen und zieht lächerliche Grimassen. Ximena hat mir erzählt, dass er aus Amsterdam stammt und den Großteil seines Lebens auch da verbracht hat. Sie haben sich ein paar Monate nachdem Noah in Houston angekommen war, kennengelernt. Er war ihr an einer Tankstelle hinten reingefahren und hatte noch keine Versicherung, und natürlich war Ximena angepisst, aber sie gab ihm trotzdem ihre Nummer. Es dauerte nur ein paar Wochen.

Sie ist noch dabei, sich fertig zu machen, sagt Noah. Die Schminkerei. Ich sage ihr, sie sieht gut aus, aber sie muss es ganz genau hinbekommen, weißt du?

Dabei sollte es ihr doch egal sein, sage ich.

Es ist keinem egal, sagt Noah.

Denkst du?

Glaub mir, sagt Noah. Meine Familie? Das sind normalerweise die unsentimentalsten Leute auf diesem Planeten, arbeiten im Wald und machen Babys mit allen, die halt gerade da sind.

Aber ich habe eben mit meinem Bruder telefoniert, sagt Noah. Sie kommen heute. Die noch übrig sind. Und dafür bin ich dankbar.

Juan muss rülpsen und wackelt mit den Hüften, und Noah öffnet den Mund, als wollte er den Rülpser auffangen. Das Kind lacht etwas, dann lacht es heftiger und rülpst noch mal.

Aber hey, sagt Noah, wo ist deine bessere Hälfte? Kommt Mike auch?

Er ist nicht in der Stadt, sage ich. Er lässt euch grüßen.

Das will ich ihm auch geraten haben, sagt Noah und reibt seine Nase gegen Juans.

Der Kleine kann nicht aufhören zu lachen. Als wäre er der glücklichste Junge der Welt.

Ximenas Mutter ermahnt uns, sie würden unseretwegen noch zu spät kommen. Ihr Ex, Ximenas Vater, steht neben ihr bei der Tür und raucht. Er trägt einen Cowboyhut. Sie sind beide ganz in Rot, sehr förmlich, und ich frage mich, ob sie sich abgesprochen haben oder ob ein gemeinsam verbrachtes Leben zu so was führt.

Als Ximena endlich ihren Kopf ins Wohnzimmer steckt, sieht sie wirklich toll aus in ihrem Kleid. Es ist so ein Schnür-Ding in Lila.

Sie ruft allen aus dem Bad was zu, einen Schwall Spanisch, von dem ich kein Wort verstehe.

Vor ein paar Tagen habe ich Ximena gefragt, ob sie sich Sorgen macht. Wir haben in der Mittagspause eine geraucht, was Ximena sonst nie tut.

Noah ist ein super Typ, aber was, wenn es nicht gut geht?, habe ich sie gefragt. Was, wenn du nicht sicher bist?

Keiner kann je sagen, ob was gut geht, hat Ximena gesagt. Deshalb machst du den ganzen Scheiß doch. Um es rauszufinden.

♦

Einmal habe ich Mike nach der Hochzeit seiner Eltern gefragt, und er wusste nicht viel darüber. Er meinte, sie hätten im Wohnzimmer geheiratet. Mikes Vater hätte eigentlich gar nicht der Bräutigam sein sollen, doch die Story dahinter sei chaotisch.

Wie, chaotisch?, fragte ich.

Wer soll das verdammt noch mal wissen?, sagte Mike. Ich kann da nicht wirklich nachfragen.

Meine Alten haben ebenfalls im Wohnzimmer geheiratet. Aber sie hatten einen großartigen Grund. Sie waren jung, vollkommen pleite und dachten, es sei eine gute Idee. Das wars.

Als ich Mike das erzählte, schüttelte er nur den Kopf.

Das ist die Sache, sagte er. In dem Moment, da man sie hat, sind die meisten Ideen gut.

Dass sie danebengehen, finden wir erst raus, wenn sie's tatsächlich tun, sagte Mike.

♦

Die Feier ist eine Hochzeitsfeier.

Ximena und Noah küssen sich.

Ximena und Noah lächeln.

Ximena und Noah machen eine Unmenge Fotos für Insta.

Wir sind im Hof der Taquería, einer Art hölzernem Deck mit Weihnachtsbeleuchtung, und die Angestellten stehen mit ihren Handys da und nehmen das Ganze auf. Drei alte Männer und ein Kind spielen ein trällerndes *Amor Eterno*. Man sollte denken, dass das Arrangement nicht funktioniert, tut es aber. Als der Jüngste von ihnen den Mund aufmacht, um zu singen, ist es fast ein Schock, wie schön seine Stimme ist. Allen kommen die Tränen.

Nach ein paar ersten Tänzen stehen Grüppchen von Leuten zusammen, die sich bereits kennen.

Ich kenne Ximena und Noah, die anderweitig beschäftigt sind.

Und so kommt es, dass Omar und ich am Ende nebeneinanderstehen.

Ich glaube nicht, dass es einer von uns möchte. Seine Jacke ist verknittert und eine halbe Nummer zu klein. Trotzdem steht sie ihm, und es ist, als hätte ich ihn mir in nichts anderem vorstellen können.

Warum bist du noch mal hier?, frage ich.

Der Freund eines Familienfreunds, sagt Omar. Der Freund eines Freunds der Familie. Steward der Braut.

Wenigstens, sage ich, ist niemand gestorben.

Ist immer noch Zeit, sagt Omar.

Stimmt. Aber sie müssten sich beeilen.

Vielleicht könnten sie zu viel empfinden, sagt Omar.

Ein süßer Tod, sage ich.

Ja. Das könnte funktionieren.

Bevor die Unterhaltung ernster werden kann, fängt mein Telefon an zu summen.

Ich nicke Omar zu und berühre ihn an der Schulter.

Hallo, mein Sohn, sagt mein Vater.

Oh, sage ich. Was? Was ist?

Nichts, sagt mein Vater. Nur eine kleine Sache. Eine winzige Sache. Ich habe etwas Schwierigkeiten mit dem Atmen.

Ich frage, wo er ist und was er macht. Ich stelle bereits meinen Teller weg.

Ich bin im Haus, sagt er. Ich sitze hier und lese, dass man in so einem Fall harte Dinge zusammendrücken soll, und das tu ich.

Du hast eine Panikattacke.

Wenn du es sagst.

Ich sage meinem Vater, dass ich schon unterwegs bin. Er sagt, das ist nicht nötig. Ich sage, zwanzig Minuten, höchstens, und lege auf.

Dann fällt mir ein, dass ich kein Auto habe, nichts zum Fahren.

Ximena sitzt auf Noahs Schoß. Sie sind bereits betrunken. Grinsen schon zu sehr. Ximenas Mutter hält den Jungen und teilt sich ein Getränk mit ihrem Ex. Das Bild, das sie gemeinsam abgeben, sieht mehr nach Familie aus als das, was wir haben.

Aus dem Nichts heraus fragt mich Omar, ob alles okay ist, und ich sehe ihn an. Ich erkläre ihm, was los ist, und sage, keine Sorge, ich nehme ein Uber. Aber da geht er schon zu seinem Tisch, nimmt seine Schlüssel und sagt, ich soll mit nach draußen kommen.

Wie Fledermäuse gleiten wir über den Freeway. Es ist nicht viel Verkehr.

Omar stellt beim Fahren keine Musik an, worüber ich froh bin.

Er stellt keine Fragen, die nichts mit dem Weg zu tun haben, worüber ich ebenfalls froh bin.

Als wir in die Gegend meines Vaters kommen, zu meinem alten Zuhause, sage ich, dass ich schon eine Rückfahrgelegenheit finden werde.

Bist du sicher?, sagt Omar.

Hundertneunundneunzig Prozent, sage ich.

Fünfundachtzig wären glaubhafter, sagt Omar.

Aber er diskutiert nicht herum. Er fährt die Fenster hoch und winkt mir nach.

Mein Vater sitzt auf dem Teppich. Er würgt eine Flasche Wasser herunter.

Ich habe doch gesagt, du sollst nicht kommen, sagt er.

Wann haben deine Kinder je getan, was du wolltest, sage ich.

Stimmt. Wenn ich dir gesagt hätte, es ist dringend, säße ich noch allein hier.

Wahrscheinlich, sage ich. Kann ich einen Schluck haben?

Mein Vater sagt, er wisse ja nicht, wo mein Mund alles war, aber er gibt mir die Flasche trotzdem.

Das Haus sieht aufgeräumt auf, ruhig, was viel erschreckender ist, als wenn es zugemüllt wäre.

Ich treffe da einen Mann, sagt mein Vater. Wegen dieser Sache.

Du auch?

Du hast dich schon immer für so witzig gehalten, sagt mein Vater. Ich meine einen Seelenklempner. Er ist nicht schlecht, denke ich, und die Versicherung zahlt alles. Er sagt, ich soll mich auf feste Objekte konzentrieren. Dinge im Raum, die man anfassen kann.

Das klingt vernünftig.

Natürlich ist es vernünftig. Ich zahle verdammt noch mal dafür.

Aber funktioniert es auch immer?

Frage mich in einer Stunde, sagt mein Vater.

Wir sitzen beide mit ausgestreckten Beinen da. So etwas haben wir nicht mehr getan, seit ich Kind war. Alle paar Sekunden wackelt mein Vater mit den Zehen, in Intervallen, wie ein Brunnen.

Bald klopft es an der Tür.

Schichtwechsel, sagt Lydia zu mir. Sie hält eine fettige Take-away-Tüte in der Hand. Du kannst zurück zur Hochzeit.

Die ist vorbei, sage ich.

Dann geh zur Party danach. Es sei denn, du bist nicht eingeladen.

Die Miene unseres Vaters hellt sich auf, als er sie sieht. Meine Schwester kniet sich ihm gegenüber auf den Boden.

Sie packen ihre Cheeseburger aus und kippen dabei die Pommes auf den Couchtisch.

Draußen öffne ich die Mitfahr-App. Die Straße ist ruhig, so wie es in Vorstadtvierteln eben ist.

Dann habe ich eine Idee.

Ich mache stattdessen einen Anruf.

Keine fünf Minuten später ist Omar da. Eine Whataburger-Tüte liegt auf dem Beifahrersitz.

Ich hab Hunger gekriegt, sagt er mit vollem Mund.

Er nimmt die umständliche Strecke in die Stadt. Wir bleiben auf der Westheimer. Omar fährt einfach neben dem Highway her, durch Wohnviertel und über Nebenstraßen. Als wir schließlich auf die andere Seite kommen, ist es bereits nach Mitternacht, an einem Wochentag, was bedeutet, dass die Straßen so gut wie leer sind. Bis auf die Leute, die auf einen Bus warten oder nirgendwo hin können.

Omar ist ein ruhiger Fahrer. Es gibt kein Ruckeln, wenn wir uns roten Ampeln nähern. Er gleitet an sie heran, und schon geht es weiter.

Bald danach, schließlich, endlich, bin ich zu Hause.

Ich schulde dir was, sage ich.

Tust du nicht, sagt Omar.

Ich frage nach Ahmad, und Omar sagt, er ist bei ihren Eltern.

Nur über Nacht, sagt Omar. Er wollte nicht. Aber ich wollte ihn nicht zu Ximena mitnehmen, damit er dort kein Theater macht.

Wahrscheinlich wärs schon gegangen, sage ich.

Sicher nicht, sagt Omar.

Sicher nicht, stimme ich ihm zu.

Omars Auto ist winzig, aber nicht auf eine üble Art und

Weise. Wir zwei passen genau hinein. Es riecht nach so gut wie gar nichts.

Ich bin nicht sehr erfahren, aber ich spüre, dass in diesem Moment etwas passieren sollte.

Und ich weiß auch, wenn ich ihn vergehen lasse, diesen Moment, kann ich aussteigen, und nichts wird passiert sein.

Nichts wird falsch gelaufen sein.

Und wir könnten beide weitermachen wie bisher.

So vergeht der Moment.

Wir sitzen da und sehen aus dem Fenster.

Ein Waschbär läuft über die Straße.

*Okay*, sage ich und lege meine Hand auf Omars Schenkel.

Sein Bein versteift sich sofort und entspannt sich nicht wieder. Der Reißverschluss seiner Hose lässt sich nicht öffnen, bis er schließlich den Sicherheitsgurt löst – ich packe seinen Schwanz, er ist schon hart, und ich hole ihm mit der einen Hand einen runter, mit der anderen drücke ich ihm in die Brust, und dann küssen wir uns, und er kommt. Er kommt in Schüben, zittert und windet sich auf seinem Sitz. Scheint völlig verwirrt.

Und dann sieht er mich an. Als wäre etwas passiert, was er nicht vorgehabt hatte. Ich sage ihm, es ist alles in Ordnung, und dass ich jetzt wirklich gehen muss, aber er berührt mich, und natürlich bin ich erregt.

Omar löst auch meinen Gurt und beugt sich über meinen Schoß.

Warte, sage ich, das geht so nicht.

Was?, sagt Omar.

Ich brauche ein Kondom. Wir brauchen Kondome.

Ist schon okay.

Nein, ich bin positiv.

Omar sieht mir in die Augen.

Deshalb, sage ich. Deshalb geht es nicht. Tut mir leid. Es geht einfach nicht.

Okay, sagt Omar.

Dann sagt er: Verstehe.

Tut mir leid.

Muss es nicht, sagt Omar. Aber du nimmst was?

Natürlich nehme ich das verdammte Zeugs.

Gut. Warte kurz.

Er knöpft sein Hemd auf, schiebt die Hose herunter und nimmt mich in seine Spalte. Gerade genug, um etwas Reibung zu erzeugen. Und dann wiegen und bewegen wir uns, in seinem Rhythmus, und es kann für Omar nicht bequem sein, er hat nicht genug Platz. Doch ich sage ihm, ich bin fast so weit, will er sich nicht anders hinsetzen, dass ich ihm den Anzug nicht versaue. Aber Omar sagt, nein, ist in Ordnung, er wirds überleben, mach weiter, und das mache ich, bis ich aufhöre, und dann stöhnen wir beide und haben es geschafft.

Danach sind wir einfach nur zwei Typen in einem Auto, die unmögliche Yogaübungen machen.

Trotz allem lächele ich Omar zu. Weil ich nicht anders kann.

Omar erwidert mein Lächeln.

Wir säubern uns mit den Servietten von Omars Essen.

Ich sage, dass ich jetzt gehe, jetzt, ernsthaft, und Omar sagt, bis dann, gute Nacht, ernsthaft.

Ich beobachte, wie er davonfährt.

Und jetzt bin ich an meiner Tür.

Und jetzt in meinem Wohnzimmer.

Ich sehe Mitsuko nicht, sie ist nicht in der Küche, und ich denke, ich habe Glück, doch dann höre ich Röcheln aus meinem Schlafzimmer.

Mitsuko liegt auf der Matratze. Ringt nach Luft. Wischt sich das Gesicht mit dem Bettzeug ab.

Scheiße, sage ich. Fuck. Was ist?

Nichts, sagte Mitsuko.

Was ist los?

Nichts.

Dann flüstert sie etwas auf Japanisch, leise. Und dann schluchzt sie wieder. Schlägt sich auf beide Wangen.

Ich greife nach Mitsukos Schulter, und sie zuckt zurück. Aber dann nimmt sie meine Hand und drückt sie.

Alles gut, sagt sie. Es ist nicht wichtig.

Wir sollten beide etwas schlafen, sagt sie.

Und da es weniger ein Vorschlag als eine Forderung ist, nicke ich. Ich sage, dass ich da bin, wenn sie mich braucht.

Mitsuko presst die Lippen aufeinander, steht auf, um sich aufs Sofa zu legen, aber ich bin nicht sicher, ob sie mich wirklich gehört hat.

Als ich nach meinem Telefon sehe, ist da eine SMS von Omar mit ein paar Emojis.

Lydia schreibt hallo, alles ist okay.

Und dann habe ich noch etliche Nachrichten von Mike.

Auch eine Sprachnachricht, was etwas ist, was Mike sonst nie schickt, und ich setze mich aufs Bett und tippe sie an.

Seine Stimme ist ruhig. Ich stelle mir vor, wie er seine Nachricht ins Mikro spricht.

Er sagt: Wir äschern ihn morgen ein.

Er sagt: Meinen Vater, meine ich. Er ist tot.

Mike sagt, er würde es wirklich zu schätzen wissen, wenn ich ihn vom Flughafen abholte. Das würde ihm viel bedeuten.

# MIKE

Die letzte Wohnung meiner Familie war die größte. Als wir es in die Staaten geschafft hatten, zogen wir zwischen Alief und der südlichen Seite des West Loop herum, ließen uns nieder, wo immer Eiju einen Job fand, und diese letzte Wohnung beim Bellaire Boulevard war viel, viel, viel, viel zu teuer für uns. Wir mussten deswegen keine Mahlzeiten auslassen oder so, aber meine Eltern waren ständig knapp bei Kasse. Keiner unserer Verwandten in Japan half uns. Wir hatten ihnen ja den Rücken gekehrt. Da sollten wir auch sehen, wie wir zurechtkamen.

In dem neuen Komplex mussten wir unter kaputten Laternen parken. Drückte man den Knopf, um das Tor zu öffnen, bewegte es sich nicht, aber die Filipinos, die auf dem Basketballplatz rauchten, stemmten es dir für die Vierteldollar-Münzen auf, die du im Auto liegen hattest. Ma sagte zu Eiju, dass sich etwas ändern müsse. Entweder mit ihm oder unserer Situation. Mir ist das alles erst später bewusst geworden. Als Kind kriegst du den ganzen Scheiß nicht mit, da fehlt dir der Zusammenhang, um so was klar zu sehen.

Ich hatte noch nicht angefangen, in die Breite zu gehen, aß die ganze Welt, und als mir meine Sachen nicht mehr passten, steckte mich Ma in die von Eiju. Die hatte er aus Osaka mitgebracht. All die Baseballtrikots, ärmellosen Hemden und Mesh-Shorts, von denen Eiju dachte, dass er sie nie wieder brauchen würde, aber Ma ließ ihn nichts wegwerfen, und da waren sie, elf Jahre später, auf der anderen Seite der Welt, und hin und wieder blickte ich mich kurz im Spiegel an und dachte, dass ich aussehen musste wie mein Vater als Kind.

In dem Sommer in Bellaire faulenzten Ma und ich in unserem neuen Zuhause. Eiju sah sie nicht gern draußen unter Leuten. Das hatte weniger mit Traditionen zu tun als mit seiner persönlichen Eitelkeit – aber Ma machte sowieso mit. Wenigstens zu Anfang. Weniger aus Treue zu ihrem Mann, denke ich, als aus einem ganz anderen Grund.

Die Wohnung war groß, aber die Abflüsse stanken. Der Teppich stank. Das Wasser, das aus dem Hahn kam, stank. Und das Geld wurde noch knapper, als es sowieso schon war. Aus Eijus Geschrei wurden Schläge, er schubste, stieß und kniff, und Ma begann ihre Flucht zu planen. Die erste Sommerwoche räumten wir aber in unserem Wohnzimmer herum.

Ich schob die Kartonschachteln, die vom Umzug übrig waren, von links nach rechts, hob sie hoch und stellte sie wieder hin. Ma sah fern – *Zeit der Sehnsucht*, *Schatten der Leidenschaft* – und schwor, dass der Scheiß schlecht für mich sei, doch ich setzte mich trotzdem zu ihr aufs Sofa. Sie sagte Sachen auf Japanisch, in dem Tokio-Japanisch, mit dem sie aufgewachsen war, und ich musste sie ihr nachsprechen. Als Eiju das mitbekam, fragte er Ma im Kansai-Dialekt, warum zur Hölle sie nicht Englisch mit mir spreche.

An manchen Tagen berührten Ma und ich uns unter dem Küchentisch mit unseren nackten Füßen. Das war unser Ding. Ich war erst zwölf. Ich drückte meine gegen ihre Ferse und legte meine Zehen auf ihre. So blieben wir, bis einer von uns seinen Fuß zurückzog, wobei immer ich es war, der aufgab. Ma vermochte alles mit steinernem Ausdruck durchzustehen. Was ein Zeichen war, glaube ich. Damals schon.

Aber im Nachhinein ist man immer schlauer.

Eiju verlor im Herbst seine Stelle.

Er hatte in einem chinesischen Restaurant in der Küche gearbeitet. In einem Einkaufszentrum bei Dashwood. Er gab den Mexikanern die Schuld, weil sie für weniger Geld mehr Stunden arbeiteten, und so kam Eiju in die winzige Konstellation, die Ma und ich uns eingerichtet hatten. Und machte alles kaputt.

Wann immer wir am Tisch saßen, fragte er, warum wir unsere Zeit verschwendeten.

Wann immer wir den Fernseher einschalteten, schaltete er ihn gleich wieder aus.

Und dann versoff er das wenige, das wir gespart hatten. Sorgte dafür, dass Ma zu Ende des Monats das verbliebene Kleingeld zählte. Eines Abends kniete ich neben ihr und stapelte die Zehn-Cent-Stücke auf, die wir auf dem Teppich ausgebreitet hatten, und als ich zwischen den Polstern des Sofas einen Vierteldollar fand, brach meine Mutter in Tränen aus. Sie konnte nicht aufhören zu zittern. Eiju kriegte nichts davon mit. Er schlief noch den Rausch vom Vortag aus.

Am Ende gelang es Ma, neben der Galleria billigen Schmuck zu verkaufen. Kaum jemand in Houston sprach fließend Japanisch. Der Manager war ein hawaiianischer Einwanderer, ein älterer schwarzer Mann, der sie auf der Stelle engagierte, und schließlich fand auch Eiju wieder Arbeit, als Barkeeper für Weiße in der Gegend von West U, und was die beiden verdienten, hielt uns über Wasser. Aber dass es so kommen würde, wussten wir da ja noch nicht.

Und so fühlte sich jeder böse Blick, jeder Stoß und jedes laute Wort zwischen meinen Eltern irreparabel an. Unerträglich. Wie der größte Scheiß, den es je gegeben hatte. Und eines Abends, als Eiju nach einem Streit aus dem Haus gestürmt war, fragte ich Ma, warum wir nicht wieder zurück nach Setagaya zogen, als würde alles besser, wenn wir einfach nach Hause zurückkehrten.

Sie sah mich lange an. Ihr Make-up war verschmiert. Ihr Gesicht ganz fleckig.

Dann sagte sie: Das ist nicht mehr unser Zuhause.

Ma sagte: Wir sind jetzt hier. Das hier ist unser Zuhause.

Sie klang nicht zu sicher, selbst damals nicht. Vielleicht war sie einfach noch nicht ganz überzeugt. Und dann natürlich, zehn Jahre später, eine Weile nachdem Eiju sich für immer von ihr getrennt hatte, packte sie tatsächlich all ihre Sachen, flog nach Tokio und kam nicht wieder zurück.

Aber davor – unsere Wohnung mit dem Tor, das klemmte.

Kakerlaken auf dem Teppich.

Unsere Füße unter dem Tisch, die sich berührten, ganz aufgeheizt von der Sommerhitze.

Ma legte ihre Lippen an mein Ohrläppchen und murmelte allen möglichen Kram auf Japanisch, in den lächerlichsten Tonlagen, bis ich vor Lachen vom Stuhl fiel, obwohl ich doch nur die Hälfte verstand – und ich dachte erst später darüber nach, was sie tatsächlich gesagt hatte und dass es immer das Gleiche gewesen war, verzweifelt und ohne Ende: *Ich liebe dich, ich liebe dich, ich liebe dich, ich liebe dich, ich liebe dich, ich liebe dich, ich liebe dich!*

♦

Nachdem ich eine Woche in Osaka war, spielte sich so etwas wie ein Rhythmus ein: Gegen acht Uhr abends verließ ich die Wohnung, um Eijus Kneipe startklar zu machen. Sie war nur ein paar Minuten von seiner heruntergekommenen Bude in Tennoji entfernt. Die Kneipe lag neben einer Bäckerei, einer ramponierten Buchhandlung, einem billigen Wohnhaus, zwei Parkplätzen und etwa sechzehn Love-Hotels. Die Straßen waren ruhig, bis auf ein paar Leute, die vor der dritten Schicht noch Besorgungen machten. Vom nächsten Bahnhof bis zu uns war es nicht weit zu Fuß, aber wir öffneten im Prinzip auch nicht vor zehn, und die meisten Gäste blieben sowieso bis weit nach Mitternacht.

Ich verbrachte Stunden mit Wischen, Scheuern und Polieren. Oder wenigstens fing ich damit an, wenn Eiju hereinkam. Er ließ mich putzen, bis es endlich in seinem Kopf klickte und er kapierte, dass ich ihm tatsächlich helfen konnte: dass Gastronomie genau das war, womit ich mich verdammt noch mal auskannte. Von da an kam er immer erst, wenn er unbedingt musste.

Das war wahrscheinlich der einzige Grund, warum er mich nicht zurück nach Houston schickte.

Zumindest bis es ihm deutlich schlechter ging.

Dann hatte der Scheißer keine Wahl mehr.

Als ich in Osaka angekommen war, hatte Eiju mich gefragt, wie ich meine Zeit hier verbringen würde. Ich hatte meinen Kram gerade auf den Holzboden seiner Wohnung fallen lassen, seiner hässlichen Zwei-Zimmer-Bleibe. Es hörte sich an, als zerbräche etwas. Ich sagte, er solle die Frage noch mal wiederholen.

Du hast es gehört, sagte er, jetzt auf Englisch. Deine Ohren können doch noch nicht kaputt sein.

Du redest einen verfickten Schwachsinn zusammen, sagte ich.

Verfickt, sagte Eiju. Du bist also erwachsen.

Ich bin wegen *dir* hergekommen.

Was okay ist. Aber du brauchst einen Job. Und ich brauche jemanden, der mir zur Hand geht.

Du willst, dass ich für dich arbeite?, sagte ich.

Klar, sagte Eiju, wir verbringen mehr Zeit zusammen, wenn du dich nützlich machst.

Er erzählte mir von der Kneipe. Vom Geld, das er damit gemacht, und vom Schweiß, den er dafür vergossen hatte. Eiju nannte sie sein Baby, das eine, das ihm noch geblieben sei – was mir allein schon die Zehennägel aufrollte –, und als ich ihn fragte, wie sie denn heiße, antwortete mir mein Vater, und ich kniff kurz die Augen zusammen.

Nein, sagte ich, wie die Kneipe heißt.

Du hast schon richtig gehört, sagte Eiju. Mitsuko.

Ich ballte eine Faust und öffnete sie wieder und sah zu, wie mir Eiju dabei zusah. Ich wischte mir über die Augen.

In der Kneipe kontrollierte ich, wie lange der Schnaps noch reichte. Ich schnitt den Daikon und wusch den Reis. Eiju bot kein Essen an, die Hauptsache war Alkohol, aber seine Stammgäste hatten Wünsche, und er hatte nicht die verdammten Eier, Nein zu sagen.

Ich fragte Eiju nicht, warum er zu seinen Gästen so freundlich war, und was die hatten, was seine Familie nicht hatte.

Ich fing keinen Streit an.

Fakt war, er befand sich im Endstadium. Bauchspeicheldrüsenkrebs. Das war die Diagnose. Widerspruchslos mitzuspielen war verfickt noch mal das Mindeste, was ich tun konnte.

Die Treppe zur Kneipe war so was von hinüber, und deshalb hörte ich Eiju, wenn er sich am Geländer hochzog. Beim Hereinkommen grinste er immer übers ganze Gesicht. Die Geräusche Osakas sickerten bis in die Ecken und verstummten völlig, wenn die Tür hinter ihm ins Schloss fiel.

Das wird ein guter Abend, sagte er und warf seine Jacke ab.

Ich erwischte einen Ärmel, bevor sie auf dem Boden landete, und verstaute sie unter der Theke. Eiju fing an, die Flaschen hinter mir neu zu ordnen.

Die ganze Kneipe war etwa so groß wie mein Wohnzimmer in Texas. Wir hatten sechs Hocker an der Theke, und für gewöhnlich war der Laden gedrängt voll. Eijus Gäste kamen aus dem ganzen Viertel: Geschäftsleute auf Sauftour, Hostessen, die gerade Pause hatten, College-Typen, Taxifahrer und Singles, die ihre Geisterstunde hier vergeudeten.

Alle kannten Eiju und seine Kneipe.

Aber keiner wusste, dass er starb.

Ich fragte, ob er am Morgen seine Medikamente genommen habe, und Eiju sagte: Was für Medikamente?, und ich sagte: Scheiße, und Eiju winkte ab.

Lass es, sagte er. Bist du nicht hergekommen, um zu entspannen? Stress macht dich nur noch fetter.

Später fand ich seine Rezepte in der Jackentasche und ich breitete sie auf der Theke aus.

Eines Abends, nicht lange nach meiner Ankunft, putzten wir die Kneipe, Seite an Seite. Montags war nicht viel los, doch das änderte nichts an unserem Rhythmus.

Und so fegten wir und wischten, putzten Staub und polierten, und Eiju pfiff die ganze Zeit oder spielte D'Angelo, Sade, Toni Braxton, die Isley Brothers oder wonach ihm der verdammte Sinn stand.

Schließlich fragte er, ob ich die Sandwiches vorbereitet hätte, und ich sagte, sie seien fertig.

Und die Limetten?, sagte Eiju. Die Kartoffeln? Der Teig?

Fertig, sagte ich. Das Öl steht bereit und alles.

Gut, was ist mit dem Käse?

Was für ein Käse?

Heute Abend braten wir Käse.

Du verarschst mich, sagte ich.

Ich verarsche dich ganz sicher nicht, sagte Eiju. Heute Abend gibt es ein American Special. Wir feiern unseren amerikanischen Gast.

Da fing er an zu lachen, ein Dröhnen.

Aus dem Lachen wurde ein Husten.

Der Husten ein Röcheln.

Eiju begann zu würgen, er bekam keine Luft mehr.

Ich war nie jemand, der über Theken springt, aber in dem Augenblick habe ich's gemacht.

Als er sich endlich etwas beruhigte, setzte ich mich neben ihn und rieb ihm den Rücken. Eiju zuckte, und ich sagte, er solle ruhig ein- und ausatmen. Ein und aus.

Und dann, ganz plötzlich, hörte der Husten auf. Tränen rannen über sein verzerrtes Gesicht. Woraus wiederum ein Lachen wurde.

Eiju fing an zu lachen.

Er deutete auf mein Gesicht.

Du hättest dich sehen sollen, sagte er und lachte noch immer. Heilige Scheiße!

So besorgt!, sagte er. Wo zum Teufel ist mein richtiger Sohn!

Eiju war fast zwei Handbreit kleiner als ich. Schien, seit ich angekommen war, noch dünner geworden zu sein.

Er tat so, als sei alles ein Witz, die Pointe war nur, dass er bereits Stufe vier erreicht hatte.

Es würde keine Überraschung geben.

Ich wusste, was ich zu erwarten hatte.

Ich wusste, wie es enden würde.

An meinem ersten Morgen in Japan fragte ich Eiju, ob er wisse, dass er sterben werde. Sah er das? Verstand er es? Wusste er, um was es ging?

Er stand vor mir in seiner Pyjamahose, gähnte und zog am Bändel. Sein Atem roch nach Zigaretten.

Natürlich, sagte er.

Aber du auch, sagte er. Wir alle.

Stell es dir wie ein Rennen vor, sagte er. Ich komme eben eine Meile früher ins Ziel.

Was für ein Schwachsinn, sagte ich. Du bist irre.

Vielleicht, sagte Eiju.

♦

Ich hätte Ben angerufen, als ich in Itami gelandet war, aber mein Akku war leer. Und dann verpasste ich den ersten Zug in die Stadt und musste mir ein neues Ticket kaufen und war so nervös, weil ich nicht auch den nächsten Zug verpassen wollte, dass ich mein Ladegerät gar nicht erst herauskramte, sondern den Blick nicht von der Uhr nahm. Ich setzte mich neben eine deutsche Familie, die auf dem Bahnsteig stand und stritt. Direkt bei ihnen wartete ein koreanisches Paar, und eine weiße Frau heulte in ihre Hände, und dann kam wie aus dem Nichts eine hübsche schwarze Frau an uns vorbeigeschossen, die einen

Rollkoffer hinter sich herzog, sie sprintete förmlich, in High Heels und einem engen blauen Kleid, und ich fragte mich, wie das überhaupt möglich war, als ich bemerkte, dass da mein Zug stand. So schaffte ich es zum Bahnhof Shin-Osaka, verpasste dort aber zwei Minuten später den Anschluss nach Namba und nahm dann den Zug in die falsche Richtung, nach Kyoto, wieder zurück nach Tennoji, kam in den Berufsverkehr und stieg etwa eine halbe Stunde später an der falschen Station aus, war aber keine Meile mehr von Eijus Wohnung entfernt, des Mannes, den ich seit zehn Jahren nicht mehr gesehen hatte, des Sterbenden, und ich war seit über vierundzwanzig Stunden unterwegs, völlig geschafft, überdreht und dachte an nichts anderes mehr, oder dachte überhaupt nichts – außer daran, dass das alles ein Fehler war, diese ganze verdammte Aktion war ein Fehler, ich hatte Ben mit Ma zurückgelassen und Ma mitten im Nirgendwo, hatte meinen Freund noch nicht mal zu Hause angerufen, und zu Hause war der einzige Ort, an dem ich sein wollte, wenn ich auch, technisch gesehen, genau dort angekommen war, es geschafft hatte und endlich *wieder zu Hause* war.

Wir hatten uns auf einer Party kennengelernt. Ich hatte bereits in der App gesehen, wie er aussah, ging direkt auf ihn zu und fasste ihn bei der Schulter, denn Ben hatte ein Wasser in der Hand und ich schon viel zu viel Alkohol intus.

Auf seinem Profilbild hatte er gelacht, und es hatte ungezwungen gewirkt.

Und jetzt stand er da. IRL. In Chinos und einem Flanellhemd.

Als ich ihn fragte, mit wem er zur Party gekommen sei, nickte er vage in die Menge.

Die ganze Gang hat dich hergetragen?

Nein, sagte er. Nur ein Gangster.

Fickst du den?, sagte ich.

Da sah er mich endlich an.

Ben verzog sein Gesicht zu diesem Ausdruck, den ich noch so genau kennenlernen sollte. Ich würde lernen, was ihn hervorrief und wie lange er anhielt. Würde herausfinden, wie er zu entschärfen war. All seine kleinen Eigenheiten.

Aber da wusste ich noch gar nichts.

Also prostete ich ihm mit einem Bier zu.

Ich bin schon ziemlich durch, sagte ich.

Mach dir keine Gedanken, sagte Ben und hob sein Wasser in die Höhe.

Ist mein freier Tag und so.

Ah. Kein Scheiß.

Und damit hätte unser Gespräch enden sollen.

Ich hätte zurück in die Küche wandern und wie gewohnt weiterleben sollen, was zum Teufel das auch bedeutet hätte.

Aber dann sagte Ben: Heißt das, du hast nicht viele?

Viele was?, sagte ich.

Freie Tage.

Sagen wir, ich nutze sie aus.

Ben betrachtete mich, als versuchte er eine Art Gleichung zu lösen.

Die Cousine des Gastgebers ist ne Freundin von mir, sagte er. Ich hatte heute nichts vor, da hat sie mich hergezerrt.

Also, sagte ich, für einen Hergezerrten siehst du ganz gut aus.

Du wärst überrascht, sagte Ben.

Oder vielleicht auch nicht, sagte er, mehr zu sich selbst als zu mir, und sah wieder zu den Leuten hin, und bevor ich etwas erwidern konnte, winkte Ximena von ihrer Ecke aus.

Sie zwinkerte mir zu, lächelte. Sie schien richtig zu strahlen in ihrer College-Jacke und dem kurzen Rock.

Ben zog eine neue Grimasse.

Sieht aus, als hätten wir gemeinsame Freunde, sagte ich.

Sie ist eine Freundin von einem Freund, sagte ich.

Einem Ex, fügte ich hinzu.

Und du hast bei der Scheidung Ximena gekriegt, sagte Ben.

Ich glaube, sie tingelt zwischen uns hin und her.

Kanpai, sagte Ben, stieß sein Wasserglas gegen meine Flasche, schob sich an mir vorbei ins Wohnzimmer, und zack aus meinem Leben.

Am gleichen Abend bin ich mit einem anderen Typen nach Hause gefahren. Ich erinnere mich nicht mehr richtig an ihn, aber er war definitiv weiß. Er meinte, ich sei sein Erster, und ich sagte: Erster was?, und er: Du weißt schon, aber ich hatte keinen Schimmer, was er meinte. Manchmal vergisst man, wie die Leute sind. Und dann wurde ich von ihm daran erinnert. Doch bevor mir dieser Whiteboy den Rest des Abends versaute, drückte ich meinen Mund auf seinen, meine Hände auf seinen Arsch, und er rammte seine Hände in meine Hose und so gings weiter.

Wir fickten. Es war scheiße. Er kam einmal, und dann

noch mal, und ich spritzte ihm auf den Bauch, bis ich beschloss, dass ich keine Lust mehr hatte.

Als ich am nächsten Morgen aufwachte, lag er immer noch ausgeknockt auf der Matratze. Ich ging in die Küche und wollte uns ein Omelett machen. Oder ein Rührei. Vielleicht hatte er ein paar Schalotten. Pfirsiche. Scheiße. Man weiß nie, manchmal überraschen dich die Leute.

Aber dieser Typ nicht. Er war so vorhersehbar. Alles, was er in seinem Kühlschrank hatte, war ein Kübel Proteinpulver und ein halber Hershey-Riegel.

Ich fuhr zurück zu meiner Wohnung an der West Alabama. Die Nachbarskinder spielten in der Einfahrt Fangen. Sie jagten die Katze, und die ließ es zu. Es war ein Kater. Sie nannten ihn Bruno, aber auch Gabriel, Victor Hugo und Señor Gato. Als ihr Vater, ein massiger Kerl, herauskam, um eine zu rauchen, rief er den Kater zu sich. Der setzte sich zu ihm und ließ sich den Bauch kraulen. Bruno sah zu mir her, und da drehten sich auch alle anderen Köpfe in meine Richtung.

Ich duschte und suchte meine Sachen für die Arbeit zusammen: die Schürze, das T-Shirt und die Jeans. Ich hatte einen Teilzeitjob in einem Restaurant und einen anderen in einem Café, und am Wochenende spielte ich den Kassierer in einem Lebensmittelladen. Keiner der Jobs war erträglich, aber die Bezahlung war nicht so schlecht. Und ich hatte was zu tun.

Nach dem Duschen setzte ich mich aufs Sofa, immer noch nass. Checkte mein Handy, öffnete die App und wollte mir Bens Profil noch mal ansehen.

Aber es war weg. Dabei hatte ich es markiert und alles.

Ich schloss die App und machte sie noch mal neu auf. Da klaffte nur noch eine Lücke. Nicht einmal eine digitale Erinnerung blieb.

♦

An meinem ersten Morgen in Osaka redete Eiju nicht mal mit mir. Ich hatte einhundertzwanzig Minuten mit der Suche nach seiner scheißkleinen Wohnung beim Bahnhof verschwendet. Als ich zum vierten Mal an derselben verdammten Gasse vorbeikam, winkte mich die Frau, die rauchend neben dem Eingang zum FamilyMart stand, zu sich heran. Später fand ich raus, dass ihr eine Buchhandlung im Viertel gehörte und sie Eiju seit Jahren kannte. Manchmal brachte sie ihm Eier vom Markt hinter ihrem Haus.

Aber an dem Tag war sie einfach eine Lady.

Mit einem übel finsteren Blick.

Sieht aus, als hättest du dich verlaufen, sagte sie auf Japanisch.

Was?, sagte ich.

Du siehst aus, als hättest du dich verlaufen, sagte sie noch einmal, jetzt etwas langsamer.

Oh, sagte ich, ich fühl mich auch verloren.

Als ich Eijus Adresse hervorzog, entspannte sich ihr Ausdruck. Sie zeigte nach oben auf den Wohnblock.

Sie machen Witze, sagte ich, und die Lady lachte.

Du bist schon da, sagte sie.

Wusstest es nur noch nicht, sagte sie.

Und dann stand ich wie in einer Netflix-Original-Scheiße an der Treppe, wärmte mir gerade die Hände und sah durchs Geländer, wie Eiju seine Tür abschloss. Er wühlte in einer Umhängetasche, tat mit seinem Schlüsselbund herum und linste zum Himmel über meinem Kopf hinauf.

Lange hatte ich diesen Traum, in dem ich Eiju sah und er mich einfach nicht erkannte, hatte aber nie gedacht, dass *ich ihn* nicht erkennen würde. Das war etwas, was nie passieren würde.

Es fing an, als er aus unserer Wohnung in Bellaire auszog.

Damals war ich noch ein Kind. Ich träumte von meinem Vater, wenn ich an Ma gekuschelt im Bett lag, weil ich im ersten Jahr, nachdem er weg war, nicht allein schlafen konnte.

Ich träumte von ihm, während ich neben allen möglichen Ficks schlief.

Oder in meinem eigenen Bett, ein Bein von der Matratze hängend und neben Ben schnarchend.

In der Nacht, bevor ich Houston verließ, träumte ich von ihm.

Auf dem Flug nach Japan.

Und jetzt stand er da.

Da.

*Da*, da.

*Da*, da, *da*.

Gleich da. Direkt vor meinen verdammten, dummen Augen.

So real wie der Boden unter meinen Füßen. Und ich erkannte ihn.

Ich sah zu, wie Eiju die Taschen nach seinen Schlüsseln abklopfte.

Sah zu, wie er an seinem Hoodie zog.

Wie er überlegte.

Er zuckte ein wenig zusammen. Mehr aber nicht.

Ich lehnte an der Treppe und wartete darauf, dass er in mich hineinlief.

Mein Vater nickte in meine Richtung, als er an mir vorbeikam.

Ging ein Stück weiter und hatte fast schon die Ecke erreicht.

Und dann sah ich, wie er den Kopf schüttelte.

Sich umdrehte.

Da war keine Wut in seinem Gesicht zu erkennen. Vielleicht eine ganz leichte Verwirrung.

Dann schien er zu begreifen.

Und *dann* war er sauer.

Ich dachte, er würde mich umarmen, beim Arm fassen oder mir ins Gesicht schlagen, aber nichts von alledem geschah.

Die ersten Worte, die mein Vater nach sechzehn Jahren in seinem lauten Kansai-Dialekt an mich richtete, waren: Was zum Teufel?

♦

Die ersten Gäste kamen nicht vor zehn in Eijus Kneipe. Um die Uhrzeit waren die Straßen am vollsten. Die paar Stunden, bevor der Zugverkehr über Nacht stoppte. Es kühlte stark ab draußen. Seinen eigenen Atem konnte man zwar noch nicht sehen, aber ich hauchte gegen die Scheiben, schrieb meinen Namen und malte ein Flugzeug oder fickende Strichmännchen, bis Eiju schließlich sagte, ich solle das lassen.

An einem Abend durchliefen wir ebendiese Routine. Ich wischte die Kacheln, er die Theke.

Du bist kein verdammtes Kind mehr, sagte er.

Ich bin *dein* verdammtes Kind, sagte ich.

Hana und Mieko kamen normalerweise als Erste. Sie arbeiteten zusammen in irgendeiner Werbeagentur, setzten sich nebeneinander und bestellten gleich zwei Runden Sake. Sie kamen direkt aus dem Büro, wo sie bis spät ackerten, bis sie ihre verblichenen Jeansjacken über die Blusen zogen und zu uns trotteten, und wenn sie durch die Schiebetür traten, lachten sie, jedes Mal, lachten und lachten.

An meinem ersten Abend in Mitsuko's fragte mich Hana geradeheraus, ob ich Eijus Sohn sei.

Eiju stand neben mir und polierte Gläser, und sein Gesicht sagte: Nein.

Alle fragen mich das, sagte ich. Eher ein Neffe.

Scheiße, sagte Mieko. Davon hat Eiju reichlich.

Alles Neffen und keine Söhne, sagte Hana. Wie eine Art Gigolo.

Aber du bist nicht von hier, fügte sie hinzu und sah mich wieder an.

Ist das so offensichtlich?

Nicht böse gemeint, sagte Hana.

Ist schon okay, sagte ich.

Dein Japanisch ist etwas holprig, sagte Mieko. Als hättest du es aus einem Buch gelernt.

Aber für einen Ausländer ziemlich gut, sagte Hana.

Sollte besser als gut sein, sagte Eiju und schenkte den Frauen noch eine Runde ein.

Keine Entschuldigung, sagte er.

Es gibt *viele* Entschuldigungen, sagte Hana. Ich bin mal mit einem *Amerikaner* ausgegangen.

Scheiße, sagte Mieko. Stimmt.

Er war so schlimm, sagte Hana.

Heilige *Scheiße*, sagte Mieko. So *schlimm*.

Er dachte, er wüsste, wie die Dinge hier laufen, aber das tat er nicht. Nicht wirklich. Und ich wollte ihm sagen: Hey, es ist okay! Du musst nichts vorspielen! Ich weiß es zu schätzen, aber lass es.

Du konntest *nirgends* mit ihm hin, sagte Mieko.

Es gab immer diese Szenen, sagte Hana. Er musste immer *alles* wissen. Und *sicher sein*, dass er alles wusste.

Die beiden Frauen senkten für einen Moment ihre Köpfe und erinnerten sich.

Ich sah Eiju an, der die Arme vor der Brust verschränkte.

Warum bist du dann mit ihm zusammengeblieben, sagte er, wenn dieser Kerl so schrecklich war?

Hana verzog das Gesicht. Mieko stieß sie mit dem Ellbogen an. Eiju schenkte ihnen nach und nickte mir zu, damit ich eine neue Flasche holte.

Nach einer Weile sagte Mieko: Ich weiß, warum.

In dieser einen *Sache* war er ziemlich gut, sagte sie.

Was für eine Sache?, fragte Eiju.

Du weißt schon, sagte Mieko, hob die Hände und hielt sie weit auseinander.

Jedenfalls, sagte Hana, ging es am Ende nicht. Er musste weg.

Ich meine damit nur, dass du dich nicht verrückt machen sollst, sagte Hana und sah mich an. Mach dir keinen Stress. Die Freundinnen deines Onkels beißen nicht.

Ihr seid nicht meine Freundinnen, sagte Eiju.

Unsinn, sagte Mieko. Ich wüsste nicht, was du ohne uns machen würdest.

Ganz allein würde er dahocken, wie eine Schildkröte, sagte Hana, und seine Gläser polieren.

Er würde es nicht überleben, sagte Mieko. Umfallen würde er und sterben.

Sie spielten es ihm vor, das Umfallen und den Aufschlag, und Eiju lachte und lachte.

♦

*Das* war derselbe Mann, der unser Telefon gegen die Wand geschmettert hatte, weil Ma einen Anruf von einem anderen Mann bekommen hatte.

Der Mann war ihr Chef gewesen. Er hatte wegen des Terminplans seines Juwelierladens angerufen.

Eiju wollte wissen, warum er die Nummer von unserer Wohnung hatte und warum meine Mutter so eine Scheiße machte.

Und Ma sagte, wenn er sich nur selbst sehen könnte, müsste er das nicht fragen.

♦

Nach Hana und Mieko kamen normalerweise drei Büroangestellte: Takeshi, Hiro und Sana. Drei verdammte Blindfische. Wir waren alle etwa im gleichen Alter. Sie waren meist schon betrunken, als sie in die Kneipe stolperten, wobei manchmal auch nur Hiro zu viel gehabt hatte, oder einer der anderen. Wer von ihnen sich am schlimmsten abschoss, folgte einer Art System, ich kam aber nie ganz dahinter. Sie waren immer bester Laune und wollten, dass ich einem von ihnen ein Sandwich machte. Wenn ich sagte, so was gebe es nicht auf der Karte, sagten sie, ein Stück die Straße rauf sei ein 7-Eleven. Wenn ich darauf antwortete, da ginge ich ganz sicher nicht hin, ich sei doch nicht ihr verdammter Diener, rief Hiro, Takeshi oder Sana: Unsinn, und sie klatschten, doch dann änderten sie ihren Tonfall sagten *sorry* und *bitte*, schoben die Lippen vor, klimperten mit den Wimpern, fassten mich beim Ellbogen und machten ein Riesendrama.

Ich warf Eiju einen Blick zu, und der zuckte nur mit den Schultern, als wollte er sagen: Du wolltest ja unbedingt hier sein.

Irgendwann sagte Hiro zu Eiju: Du hättest den Mistkerl schon früher anstellen sollen.

Der macht das nur so nebenbei, sagte Eiju. Um was zu lernen.

Wie ein Kind, sagte Takeshi.

Ein Kinderstar, sagte Hiro.

Kinder bedeuten Arbeit, sagte Eiju. Sana weiß das.

Sana stöhnte hinter seiner Flasche auf. Seine beiden Freunde schlugen ihm auf die Schultern.

Zwillinge, sagte Takeshi, als er mein Gesicht sah.

Beschließt endlich, sein Mädchen zu verlassen, und sie setzt prompt zwei Söhne in die Welt, sagte Hiro.

Das haben wir *gemeinsam* beschlossen, sagte Sana. Niemand hat da irgendwas in die Welt gesetzt.

Du bist betrunken, sagte Eiju.

Zwei Söhne, sagte Sana. Wenn sie groß sind, werden sie genau wie Mike sein.

Und sie werden Sandwiches machen, sagte Sana, *texanische*.

Kein Scheiß, sagte Hiro. Muss schön sein für Mikes Mädchen, einen Koch bei sich zu haben.

Die drei Männer sahen zu mir hin, die Unterarme auf dem Tresen. Sie hatten einiges getrunken, aber nicht genug, um die Antwort zu vergessen.

Als ich endlich den Mund aufmachte, fing Eiju an zu husten.

Er beugte sich über die Theke. Hielt sich daran fest.

Alle vier sahen wir ihn an, dann schauten die drei besorgt in meine Richtung.

Als sich Eiju erholte, keuchte und sich über den Mund wischte, gab ich ihm eine Serviette, doch er winkte ab.

Hiro und Sana spielten mit ihren Daumen.

Takeshi ließ einen Lacher hören.

Scheiße!, sagte er.

Wir dachten schon, das wärs für dich!, rief Sana.

Ich erschauderte, aber Eiju grinste nur.

Nicht doch, sagte er.

Wenn das passieren würde, sagte Eiju, wer wäre dann in dieser dämlichen Stadt euer Babysitter?

Nachdem die drei Männer gegangen waren, fing Eiju an, den Laden zuzumachen. Er wich meinem Blick aus. Ausnahmsweise sah er einmal aus wie der alte Mann, der er war.

Takeshi hat nicht unrecht, sagte ich.

Was meinst du?, sagte Eiju.

Ich meine, ich habe *keine* Freundin und werde auch nie eine haben.

Ich *bin* schwul.

Eiju schrubbte weiter die Theke. Warf sein ganzes Gewicht hinein. Sah aus, als wollte er seine verdammten Schultern rausreißen. Doch dann setzte er sich und nestelte unter seiner Schürze herum.

Er zog eine Schachtel Zigaretten hervor.

Soll das ein verdammter Witz sein, sagte ich.

Halt den Mund, sagte Eiju. Du bist also eine Schwuchtel.

Ist schon in Ordnung, sagte er. Was auch immer.

Und du versuchst dich noch schneller umzubringen, sagte ich. Ich nehme an, das ist deine Antwort drauf?

Es ist ja nichts, was du mir nicht bereits angetan hättest, sagte Eiju. Mein eigener Sohn.

Hast du dich nicht selbst als kinderlos bezeichnet? Hast du das nicht eben erst deinen verdammten Gästen gesagt?

Darauf schlug Eiju mit der Faust auf die Theke.

Du kleiner Wichser, sagte Eiju auf Englisch.

Das ist er, sagte ich ebenfalls auf Englisch. Der Mann, an den ich mich erinnere.

Du kommst nicht einfach hierher und tust mir das an, sagte er. Nicht jetzt. Nicht in diesem Leben. Das machst du nicht einfach.

Aber allein das zu sagen nahm ihm schon den Atem. Eiju wollte sich setzen und verfehlte beinahe den Stuhl. Ich sprang auf, um ihm zu helfen, doch er winkte mich weg.

Verpiss dich, sagte er.

Aber ich führte ihn zu einem Hocker.

♦

Nach ein paar Tagen fand ich neben der Toilette ein altes Notizbuch. Fäden lösten sich aus dem Bund. Mein Vater hatte eine Menge Listen hineingekritzelt, alle in winziger Handschrift, alle auf Englisch. Einkaufslisten. Zugverbindungen. Praktischen Scheiß. Aber es gab noch andere Dinge.

Zum Beispiel eine kurze Liste mit Dingen, an die Eiju nicht glaubte: *Socken, das Schicksal, Vorbestimmung, Versprechungen. Chili-Öl. Verschlossene Türen. Weihnachtskarten. Weihnachten. Sparkontos. Geburtstagspartys, Geschenke. Ultimaten. Letzte Möglichkeiten. Glück.*

♦

An den meisten Tagen kam Kunihiko in die Kneipe, um Eiju zu helfen.

Er war etwas jünger als ich. Dick, aber nicht so dick. Und was er anhatte, war immer zwei Nummern zu groß, doch er lächelte nur. Als wir uns das erste Mal sahen, schnitt ich gerade Gemüse in der Ecke hinter der Theke, schälte Süßkartoffeln und siebte Dashi. Kunihiko ging nach hinten und wirkte völlig verloren. Es dauerte eine Weile, bis mir klar wurde, dass das einfach seine Art war.

Das Erste, was er sagte, war, dass ich Eiju überraschend ähnlich sehe.

Wenn du es sagst, erwiderte ich.

Echt, sagte Kunihiko. Die Augen!

Er hatte angefangen, für Eiju zu arbeiten, nachdem er eines Abends zufällig in der Bar vorbeigekommen war. Seinen Job bei einer örtlichen Bank hatte er verloren. Offenbar hatte er ein Konto verwechselt und eine gigantische Scheiße gebaut. So gigantisch, dass er nichts darüber erzählen wollte. Jedenfalls schlimm genug, dass ihn sein Chef superschnell rausgeschmissen und sich Kunihiko drei Tage lang besoffen hatte. Er erinnerte sich an nichts mehr, nur noch, dass er irgendwann in Eijus Kneipe gelandet war – er war sabbernd auf der Theke aufgewacht, als Eiju ihn schließlich wach gerüttelt hatte.

Ich hatte Glück, sagt Kunihiko. Wenn Eiju mich nicht angeheuert hätte, wer weiß, was ich heute machen würde.

Den gleichen Scheiß wie alle anderen auch, sagte ich. Was anderes.

Was anderes, sagte Kunihiko und lachte tief aus der Brust heraus.

Er war leicht vertrottelt und wiegte ständig die Schultern vor und zurück. Er kam immer erst spät und brachte sämtliche Bestellungen durcheinander, aber die Gäste behandelten den Jungen wie ein Maskottchen, selbst wenn es Eiju zu viel wurde.

Er brüllte Kunihiko an, weil er mit den Gerätschaften jonglierte.

Er brüllte ihn an, weil er geleerte Bierkrüge stehen ließ.

Einmal stieß Kunihiko mit dem Ellbogen gegen die Ecke der Theke und katapultierte einen Stapel Teller durch die Luft, die auf dem Holzboden zerbrachen. Mieko klatschte aus der Ecke bei der Tür Beifall, und Hiro, der Betrunkene an diesem Abend, ließ einen Jauchzer hören. Eiju nahm das Handtuch, das er um den Bauch gebunden trug, schlug damit gegen einen Barhocker und scheuchte Kunihiko davon. Er sagte dem Jungen, er werde ihm das Geld von seinem Lohn abziehen.

Ich glaube wirklich nicht, dass das reichen wird, sagte Kunihiko.

Natürlich reicht das nicht, sagte Eiju. Also ziehen wir auch dein verdammtes Trinkgeld ab.

Kunihiko biss sich auf die Lippe. Er zitterte ein klein wenig. Als Hana Eiju hörte, knallte sie eine Fünfhundert-Yen-Münze auf die Theke, und Takeshi und Hiro zogen ein paar schmutzige Geldscheine aus den Taschen.

Lass den Jungen in Ruhe, verdammt, sagte Hana.

Strenge Liebe erzeugt Tüchtigkeit, sagte Eiju.

Schwachsinn, sagte Hiro.

Aber so was von, sagte Takeshi.

Verpiss dich damit, sagte Mieko.

Aber Kunihiko hob die Hand und lächelte.

Es ist schon okay, sagte er und wühlte in den eigenen Hosentaschen herum.

Fischte ein paar eigene Hundert-Yen-Münzen heraus und legte sie zu dem restlichen Geld auf der Theke.

Ich verstehe das vollkommen, sagte Kunihiko, lächelte, zuckte mit den Schultern, leerte sämtliche seiner Taschen, und wir alle bedauerten ihn irgendwie. Aber beneideten ihn auch um seine Hingabe.

Die Sache ist die: Wer meinen Vater kannte, wusste, dass das noch gar nichts war.

Nichts von all dem war echter Zorn.

Das waren nicht die Schreie, die ich in unserer Wohnung mit Ma gehört hatte.

Das waren nicht die Hände, die auf mich losgegangen und gefragt hatten, warum ich so weich sei.

Das war nicht die Art, wie er meine Mutter angebrüllt hatte, als sie anfing, mehr zu verdienen als er. Als sie die Sprossen der Leiter erklomm, die sie aus seinem Leben herausführten.

Was Eiju Kunihiko zeigte, war Zärtlichkeit.

Es sah ganz so aus wie Liebe.

♦

Ben tauchte ein paar Wochen nach der Party erneut in der App auf.

Er war nicht mehr da gewesen, und jetzt plötzlich war er es wieder. Ich hatte nicht mehr wirklich nach ihm gesucht.

Als sein Gesicht auf dem Bildschirm auftauchte, räumte ich gerade scharfe Soßen ins Supermarktregal. Es war leicht verdientes Geld. Hauptsächlich packte ich Kisten mit Tomaten aus und führte weiße Kunden durch Gänge mit selbst gemachtem Brot. Keiner sprach das, was er suchte, richtig aus, und ich half ihnen durch die einzelnen Silben – *Ga*ram Ma*sa*la, Kori*an*der – aber an dem Tag warf eine Whitelady, die das Regal absuchte, einen Blick auf mein Telefon.

Der ist süß, sagte sie.

Entschuldigen Sie?

Ihr Freund. Auf dem Bild?

Ich muss das Gesicht verzogen haben, denn die Whitelady lächelte ein wenig zu begeistert. Sie ging schon weiter und schob ihren Einkaufswagen den Gang hinunter. Ein kleines Mädchen saß in ihrem Wagen, spielte mit einer Zucchini und strampelte mit den Beinen. Die Kleine sah mich an, zog die Nase kraus und biss sich auf die Lippe.

Kein Freund, sagte ich. Nur ein Bekannter.

Nun, sagte die Lady.

Wenn es hilft, sagte sie, das sind sie alle mal.

Und dann, *boom*, sagte die Lady, reckte ihrer Tochter eine Hand hin und wackelte mit den Fingern, die das kleine Mädchen mit strahlendem Gesicht packte.

Am Ende schrieb ich ihm eine Nachricht.

Ich konnte einfach nicht anders.

Ich schrieb: IMMER NOCH NÜCHTERN?

Und stopfte mir das Handy in die Tasche.

Nach ein, zwei Minuten hatte er noch nicht geantwortet.

Auch eine Viertelstunde danach war meine Inbox noch leer.

Ein paar Stunden später sagte ich mir, ist egal. Wenn der Typ sich meldet, meldet er sich. Wenn nicht, dann nicht. Ich nannte es Schicksal und schrieb fünf anderen Typen auf Grindr.

Zwei antworteten sofort. Einer fragte, wie groß mein Schwanz sei.

Spontan, ohne nachzudenken, schrieb ich: GRÖSSER ALS DEINER, und blockierte ihn.

Ich hatte noch einen Job in einem Deli in der Pease Street. Direkt am Rand von Midtown. Aus dem Third Ward waren es zwanzig Minuten mit dem Auto. Das war Monate bevor die Idee für das Pop-up-Resto auch nur halb geboren war und Tony in der überteuerten Taquería am Shepherd Drive noch Gemüse schnipselte. Er schimpfte ständig, dass er für einen Bruchteil der Kosten weit bessere Sachen kochen könnte, und eines Tages sagte ich ihm aus einer Laune heraus, dann solle er's doch machen. Erst winkte er ab und schwor darauf, dass wir uns beide in einer guten Situation befänden, doch am Ende änderte er seine Meinung.

Bis dahin schob ich in dem Deli Fladenbrot mit Avocadoaufstrich, Oliven, Gruyère und Basilikum in den Grill. An dem Nachmittag hatte ich einem Whiteboy gerade ein Sandwich gemacht, das er mir gleich zurück auf die Theke knallte.

Die Tomaten, sagte er. Die sind nicht *geviertelt*, und das sollten sie sein.

Meinst du das ernst?

Ernst genug, um deinen Boss danach zu fragen, sagte er.

Ich war zufällig gerade der Chef vom Dienst. Mehr oder weniger. Unser Boss, das Arschloch, das ein Auge auf mich haben sollte, ließ sich kaum blicken. Aber als ich dem Jungen das erklären wollte, brummte es in meiner Tasche.

Ich schau mal, ob er hinten ist, sagte ich mit einem breiten Grinsen und verpisste mich.

Es war Ben.

Er schrieb: Immer noch nüchtern

Und das wars.

Es war nicht viel. Eigentlich nichts.

Aber er hatte geantwortet.

Der Whiteboy rief mir von vorne zu, räusperte sich, und ich ließ ihn noch eine Weile schmoren, bevor ich zurückkam. Als ich ihm das Sandwich zurückgab, fragte er, was man tun müsse, um in Houston anständig bedient zu werden.

Nach Austin ziehen, sagte ich.

♦

Zu Eijus Stammkunden gehörte auch das Pärchen Hayato und Natsue. Sie kamen mit ihren Fahrrädern und lehnten sie an die Treppe.

Hayato war groß wie ein Basketballspieler, was bei einem Japaner verdammt komisch aussieht. Natsue hatte ihr Haar immer zu einem winzigen Knoten zusammengebunden. Sie schlüpfte unter seinem Ellbogen durch, wenn er ihr die Tür offen hielt. Sie bestellten sich jeder ein Bier, dazu eine Schüssel Reis, und Natsue zupfte Eiju, über die Theke hinweg, an seinem Ohrläppchen.

Wir kommen hierher, seit der alte Mann dieses Loch eröffnet hat, sagte Natsue.

Wir haben ihn die ersten Schritte machen sehen, sagte Hayato.

Er ist so was wie unser Baby.

Unser großes, verdammtes Baby.

Alle glauben immer gerne, dass sie was entdeckt haben, sagte Eiju.

Wir haben dich nicht gefunden, Eiju-kun, sagte Hayato. Wir haben dich geleitet.

Du brauchtest nur eine Richtung, sagte Natsue.

Davon weiß ich nichts, sagte Eiju.

Und die drei fingen an zu lachen.

Ein paar Wochen nachdem ich gelandet war, spülte Kunihiko Gläser und ich trocknete sie ab. Als er fertig war, legte ihm Eiju eine Hand auf die Schulter. Er sagte dem Jungen, er solle versuchen, endlich mal pünktlich zu kommen, und Kunihiko grinste, verbeugte sich leicht und rammte beim Hinausgehen mit der Schulter gegen den Türrahmen.

Als er weg war, schlossen Eiju und ich ab. Bis zu seiner Wohnung war es nicht weit. Es war kurz vor fünf Uhr morgens, und ein paar verirrte Lichter flackerten um uns herum, aber abgesehen von ein paar vorbeirollenden Taxis war alles still. Die Sonne war noch nicht aufgegangen. Da war nur dieser dunkle Schimmer über uns.

Ich fragte Eiju, ob Kunihiko von seinem Krebs wisse.

Weiß er, dass du stirbst?, sagte ich.

Hast du verfickt noch mal irgendwem was erzählt, sagte er.

Eiju ging weiter. Blickte mich nicht mehr an.

Nach einer Weile sagte er: Du kannst gerne so lange bleiben, wie du willst.

Das ist keine Antwort, sagte ich.

Eiju sagte nichts dazu. Er ging einfach weiter. Bei ihm angekommen ließ er mich auf meinem Futon im Wohnzimmer zurück. In seinem Zimmer brannte Licht. Ich wollte warten, bis es ausging, schlief aber längst, bevor er zu schnarchen begann.

♦

Einen Tag nachdem Ben sich gemeldet hatte, antwortete ich ihm über die App.

Ich schrieb: TUT MIR LEID, DAS ZU HÖREN

Es fühlte sich an wie: Auge um Auge.

Später am Abend, als ich gerade aus dem Lebensmittelladen zurückkam und halb die Treppe hinauf war, rief die alte schwarze Lady von nebenan meinen Namen. Sie deutete auf meine Zigarette und wedelte sich mit der Hand vor der Nase herum.

Sie hieß Mary und wohnte schon ihr ganzes Leben im Third Ward. Hatte das Ende seiner besten Jahre mitbekommen und den Großteil seines Niedergangs. Ihr Mann war auf die Highschool ein paar Straßen weiter gegangen, sie war Cheerleaderin gewesen, er Footballspieler, und sie lernten sich auf einem Schulfest kennen. Gingen zusammen zum Abschlussball. Heirateten ein Jahr später wie in einem der beschissenen Old-Time-Filme.

Ein paar Wochen nachdem ich eingezogen war, hatte mir Mary bei einem Abendessen ihre Geschichte erzählt. Sie hatte mich eingeladen. Makkaroni und Süßkartoffeln gekocht. Sie und ihr Mann saßen mir gegenüber und sahen zu, wie ich das Zeugs in mich hineinschaufelte. Ich wusste, alle haben ihre Probleme, aber so, wie sie da nebeneinandersaßen, sahen sie aus, als passten sie zusammen. Mary und Harold. So behaglich. Wie ich es noch nie zuvor gesehen hatte.

Als ich ihnen sagte, dass es sich komisch anfühlt zu essen, während sie nur dasaßen, winkte Mary ab.

All der Käse ist nicht gut für unseren Blutdruck, sagte sie. Wenn du so alt bist, kannst du nur noch zugucken.

Das sagt meine Ma auch, sagte ich.

Eine kluge Frau, sagte Mary. Lebt deine Familie in der Nähe?

Nein. Ma ist wieder in Japan.

Das ist weit weg von Houston.

Nicht zu weit.

Und dein Vater?

Weiß der Teufel.

Marys Lider flatterten ganz kurz. Ihr Mann gähnte.

Es ist harte Arbeit, einen Mann an einem Ort zu halten, sagte er.

Ich starrte Harold an. Er blinzelte zurück.

Beachte ihn nicht, sagte Mary und boxte ihren Mann gegen die Schulter.

Harold sagt nicht viel, fuhr sie fort. Es sei denn, er weiß was Dummes.

Klingt wie eine gute Strategie, sagte ich.

Das ist es, sagte Harold. Gibt dir reichlich Zeit zuzuhören.

Und es wird Zeit, dass du mal zuhörst, sagte Mary. Gott weiß, wie lange ich schon dein Gerede ertrage.

Man sollte Menschen mit Verstand die Möglichkeit geben, etwas zu sagen, sagte Mary und zwinkerte mir zu.

Ich hatte die Wohnung online gefunden. Die Maklerin war ein junges Whitechick in einem Sommerkleid. Ihre Agentur lag in Katy, aber sie hatten angefangen, sich auch Objekte im East End zu schnappen, die sie aufpolierten und auf den Markt warfen. Es war ihre zweite Woche in dem Job, und sie konnte nicht aufhören, mit ihrem Ehering herumzuspielen. Sie sagte, die Wohnung sehe zwar noch wie eine Müllhalde aus, aber das Viertel sei beliebt und ändere sich rasch, und was Billigeres würde ich in der Gegend um die Wheeler Avenue nie wieder finden.

Die Wände waren ramponiert, der Ventilator schien kaputt. Die Böden waren aus Holz, aber verfärbt und beschädigt.

Ich sagte, für den Preis sei sie schön groß.

Wem sagst du das, sagte die Maklerin.

Sie fragte, ob ich Frau oder Kinder hätte, worauf ich nur den Kopf schüttelte.

Dann kannst du hier ein Nest bauen, sagte sie.

Was für ein irrer Baum, sagte ich.

Er wird dir ans Herz wachsen, sagte sie. Wenn ich so eine große Wohnung für mich allein hätte, wer weiß, was ich damit machen würde.

Du kannst sie mir ja noch wegschnappen.

Das wäre was, sagte die Maklerin grinsend.

Aber hör zu, sagte sie, vertrau mir. Ernsthaft. Es ist eine Gelegenheit. Sieht im Moment vielleicht nicht aus wie eine, aber die Gegend hier ist groß im Kommen.

Groß im Kommen oder nicht, ich brauchte eine Bleibe. Ich hatte gerade eine lange, verfahrene Geschichte mit meinem Mitbewohner beendet. Es würde zu weit führen, das zu erklären, wir hatten so was wie eine Freundschaft Plus, er hatte aber seinen neuen Freund bei uns einziehen lassen, dieser Wichser, der mich ständig anstarrte, kurz: Ich musste da raus, und so unterschrieb ich noch am selben Nachmittag den Mietvertrag, und wie sich herausstellte, hatte die frischgebackene Maklerin recht. Die Wohnung war tatsächlich die letzte günstige, die es im Viertel geben sollte.

Danach ging alles an Verbindungskids und Professoren. Die Anwohnerschaft wechselte quasi über Nacht. Der Third Ward wurde neu verkabelt.

Mein Telefon surrte kurz nach Mitternacht.

Es war Ben. Er war online.

Mach dir keine Sorgen, schrieb er. Ich trinke nicht oft

SCHÖN, schrieb ich. SO LEBST DU WAHRSCHEINLICH LÄNGER

Wenn du es sagst

HOFFEN WIR ES

Mach ich

Dann kam eine Funkstille. Wir hatten den Punkt erreicht, an dem einer von uns dem Gespräch einen Anschub geben musste.

ICH BIN MIKE, schrieb ich.

Ich weiß, schrieb Benson.

?

Kennst du Ximena?

JA

Sie hat es mir gesagt. Wir haben drüber gesprochen

SORRY. AHA

Und dann mehr Stille.

Und dann, aus Spaß, schrieb ich: MAGST DU MAL EIN BIER TRINKEN GEHEN?

Ein paar Minuten vergingen.

Ich zählte die Risse in der Decke.

Zehn Minuten später schrieb Ben: Du gehst ganz schön ran

DARAUF LÄUFTS DOCH SOWIESO HINAUS, schrieb ich. WARUM ZEIT VERSCHWENDEN

Worauf Ben gleich antwortete: Ich steh nicht mehr so auf One-Night-Stands

Ich schrieb: IST DOCH NUR EIN BIER

Und dann, *blipp*, wie von Zauberhand, war Benson offline.

Am nächsten Morgen wartete eine Nachricht auf mich.

Klingt gut, schrieb er. Kennst du ne Bar?

♦

Jeder Gast bei Eiju hatte eine Geschichte. Bei jedem Einzelnen gab es komplizierte Gründe, warum er ausgerechnet in Eijus Kneipe gelandet war.

Hana war eines Abends nach einer Trennung hereingestolpert. Sie war völlig aufgelöst und fiel beim Rausgehen über einen Hocker, völlig zugedröhnt. So lernte sie Mieko kennen, die auch gerade wegen einer Trennung soff – der Unterschied war nur, dass sie sie feierte. Sie kamen zurück in die Kneipe, prosteten sich zu und waren von da an unzertrennlich.

Eines Abends Mitte Juni lernte Sana Takeshi an der Bar kennen. Und Takeshi machte Hiros Bekanntschaft. So kamen auch Sana und Hiro zusammen. Wochen später fanden sie heraus, dass sie alle im gleichen Gebäude arbeiteten.

Natsue war seit ihrer Kindheit mit Eiju befreundet. Sie kannte ihn seit der Grundschule. Kannte ihn, bevor er meine Mutter heiratete, bevor er überhaupt von ihr gehört hatte. Als Eiju Natsue erzählte, dass er heiraten wolle, sagte sie, dass sie sich für ihn freue, warnte ihn jedoch, Tokio sei nichts für ihn, genauso wenig wie die Ehe. Nicht, dass er auf sie gehört hätte. Eiju meinte, sie sei nur eifersüchtig. Er sagte, sie solle sich verpissen, und das war ihr letzter Kontakt, bis Eiju dreizehn Jahre später zurück nach Japan kam. Natsue war die Erste, die er nach seiner Landung ausfindig machte. Seine erste Nacht in Kansai verbrachte er auf dem Sofa im Wohnzimmer ihres älteren Bruders.

Eines Abends, als ich Bier ins Regal hinter der Theke räumte, fragte mich Natsue, wie es mir bisher so in meinem Leben ergegangen sei.

Hayato saß neben ihr und nippte am Glas seiner Frau. Eiju war weg, besorgte was im Mini-Markt, Kunihiko und ich hielten die Stellung. Takeshi und Hiro lachten über einen zu leise erzählten Witz und versuchten Kunihiko in ihr Gespräch zu verwickeln – und ich begriff, dass die Situation für sie ganz normal war. Für sie musste es sich wie zu Hause anfühlen.

Ich bin nur auf der Durchreise, sagte ich.

Das sind wir alle, sagte Hiro.

Das ist das Spiiieeel des Leeebens, sagte Takeshi.

Hör auf, sagte Natsue.

Und dann sagte sie zu mir: Du bist wegen Eiju-kun hier, oder?

Ich blinzelte sie an.

Ich meine, um ihn zu unterstützen, sagte sie.

So was in der Art, sagte ich. Er wird älter.

So alt ist er nicht, sagte Natsue, aber es ist schön zu sehen, dass er jemanden hat.

Wir tauschten einen Blick, und ich war mir nicht ganz sicher, was da zwischen uns hin- und herging.

Hey, sagte Hayato, *du* hast auch jemanden.

Und *ich* habe wen, sagte Takeshi und griff nach Kunihikos Arm, der zusammenzuckte.

Sicher, sagte ich und räumte weiter mein Regal ein.

Aber als ich mich umsah, starrte Natsue mich immer noch an.

Ernsthaft, sagte sie. Das bedeutet etwas.

Warte, bis du in unserem Alter bist, sagte sie. Schau dann, wer noch da ist.

♦

Alle paar Tage kam Eijus Arzt. Es war zu früh am Morgen, als ich ihn das erste Mal traf. Ich hörte ihn an die Tür klopfen und machte schlaftrunken mit nacktem Oberkörper auf, ohne darüber nachzudenken.

Der Mann schnappte tatsächlich nach Luft.

Oh, sagte er. Entschuldigung.

Moment, sagte ich.

Ich komme später wieder, sagte er. Ich wollte nicht stören.

Scheiße, mach Platz, sagte Eiju und drängte an mir vorbei.

Und zieh dir verdammt noch mal was an, sagte er. Du bist hier nicht in Texas.

Der Arzt, Ryutaro, war mal Stammgast in Eijus Bar gewesen. Er hatte über Jahre mit Depressionen zu kämpfen gehabt. Seine Frau und seine Tochter waren bei einem Autounfall ums Leben gekommen. Ein Truck war seitlich in ihr Taxi hineingefahren. Sie waren nur ins Taxi gestiegen, weil der Zug Verspätung hatte. Stunden zuvor hatte Ryutaro die beiden beschimpft, weil sie zu spät zu einer Feier im Krankenhaus gekommen waren.

Mein Vater leistete Ryutaro in der Zeit nach dem Unfall Gesellschaft, und am Ende hörte der Arzt mit der Trinkerei wieder auf. Er kehrte in seine Praxis zurück, wo er willkommen geheißen wurde, und gewann ziemlich schnell seine alten Patienten zurück. Eijus Kneipe besuchte er immer noch von Zeit zu Zeit, trank aber nur Wasser.

Als Eiju beschloss, seine Krebstherapie aufzugeben, war Ryutaro der Zweite, der es erfuhr.

Meine Mutter war die Erste.

Nachdem sie eine Weile draußen geredet hatten, kam Eiju mit Ryutaro ins Wohnzimmer. Der Arzt maß seinen Blutdruck, Fieber und fühlte seinen Puls. Ich sah vom Futon aus zu, in einem ärmellosen Hemd und einer von Eijus Shorts. Der Heizlüfter blies warme Luft über uns, und als Ryutaro auf Eijus Medikamente zu sprechen kam, rülpste mein Vater.

Sie wissen, dass ich damit durch bin, sagte Eiju.

Ich weiß, sagte Ryutaro, aber ich muss danach fragen. Haben sich die Schmerzen verändert?

Alles wie immer. Die Kurzatmigkeit und das komische Gefühl im Bauch.

Er keucht, fügte ich vom Sofa hinzu.

Beide Männer sahen mich an.

Vor ein paar Tagen ist er zusammengebrochen, sagte ich. In der Kneipe.

Ich bin gestolpert, sagte Eiju.

Über nichts?, sagte ich.

Kümmere dich um deinen Kram, Junge, sagte Eiju.

Eiju-san, sagte Ryutaro, und so schroff hatte ich seit meiner Ankunft in Japan noch keinen mit meinem Vater reden hören.

Aber dann lächelte der Arzt.

Die Information lässt uns alles besser einordnen, sagte er.

Hören Sie, sagte Eiju, im Moment ist alles wie immer.

Nicht unbedingt, sagte Ryutaro.

Unsinn.

Es sind alles Informationen. Wir sammeln sie und dann –

Dann können Sie mich heilen?, sagte Eiju. Wollen Sie das damit sagen? Wird es Ihnen dabei helfen?

Nun, sagte Ryutaro.

Dann bringt es nichts, sagte Eiju und zog seinen Arm aus der Blutdruckmanschette.

Damit war die Untersuchung vorbei.

Eiju dankte Ryutaro, und Ryutaro winkte ab. Eiju, der alte Mann, schob sich an mir vorbei zum Bad, und als ich hörte, wie er die Tür abschloss, lief ich die Treppe hinunter dem Arzt hinterher. Die Frau unter uns rief mir etwas zu, als ich bei ihr vorbeikam.

Ryutaro war erst ein Stück die Straße hinauf. Er nestelte an einer Schachtel Zigaretten herum.

Mike, sagte er mit einem Lächeln.

Ich bin sein Sohn, sagte ich.

Okay, sagte Ryutaro.

Sein leiblicher Sohn, sagte ich.

Oh, sagte Ryutaro rauchend.

Wir traten in eine Gasse neben dem Haus, damit der Verkehr an uns vorbeikonnte. Der Arzt sagte, ich solle ihn Taro nennen. Er nahm einen tiefen Zug von seiner Zigarette und hielt mir die Packung hin.

Sie haben die Ohren Ihres Vaters, sagte Taro.

Die meisten Leute sagen, die hätte ich von meiner Mutter.

Ich hatte nie das Vergnügen, aber ich bin sicher, sie ist reizend.

Das sagen die meisten, bis sie meine Mutter tatsächlich kennenlernen.

Aber, Mike, sagte Taro, man hat nur eine Mutter.

Hören Sie, sagte ich. Wie geht es Eiju? Wirklich?

Taro blies den Rauch in Richtung Straße. Wir sahen ein paar Mädchen vor einem Laden Seilchen springen. Als sie sich einem Mann zuwandten, der neben ihnen auf einem Mauervorsprung saß, zwang der sich ein Lächeln aufs Gesicht, das gleich wieder verschwand, als sie den Blick abwandten.

Wenn Sie die Reise hierher auf sich genommen haben, sagte Taro, müssen Sie eine Vorstellung davon haben, wie es um ihn steht.

Er will mir nichts sagen, sagte ich.

Sicher. Ihr Vater ist ein starker Mann.

Aber auch nur ein Mensch.

Er ist auch nur ein Mensch, bestätigte Taro. Wie lange haben Sie vor zu bleiben?

So lange es dauert, sagte ich und überraschte mich damit selbst.

Gut, sagte Taro und nickte. Das wird ihm viel bedeuten.

Wir beoabachteten, wie der Kerl vor dem Laden in die Hände klatschte. Die Mädchen mit dem Springseil protestierten und schoben die Lippen vor. Aber sie fassten ihn bei den Händen und verschwanden mit ihm um die Ecke.

♦

Das erste Mal, als Ben in meine Wohnung kam, sah er sich auf dem Hof mit den schiefen Bäumen um, sah die rissigen Bürgersteige, die schwarzen Leute überall, hörte, wie die zusammengeschnittenen, eiernden Mixtapes die Scheiben jedes einzelnen vorbeifahrenden Autos scheppern ließen, hörte die Cumbia-Songs meiner Nachbarn aus ihren Fenstern schallen, womöglich, um den Lärm draußen zu übertönen oder eine Art Konzert mit irgendeinem verfickten improvisierten Südwest-Ensemble zu veranstalten – und als er das alles sah und hörte, lachte er erst einmal.

Er betrachtete meine Hände, wenn ich etwas sagte. Ahmte mit seiner Haltung meine nach. Starrte auf meinen Mund, las die Worte von meinen Lippen, als suchte er nach einer tiefer liegenden Bedeutung. Dann saß er stumm da und nickte.

Wann immer er tatsächlich anderer Meinung war, lächelte er nur. Stimmte er zu, nickte er ein Mal heftig.

Er war verblüffend schüchtern.

Er war verdammt schwierig zu durchschauen.

Aber ich wollte ihn durchschauen.

Mary sah von ihrer Veranda zu uns herüber. Ich winkte. Sie winkte zurück.

Kennst du die?, sagte Ben.

Sie ist eine Freundin, sagte ich. Meine Nachbarin.

Es hatte drei Dates gebraucht, um ihn mit zu mir zu bekommen. Ben wohnte bei seinem Vater in Katy. Sobald wir unsere Rechnung bezahlt hatten, fuhr er immer gleich zurück. Ich sagte ihm, es lohne sich nicht, nach Hause zu fahren, und dass ich wirklich nichts dagegen hätte, wenn er über Nacht bliebe, aber Ben wollte nichts davon hören: Er war so jemand, wie ich früh schon festgestellt hatte, der fünfmal überlegte, bevor er sich auf etwas einließ. Bevor er überhaupt etwas machte. Und sogar dann war er noch unsicher.

Wir saßen auf meinem Sofa. Ich hatte uns einen Sencha gekocht und gab in meinen ein bisschen Bourbon. Als ich die Flasche in seine Richtung hielt, zuckte er zusammen.

Also, sagte ich, wer bist du?

Das sollte ich dich fragen, sagte Ben. Ich hab da eindeutig keine Ahnung.

Warum?

Ich meine, du wohnst in diesem Viertel. Dem Third Ward.

Womit du nicht gerechnet hättest.

Ich glaube nicht, dass das irgendwer getan hätte.

Weil ich Asiat bin, sagte ich, und Ben lächelte.

Weil du nicht schwarz bist, sagte er.

Also darf ich hier nicht wohnen?

Das habe ich nicht gesagt.

Aber das hier ist kein Stadtteil, sagte Ben, der sich traditionell mit Außenseitern leichttut.

Traditionen ändern sich, sagte ich. Sie passen sich an.

Im Best-Case schon, sagte Ben. Nur leben wir in keinem Best-Case-Land.

Wir tranken unseren Tee. Benson nutzte die Stille, um mein Wohnzimmer in Augenschein zu nehmen. Es war weitgehend leer, bis auf die Küchenecke. Ich hatte einen Fernseher, einen Teppich und einen Tisch mit einem Foto von Ma. Hinter der Ecke lag eine Tatami-Matte. Es gab ein paar Kerzen, aber ihre Dochte waren heruntergebrannt.

Was hat dich also hierher verschlagen?, sagte Ben.

Ich habe aufgehört, mit dem Typen zu vögeln, mit dem ich gevögelt hatte, und brauchte was zum Wohnen. Die Wohnung hier war billig.

Klingt gut durchdacht.

Ich fand es romantisch.

Hab nicht gesagt, dass es das nicht ist.

Der Third Ward ist eine Gegend so gut wie jede andere, sagte ich. Aber das Viertel ändert sich.

Du sagst das, als wäre das was Schlechtes, sagte Ben.

Denkst du, es ist gut?

Ich denke, es ist kompliziert.

Die Nachbarn neben uns drehten ihre Musik etwas lauter, und das geschnatterte Spanisch wurde zu einer Ballade. Selenas Schmachtgesang legte sich über die Kakophonie der Straße, ebnete den ganzen Scheiß ein und verschluckte alle anderen Geräusche.

Was denkst du, was hier passieren wird?, sagte Ben.

Redest du noch vom Viertel?

Suchs dir aus.

Dann ist es völlig offen, sagte ich und legte eine Hand auf sein Knie.

Ben betrachtete meine Finger. Wir atmeten beide ein. Und bevor ich meine Hand zurückziehen konnte, legte er seine auf meine. Ich hob den Blick, er kam auf mich zu, und ich ließ mich küssen, dann lag ich auf dem Rücken. Er schob die Hände unter mein Hemd, drückte, ich fuhr unter seines. Als wir uns die Hemden ausgezogen hatten, setzte er sich plötzlich auf, um mich anzusehen.

So war es immer. Es gab mich angezogen, mit Klamotten, und mich ausgezogen – dieser andere dicke Typ. Ich hatte mich nie um mein Gewicht gekümmert, bis ich mit einem ins Bett wollte, und da traf es mich wie aus dem Nichts. Einmal war ich mit einem nach Hause gegangen, und als ich das Arschloch gerade küsste, blickte er auf und lachte. Ein anderes Mal packte ein Typ meinen Bauch und drückte meinen Schwimmring zusammen, bis ich ihn fragte, ob er verfickt noch mal ein Problem habe.

Aber Benson guckte nur. Er war auch kein Athlet oder so, aber wir waren definitiv unterschiedlich gebaut.

Wir können das Licht ausmachen, wenn du willst, sagte ich.

Warum zum Teufel sollten wir das tun?, sagte er.

Ich bewundere dich nur, sagte er, und zum ersten Mal, denke ich, sah ich ihn in einem anderen Licht.

Ben setzte sich auf mich, legte seinen Körper auf meinen und blieb dann da, rieb sich an mir, und ich schlang die Arme um ihn. Ich fuhr in seine Jeans, berührte seinen Hintern, und Benson schob die Hände in meine Boxershorts, massierte meine Arschbacken, und ich ließ ihn machen. Am Ende bekam er ein paar Finger in mich hinein, und ich rückte mich so zurecht, die Beine auf seinen Schultern, dass er besser rankam, und sah zu ihm hoch.

Ich brauchte länger, als ich gewollt hätte, und schlug mir den Kopf an der Lehne des Sofas an.

Als ich nach dem Reißverschluss seiner Jeans griff, hielt mich Ben zurück.

Du willst nicht?, sagte ich.

Alles gut, sagte Ben.

Sicher. Aber ich möchte, dass es noch besser wird.

Ich bin positiv, Mike, sagte Ben.

Er drehte den Kopf weg, als er das sagte. Bens ganzer Körper versteifte sich und drückte flach auf mich. Er wich meinem Blick aus.

Okay, sagte ich.

Ich hätte es dir früher sagen sollen. Tut mir leid.

Entschuldige dich nicht.

Ich hätte was sagen sollen.

Vielleicht.

Nein, hätte ich.

Whatever. Ich habs kapiert. Aber hör zu. Ich will dir was Gutes tun.

Ben hob den Blick und sah mich an, das Kinn auf meinem Bauch. Sein Ausdruck hatte etwas von einem Grinsen, einem Schmunzeln, gleichzeitig aber schien er verblüfft.

Und die Sache ist die, seine Diagnose war mir im Grunde egal. Nein, natürlich war es mir nicht egal, aber die Krankheit war einfach nicht eine Sache, die mich hätte stören können – sie war ein weiterer Teil von ihm.

Was, sagte ich.

Nichts, sagte Ben. Du bist einfach interessant.

Nett, dass du das sagst. Mit meinem Sperma an der Hand.

Ben sah auf seine Hand, fuhr sich mit der Zunge über das Handgelenk und bis zu den Fingerspitzen hinauf.

Da, sagte er. Weg.

Und jetzt sage ich dir, was etwas Gutes wäre, sagte er.

Damit legte Ben sich hin, manövrierte sich tief ins Sofa und zog meinen Ellbogen um sich. Wir lagen, denke ich, in einem unmöglichen Winkel da. Meine Knie ragten weit über die Sitzfläche, Ben lag gegen die Rückenlehne gedrückt. Ich glaubte nicht, dass es funktionieren könnte, es war nicht möglich, dass wir so einschliefen, doch dann wachte ich auf, und es war Morgen. Ben schnarchte in meinen Armen, und ich begriff, dass ich seit Monaten nicht mehr so gut geschlafen hatte.

Unsere Tage nahmen einen vertrauten Rhythmus an: Ben nahm morgens den 10er zur Wohnung seines Vaters, und wir trafen uns abends in einer Bar, irgendeinem Laden, in dem wir mit weniger als fünfzehn Dollar auskamen. Er bezahlte seinen Scheiß, ich meinen, und dann ging es an die lange Fahrt die Scott Street zur Wheeler hinauf.

Ben sagte nicht viel, bis wir in der Wohnung waren. Dann lagen wir auf dem Rücken, an die Wand gedrückt, waren scheißlaut.

Ich nahm bereits PrEP, aber wir benutzten auch brav unsere Kondome.

Ben kam immer als Letzter. Warum, weiß ich nicht.

Hinterher lagen wir auf dem Sofa, dem Holzboden oder der Matratze, verschwitzt. Er schlief als Erster ein, oder ich, und wenn ich mitten in der Nacht hochschreckte, lag die Decke, die er über uns ausgebreitet hatte, unten bei unseren Füßen.

Eines Abends, nachdem ich ihn gefickt hatte, sagte Ben, ich solle ihm eine Geschichte erzählen.

Gott, sagte ich, hat das nicht gereicht?

Ich meine es ernst, sagte er.

Fang du an.

Ich kenne keine.

Jeder kennt eine scheiß Geschichte.

Ich kenne keine *guten*, sagte Ben. Und nicht jeder will seine erzählen.

Wir lagen nackt unter einer Decke, die die Mutter meiner Mutter in Kanazawa gestrickt hatte, bevor die Familie nach Tokio gezogen war. Bens Füße lagen zwischen meinen, und in der Ecke stand der eingeschaltete Fernseher. Aber es war bloß ein Hintergrundrauschen. Werbung. Wirklich zu hören war nur unser Atem.

Komm schon, sagte ich, sagst du das auch den Kids, mit denen du arbeitest?

Chill mal, sagte Ben.

Ich bin in Katy geboren, sagte er. Bin in Katy aufgewachsen. Blieb zu Hause, habe herumgevögelt, wurde krank, wurde rausgeworfen, hab alles hingeschmissen, mir einen Job beschafft, und dann habe ich dich auf der Party getroffen, und jetzt sind wir hier.

Deine Leute haben dich rausgeworfen?

Ja.

Weil du schwul bist?

Weil sie es nicht mehr ignorieren konnten, nachdem ich positiv getestet worden war, sagte Ben. Das machte mein Schwulsein zu etwas, mit dem sie sich auseinandersetzen mussten. Und das wollten sie nicht. Sie wollten sich nicht damit auseinandersetzen.

Das ist heftig, sagte ich.

Auch egal, sagte Ben.

Nicht auch egal.

Doch, was immer. Es ist mein Fehler.

Das kannst du nicht ernsthaft glauben.

Ich war saublöd, sagte Ben. Ich hab mit allen gevögelt. Wer immer wollte, ich hab ihn gefickt, und so passierts. Ich weiß nicht, bei wem ich es mir geholt habe. Ich könnte sie nicht mal drauf aufmerksam machen, dass sie es auch haben.

Ben entspannte sich völlig, während er mir das erzählte. Ich rückte etwas näher, und als er nicht zurückwich, drückte ich ihn, nur ein bisschen. Er drückte zurück.

Tut mir leid, sagte er.

Wofür?, sagte ich. Was soll der Scheiß?

Du wolltest das alles wahrscheinlich nicht hören. Das macht alles komisch.

Scheiße, sagte ich. Rausgelassen hast du es. Du musstest es mir nicht erzählen, hast es aber getan. War das nicht gut?

Du bist gemein.

Ich meine es ernst.

Das macht die Geschichte noch lange nicht hörenswert, sagte Ben.

Aber du kannst so was nicht in dich reinfressen, sagte ich. Du darfst dich nicht selbst fertigmachen.

Was immer du sagst, sagte Ben.

Er beugte sich vor, um an meinem Hals zu knabbern. Die Fernbedienung fiel klackernd auf den Boden hinter uns. Er bückte sich danach, nahm fast die ganze Decke mit sich, und ich stürzte auf ihn. Er lag unter mir. Und dann wurden wir beide wieder hart. Aber es passierte nichts. Es war einfach so, und wir lagen da, atmeten, fühlten und waren bei uns.

♦

Ein paar von Eijus Lieblingsdingen, in blauer Tinte hingekritzelt: *geräucherter Aal, zerfledderte Pullover, das Wetter Ende Januar. Sex vorm Frühstück. Weintrauben. Reis vom Vortag. Die ersten Schritte nach dem Aussteigen aus einem Zug. Die ersten Schritte nach dem Aussteigen aus einem Flugzeug.*

♦

Eines Abends fragte mich Eiju, ob ich einen Drink wollte.

Bevor ich etwas sagen konnte, nickte er Kunihiko zu. Der Junge grinste. Der Abend neigte sich dem Ende zu, und wir hatten bereits alles geputzt. Kunihiko hatte schon fast alle Gläser nach hinten gebracht, alles abgewischt, gefegt und angefangen, Inventur zu machen.

Eiju holte zwei Dosen Sapporo aus dem Kühlschrank neben der Theke. Er winkte mich in die Küche und duckte sich durch die niedrige Tür neben dem Fenster, die hinaus auf eine kleine Terrasse führte, die in die Seitengasse blickte. Eiju hatte dort ein paar Sandalen und Pflanzen rumstehen. Es war ein winziger Garten, der aussah, als hätte sich seit Monaten keiner mehr darum gekümmert.

Es war ruhig in der Nachbarschaft. Man sah die Häuserdächer und den Mond am Himmel, so nackt dort oben, wie man ihn in Houston nie zu Gesicht bekommt.

Eiju öffnete die Dosen, lehnte sich ans Geländer, und ich wusste bereits, worum es gehen würde: Er würde fragen, wie lange ich bliebe. Ich würde darauf antworten, dass ich ihn nicht so verlassen wolle wie er uns, und Eiju würde abblocken, mich beschimpfen und schwören, dass ich es verdient hatte, oder Ma, oder wir beide, und dann würde ich ihn allein lassen, auf der Terrasse seiner Kneipe, würde zurück zu seiner Wohnung gehen, in dieser Stadt, die ich nicht kannte, auf dieser verfickten Insel, die gleichzeitig meine, meine, meine, meine, meine, meine, meine war und am weitesten entfernt von allem, was ich kannte. Was ich wusste, war, dass ich meine Tasche packen, alles zurück in diese scheißkleine Reisetasche stopfen und diese ganze fucking Drecksreise zu Ende bringen würde.

Ich wusste, dass es dazu kommen würde, weil ich wusste, wie Eiju argumentierte.

Weil ich Eiju kannte.

Weil ich immer noch der Sohn dieses Mistkerls war.

Als ich den Mund aufmachte, um das alles in Gang zu setzen, legte er einen Finger auf die Lippen.

Hörst du da etwas Vertrautes?, sagte er. Etwas, das du wiedererkennst?

Ich hielt den Mund. Und strengte meine Ohren an.

Aber da war nichts zu hören.

Und so standen wir da und lauschten dem Nichts.

Als hätte er meine Gedanken gehört, sagte Eiju: Stille ist ein Geräusch.

Du vermisst sie, wenn sie nicht mehr da ist, sagte er und trank.

Ich vermisse sie, wenn sie nicht mehr da ist, sagte er.

Oder vielleicht wird alles Stille, sagte er. Ich weiß nicht, ob das etwas ist, worauf man sich freuen sollte. Vielleicht werde ich noch hören können.

Eiju nahm einen weiteren Schluck von seinem Bier. Er warf mir einen Blick zu.

Vielleicht, sagte ich.

Wahrscheinlich nicht, sagte Eiju.

Er sagte: Die Kneipe wird jedenfalls weiter hier sein. Ich weiß, ich habe dir nie viel gegeben. Das ist mir bewusst. Aber sie gehört dir, wenn du willst.

Oh, sagte ich.

Moment, sagte Eiju. Hör mir zu.

Wenn du sie nicht willst, sagte er, gebe ich sie Kunihiko. Er ist jung, aber er weiß, was er tut. Er hat das Zeug dazu. Bei ihm wäre sie in guten Händen.

Und du weißt nicht, was zum Teufel ich damit machen würde, sagte ich.

Richtig, sagte Eiju. Weil ich dich nicht kenne. Das tu ich wirklich nicht. Aber du bist mein Sohn, und was du damit machen würdest, wäre deine Entscheidung. Wenn du dich anstrengst, denke ich, wirst du wahrscheinlich damit zurechtkommen. Und wenn du dich entscheidest, mich ein letztes Mal zu verarschen, und sie verkaufst, würdest du eine hübsche Summe damit machen.

Wir lehnten beide am Geländer.

Eiju sagte meinen Namen, und ich reagierte nicht. Dann versuchte er es mit meinem japanischen Namen.

Lass das, verdammt, sagte ich.

Ist das nicht mehr dein Name?

Spuck ihn nicht aus, als wäre ich ein verdammtes Kind.

Aber du bist mein Kind, sagte Eiju. Und das ist dein Name.

Ist ein bisschen spät, darauf zurückzukommen, sagte ich.

Und dann schwiegen wir wieder. Mein Vater und ich sahen einen Büroangestellten einem Bus nachrennen, den er verpasst hatte. Aber der Bus hielt noch mal an, und der Mann stieg ein, lachte und wedelte mit den Armen.

Du hast etwas Zeit, dich zu entscheiden, sagte Eiju. Die Miete wird danach noch für sechs Monate gezahlt sein.

Danach, sagte ich.

Danach, sagte Eiju. Du kannst zurück nach Amerika fliegen und deine Angelegenheiten regeln.

Es ist egal, was du am Ende entscheidest, sagte Eiju.

Ist es sicher nicht, sage ich, sonst würdest du mir das nicht alles erklären.

Stell dich nicht blöd, sagte Eiju. Ich sage, ich weiß, du hast die *Wahl*. Aber ich will, dass dir klar ist, dass es die gibt. Dass es eine Möglichkeit ist. Das ist mir wichtig.

Als er fertig war, atmete Eiju aus und erschauderte ein wenig. Er wandte mir seinen Körper zu und klopfte an seine Bierdose. Ich wusste, jetzt war es an mir, etwas zu sagen.

Ich sagte nicht, er solle nicht so einfach aufgeben. Weil er seine Entscheidung bereits gefällt hatte.

Ich sagte auch nicht, dass wir nicht wüssten, ob er sterben würde. Schließlich sterben wir alle.

Ich fragte nicht, warum er schon aufgegeben habe, weil ich das nicht wissen musste.

Ich sagte nicht, dass es zu wenig sei und zu spät komme. Dass man nicht einfach so jemandem vergebe, wenn einem gerade danach ist.

Ich sagte: Okay.

Hinter uns heulte die Alarmanlage eines Autos auf und zerriss die Stille. Ich nickte, ohne jeden Grund, und Eiju ebenfalls. Er sah zu, wie ich schweigend mein Bier trank, und öffnete den Mund, um etwas zu sagen, und ich machte meinen auch auf, doch dann jaulte Kunihiko vorne in der Kneipe.

Eiju sah mich an wie: Was soll ich machen? Drehte sich um, rief den Namen des Jungen und war schon wieder drinnen.

♦

Ma war es, die mir sagte, dass er krank war. Wir hatten seit Wochen nicht miteinander gesprochen, nicht mal unsere gewohnten Routineanrufe gemacht, und die dauerten jeweils vielleicht zwanzig Sekunden. Sie sagte, sie sei sehr mit ihrer Arbeit beschäftigt gewesen. Ich mit Ben. Wir waren beide zu beschäftigt gewesen.

Aber dann rief sie an.

Wir redeten.

Nachdem Ma es gesagt hatte, wartete sie am anderen Ende der Leitung.

Sag etwas, sagte sie.

Ich hatte mit einem Arbeitskollegen Einkaufswagen auf dem Parkplatz eines Lebensmittelgeschäfts rumgeschoben. Der Junge hieß Rafa, ein massiger Salvadorianer. Er sah, dass ich telefonierte, sah mein Gesicht, legte mir eine Hand auf die Schulter und schob mich in Richtung Gehweg. Ich ging hinter dem Laden die Straße runter, weg vom Lärm, ohne darauf zu achten, wohin ich eigentlich marschierte.

Nach einer Weile, immer noch am Telefon, war ich ein paar Blocks weiter. Das Viertel war scheißreich, vollgestopft mit Geld und den fettesten Häusern. Eine Latina-Nanny ging mit einem kleinen Whiteboy den Bürgersteig entlang, der über die Risse im Asphalt hüpfte und lachte. Sie hielt dabei seine Hand. Der Kleine streckte beide Arme aus, und sie hob ihn über das Unkraut. Ich konnte das Lächeln auf ihrem Gesicht nicht einordnen und fragte mich, ob sich der Junge später daran erinnern würde. Ben hätte was in der Art gesagt, dass Kinder nichts wirklich vergessen.

Ich sagte: Ist es so schlimm?

Ja, sagte Ma.

Und du sagst es mir erst jetzt?

Ja. Weil es sich jetzt erst so verschlimmert hat.

Wir schwiegen wieder. Ich konnte den Verkehr um Ma herum hören, Alltagsgeräusche aus Tokio. Sie hatte mich nach ihrer Arbeit beim Juwelier angerufen.

Wann hast du es herausgefunden?, fragte ich.

Michael, sagte Ma.

Wann?

Vor drei Wochen.

Und du hast mir nichts gesagt?

Du musstest es nicht wissen.

Hat er es dir gesagt? Hast du es so erfahren?

Ja, er, sagte Ma. Er hat es mir gesagt.

Ihr sprecht also wieder miteinander, sagte ich.

Bei uns war noch Vormittag, bei ihr war es bereits späterer Abend. Ich sah sie vor mir, wie sie mit ihren High Heels aus dem Juweliershop kam und zur Straße klackerte.

Du hast ihn also besucht?, sagte ich.

Was denkst du?

Ich denke, das solltest du.

Das ist nicht nötig, sagte Ma. Wir haben bereits gesprochen. Sein Arzt hält mich auf dem Laufenden.

Das reicht nicht, sagte ich. Ich schrie es fast ins Telefon, und ich hörte, wie Ma etwas unterdrückte.

Jetzt hör mir mal zu, sagte Ma. Ich habe dich nicht angerufen, damit du mir Ratschläge gibst.

Das habe ich nie behauptet.

Nein, sei still! Ich frage dich nicht, was ich tun soll, und ich bitte dich auch nicht um Hilfe – ich bitte dich um gar nichts. Ich will nur, dass du es weißt.

Okay, sagte ich. Tut mir leid.

Nein, tut es nicht, sagte Ma. Aber ich verstehe schon. Habs kapiert.

Ma.

Ist schon gut. Dein Vater stirbt.

Die Nanny und der kleine Whiteboy standen an der Kreuzung und traten auf der Stelle. Der Junge wollte auf die andere Seite, aber sie hielt ihn am Arm fest. Nach seinem dritten Versuch umklammerte er ihr Bein, und sie legte ihm eine Hand auf das Haar.

Eiju hat mir gesagt, dass er bereits alles geregelt hat, sagte Ma.

Das heißt, er versucht nicht einmal, dagegen anzukämpfen.

So wie ich es verstehe, hat er den Kampf aufgegeben. Es ist vorbei. Er will die Zeit nutzen, die er noch hat.

Okay, sagte ich. Dann solltest du herkommen.

Was?, sagte Ma.

Du solltest zurückkommen, sagte ich. Nach Houston. Für eine Weile bei mir wohnen.

Das meinst du nicht im Ernst?, sagte Ma.

Es lag echte Verwirrung in ihrer Stimme. Ich redete, ohne nachzudenken.

Doch, tu ich.

Du hast keinen Platz für mich, sagte Ma.

Ich schaff dir Platz, sagte ich.

Und der, mit dem du zusammenlebst?

Mach dir darüber keine Gedanken.

Ich weiß, dass du dich nicht um Eiju sorgen willst. Also komm her und sorg dich um mich.

Ma schwieg am anderen Ende. Der kleine Junge und seine Nanny sahen nach links und nach rechts, dann hob sie ihn an seinen Armen in die Höhe und überquerte mit ihm die Straße. Er lachte die ganze Zeit, und sie lachte auch, und als sie drüben waren, stampfte er auf die Risse im Asphalt.

Meine Mutter sagte mir, sie werde es sich überlegen. Ich sagte, das Angebot stehe.

Gute Nacht, sagte ich. Gib mir einfach Bescheid. Egal wann.

Mach ich, sagte sie. Guten Morgen.

♦

Eijus Lieblingsgeräusche: *die Überleitung in Frank Zappas* Watermelon in Easter Hay. *Grillen am Morgen. Das Sprudeln eines frisch gezapften Bierkruges. Das Rattern eines Autos, das nicht anspringt. Eine sich schließende Zugtür, das Hintergrundgeräusch in einem Mini-Markt. Mitsukos Summen nach dem Sex, wenn sie einfach so daliegt.*

♦

Hin und wieder landeten Fremde in Eijus Kneipe. Gewöhnlich waren es Leute aus dem Viertel, die bisher nichts von der Bar gewusst hatten. Von der Straße aus sahen sie die Lichter in der Gasse, oder das Fenster stand auf und sie hörten Hana und Sana wie verrückt lachen. Oder sie waren selbst völlig betrunken und brauchten noch mehr Alkohol, um nicht runterzukommen. Manchmal kamen auch Touristen, weil sie es einfach nicht besser wussten, und Eiju war ihnen gegenüber immer echt ätzend, und auch die meisten seiner Stammgäste konnten ihn nicht besänftigen.

Einmal sagte ihm Natsue, er sei kindisch. Dass er die Augen aufmachen müsse, wenn er sein Geschäft erweitern wolle.

Eiju fragte sie, wie sie darauf komme, dass er irgendwas erweitern wolle.

Ein anständiger Mensch zu sein, nennt man das, sagte Natsue. Oder ein guter Gastgeber.

Eiju fragte, wer gesagt hätte, dass er das sei.

Die Touristen waren Backpacker, die durch das Land reisten und in Osaka übernachteten. Oder sie hatten ein BnB in Kyoto und machten einen Abstecher nach Osaka. Kamen aus Tokio, weil sie gehört hatten, Osaka sei ein Knaller. Waren geschäftlich in der Stadt. Besuchten die Eltern ihres Partners. Besonders abweisend war Eiju Amerikanern gegenüber. Er wollte nichts mit ihnen zu tun haben. Einmal kam einer herein, der in China Englisch unterrichtete und Winterferien hatte. Einmal drängte eine Gruppe englischer Jungs durch die Schiebetür hinein. Die ganze Kneipe verstummte, während die vier redeten und redeten. An einem anderen Abend erzählte mir ein japanisch-amerikanisches Mädchen aus Kalifornien, sie sei hier, um ihren Vater zu besuchen, der in der Woche zuvor schwer erkrankt sei. Ein fucking Schauer lief mir über den Rücken, und ich wollte mehr wissen. Sie wollte aber nicht drüber reden, sondern sich einfach nur abschießen.

Eiju war an diesen Abenden so was von unfreundlich, geradezu feindlich. Kunihiko tat sein Bestes, doch sein Englisch war Schrott, und sein Boss schickte ihn los, Besorgungen zu machen, sobald Touristen in den Laden kamen. Mieko nannte Eiju stur, für Takeshi war er ein Arschloch, und Eiju sagte, er habe seine Gründe, wollte jedoch nicht erklären, warum er sich so verhielt, aber ich wusste natürlich Bescheid.

Daher kümmerte ich mich um all die Touris, die bei uns so durchkamen. Und sobald ich ein Wort Englisch sprach, hängten sich vor allem die Amis an mich, klopften mir auf die Schulter, wurden ganz aufgeregt und sagten, mein Englisch sei *so gut*, und ob ich aus Los Angeles, San Francisco, Portland oder Brooklyn komme, und warum ich hier in Japan sei, und sie gaben mir High-Fives und dankten mir. Eiju ging dann nach hinten und behauptete, er müsse eine rauchen. Manchmal verschwand er sofort, ohne ein Wort. Ich verstand es auch so. Es gab da plötzlich diese Trennung, diese Wand zwischen uns, weil ich einer von ihnen war, aber gleichzeitig auch nicht, es auch nie sein würde, und so war es nun mal.

Aber ich kümmerte mich um die Leute. Worüber Eiju und ich natürlich nie sprachen. Der Scheiß war so halt am einfachsten.

Eines Nachmittags wachte Eiju auf und fühlte sich nicht wohl, stolperte durchs Wohnzimmer und trat meinen Futon zur Seite. Ich fragte ihn, ob er ein Problem habe, und er ächzte und wankte zurück ins Bett. Stand wieder auf, um sich einen Tee zu kochen, überlegte es sich aber anders, als er den Beutel in die Tasse gegeben hatte, und als er die Tasse zu Boden fallen ließ, sagte ich, er solle sich den Abend freinehmen und zu Hause bleiben.

Du bist ausgelaugt, sagte ich. Geh wieder schlafen.

Unsinn, sagte Eiju. Red nicht mit mir, als wüsstest du, wie es mir geht.

Und dann fasste er sich an den Bauch. Ich folgte ihm, als er zum Bad humpelte, und mein Vater schaffte es gerade noch zur Toilette, bevor er anfing zu würgen, auf den Knien.

Das ging bereits seit Tagen so. Nicht allzu schlimm, doch schlimm genug, um zu sagen, dass sich seine Krankheit nicht zum Besseren entwickelte.

Beim zweiten Mal, mitten in der Nacht, rief ich Taro an. Eine Viertelstunde später war er da. Stand über Eiju, rieb ihm den Rücken und fragte mich, ob sich sonst noch was verändert habe. Aß Eiju regelmäßig? Hatte er Durchfall? Verlor er plötzlich die Kontrolle über seine Bewegungen? Hatte er das Gefühl, dass ihm seine Beine den Dienst versagen wollten, oder hatte er –

Darauf drehte sich Eiju mit einem Lächeln zu seinem Freund um.

Ja, alles zusammen, sagte er, aber es ist nicht so schlimm.

Und er grinste, bevor er den Boden vollkotzte.

Wir hatten meinen Vater ins Bett gebracht und sahen von der Tür aus zu, wie er schlief. Dann ging Taro mit mir ins Wohnzimmer. Ich fragte ihn, ob er etwas essen wolle, und es überraschte mich, dass er Ja sagte.

Es waren noch Udon im Kühlschrank. Ich setzte Wasser auf, gab Salz dazu. Taro wartete auf dem Futon, während ich die Nudeln abgoss, sie anschließend mit Tofu und klein geschnittenen Frühlingszwiebeln unter ständigem Rühren anbriet.

Tut mir leid, sagte ich. Wir haben grad nichts anderes da.

Kein Grund, sich zu entschuldigen, sagte Taro, der bereits kaute.

Alles das ist normal, sagte er. Mit Ihrem Vater. Es war so zu erwarten.

Bei einem Sterbenden, meinen Sie, sagte ich.

Bei einem Mann in Eijus Zustand, der nicht therapiert werden will, ja.

So wie er da im Schneidersitz auf dem Boden saß, in Hoodie und Baumwollhose, war Taro ein gut aussehender Mann. Der Großteil seines Haars hatte ein glänzendes Grau angenommen, aus dem einige schwarze Strähnen hervorstachen. An der Taille, oberhalb der Hüfte, zwischen Hemd und Hose, war ein Streifen Haut zu sehen, und ich versuchte, nicht hinzustarren. Ich schob den Gedanken beiseite.

Und doch.

Trotzdem.

Es war jetzt ein paar Wochen her.

Ich ließ Taro essen, bevor ich ihn fragte, was ich tun könne. Er stocherte mit den Stäbchen in den Frühlingszwiebeln, steckte sich ein Stückchen in den Mund und sah mich, wie ich meinte, etwas mitleidig an. Mit einem Lächeln, das sagte: Was gäbe es schon zu tun? Aber er war so rücksichtsvoll, es nicht auszusprechen.

Stattdessen schaufelte er mehr Udon in sich hinein.

Bleiben Sie bei den normalen Abläufen, sagte er. Keine großen Unternehmungen. Nichts, was ihn zu sehr anstrengt. Und Ihr Vater sollte auf seinen Körper hören, jetzt mehr denn je. Wenn er ihm sagt, er soll sich setzen, muss er sich setzen. Und auch, wenn er sich hinlegen will, sollte Eiju genau das tun.

Ich soll einem sterbenden Mann sagen, seine letzten Tage lieber im Bett zu verbringen.

Sie sollten Ihrem Vater sagen, auf sich aufzupassen, sagte Taro. Das ist unsere Aufgabe. Mehr können wir nicht tun.

Okay, sagte ich. Danke, dass Sie gekommen sind.

Gern geschehen, sagte Taro und grinste, und da lag etwas in diesem Grinsen, was mich einen Moment lang mit Wärme erfüllte, von meinen Wangen bis in die Zehen, und die Luft im Zimmer kam mir plötzlich wie aufgeladen vor.

So, sagte ich, und Taro hob eine Hand.

Ich frage das nur ungern, sagte er, aber gibt es noch Udon?

An dem Abend, als ich Eiju davon überzeugte, zu Hause zu bleiben, lernte ich Tan kennen.

Die Kneipe war fast leer. Es war der Wochenanfang, ich hatte Eiju gesagt, er werde nichts verpassen. Ich würde die Stellung, oder was auch immer, schon halten, diesen einen Abend, weil das im Moment das einzig Richtige sei – es gehe einfach nicht anders –, und bevor Eiju protestieren, einen Streit beginnen oder sonst was tun konnte, fing er auf seiner Matratze an zu husten und ließ sich zurück ins Kissen sinken.

Unsere Polizei trägt keine Waffen, sagte er, wenn dich also einer ausrauben will, gib ihm das Geld.

Mich raubt keiner aus, sagte ich.

Das weiß man nie.

Ich weiß.

Wenn es brennt, der Feuerlöscher ist kaputt. Du wirst das Feuer ausblasen müssen. Aber das sollte für dich kein Problem sein.

Leck mich.

So standen also Kunihiko und ich hinter der Theke. Wir arbeiteten ganz gut zusammen. Wann immer ich etwas suchte, musste ich ihn nicht erst fragen, er stellte es mir bereits in Reichweite hin. Im Übrigen hatte er sich angewöhnt, alle Gläser noch mal nachzupolieren, die ich abgetrocknet hatte. Ich fing deswegen keinen Streit an, weil mir schon mehr als einmal klar geworden war, dass Eiju ihm das alles beigebracht hatte. Ich hatte das Gefühl, Kunihiko kannte den alten Scheißer besser, als ich es je tun würde.

Irgendwas nicht in Ordnung, Mike-kun?

Nein. Alles gut.

Wir hatten seit Stunden keinen Gast gesehen, und Kunihiko redete und redete und redete. Aber meist redete er mit sich selbst, wahrscheinlich, damit es nicht so still war. Hin und wieder brummte ich zustimmend, und er quittierte es mit einem Lachen und fing von was anderem an. Ich wollte ihm ein paar Fragen stellen, über ihn selbst, sein Leben, entschied mich aber dagegen. Und bevor ich den Mund aufmachen konnte, kam Kunihiko sowieso immer mit einer neuen verdammten Anekdote.

Irgendwann fragte er: Wie lange kennst du Eiju schon?

Ich starrte ihn an, aber er sah nicht zu mir hin, sondern wischte weiter über die Theke.

Er gehört quasi zur Familie, sagte ich.

Geht mir genauso, sagte Kunihiko. Mehr als das. Er meint es immer gut.

Da bin ich mir nicht sicher, sagte ich.

Was?

Dass er es immer gut meint. Das ist ziemlich viel verlangt.

Du musst ihn nur richtig kennenlernen, sagte Kunihiko.

Damit er mich so zusammenscheißt wie dich?

Das ließ Kunihiko lächeln. Er rieb sich mit einer Hand über den Kopf. Er hatte sich vor einer Weile so was wie einen Fade Cut schneiden lassen, nur dass der Friseur es beim Nacken hinten versaut hatte.

Nun lass ihn mal, sagte Kunihiko. Du hast ihn nur lange nicht mehr gesehen. Wie lange war das?

Über zehn Jahre.

Genau. Ich glaube, er hat es gerade nicht so leicht.

Das habe ich auch gehört, sagte ich, und in dem Moment ging die Tür auf.

Der Typ, der hereinkam, hatte eine Menge Haare auf dem Kopf. Er war etwas füllig, es stand ihm aber, und er trug einen Hoodie und Jeans.

Er schien etwa in meinem Alter, und Kunihiko winkte ihn heran und fragte, was er trinken wolle. Als der Typ ihm in leicht holprigem Japanisch antwortete, fragte ich das Gleiche noch mal auf Englisch.

Das ließ ihn leicht die Augen zusammenkneifen. Er wollte ein Bier, und ich gab es ihm. Er nahm es und nickte, nicht schüchtern, eher selbstbewusst.

Ich behielt ihn im Blick, aber er sah nicht auf. Er wollte eindeutig nicht gestört werden.

Und, sagte Kunihiko, was bringt dich heute her?

Der Typ sah ein bisschen misstrauisch zu Kunihiko hin, dann kurz zu mir, bevor er Kunihiko angrinste.

Sorry wegen ihm, sagte ich auf Englisch.

Schon gut, sagte er ebenfalls auf Englisch.

Und zu Kunihiko, auf Japanisch: Eigentlich nichts. Musste nur raus.

Verstehe, sagte Kunihiko.

Der Typ nickte und nahm einen Schluck Bier. Wir standen schweigend da, bis er Kunihiko zuwinkte, er wolle noch eins. Als der Junge ein weiteres Selbstgespräch anfing, beschloss ich, dass ich eine Zigarettenpause brauchte.

Auf der Terrasse steckte ich mir eine an. Weiter unten in der Gasse bemerkte ich ein paar Kids hinter einer Baumgruppe. Es war zu spät für sie, um noch allein draußen zu sein, und ich dachte, nur eine Sekunde lang, dass sie so alt wie die sein mussten, mit denen Benson arbeitete.

Ben hätte es geärgert, sie um diese Zeit noch da draußen zu sehen. Er hätte von Vernachlässigung geredet. Aber Kinder sind überall auf dieser verdammten Welt gleich.

Sie warfen einen Ball gegen die Hausmauer und versuchten die Köpfe der anderen zu treffen. Der Ball flog zwischen ihnen hin und her. Das Quietschen ihrer Turnschuhe durchschnitt die Stille.

Irgendwann sah mich einer von ihnen, und sie winkten mir durch das Geäst zu. Ich winkte zurück. Und als ich einen Rauchring in die Nacht blies, applaudierten ein paar von den kleinen Scheißern.

Bei meiner dritten Zigarette rief Kunihiko von der Theke nach mir. Als ich nach vorne kam, stopfe er bereits sein Zeug in eine Umhängetasche.

Er sagte, er müsse gehen, und lächelte leicht erhitzt. Etwas Wichtiges war passiert, er hatte etwas Wichtiges vergessen, oder es war etwas im Anmarsch, schwafelte er herum, und der Typ an der Theke sah von ihm zu mir und wieder zu ihm.

Dann sehe ich dich morgen, sagte ich.

Kunihiko nickte und rannte schon fast aus der Tür.

Womit er mich allein mit dem Mann in der Kneipe zurückließ.

Ich fand ein Glas, das ich polieren konnte.

Obwohl mir Ben genau das vor einigen Wochen vorgeworfen hatte, war ich nicht der Mensch, der auf andere zuging. Ich war nicht gerade gut darin, Unterhaltungen anzufangen.

Scheint nicht der Einfachste zu sein, sagte der Typ.

Kunihiko?, sagte ich. Er meint es gut.

Alle denken, sie meinen es gut, sagte der Mann, aber ich will dir mal glauben.

Wer mir glaubt, wird am Ende von mir enttäuscht.

Der Typ sagte, er heiße Tan. Er komme aus Singapur. Als ich ihn fragte, was ihn nach Osaka bringe, sagte er, seine Mutter putze Wohnungen in der Stadt, und er sei gekommen, um sich um sie zu kümmern.

Sie ist seit Jahrzehnten hier, sagte er.

Gefällt es ihr?, fragte ich.

Das ist es nicht, sagte Tan. Es ist zu spät für sie, jetzt noch zurückzuziehen. Und Singapur ist anders. Da würde sie innerhalb von einer Woche an Langeweile sterben.

So schlimm kann es nicht sein.

Du wärst überrascht.

Anscheinend, sagte ich und wischte über die Theke. Tan bestellte noch ein Bier, und ich schenkte zwei ein.

Ich dachte, Barkeeper trinken während der Arbeit nicht, sagte Tan.

Das hat wahrscheinlich ein betrunkener Kollege erzählt, sagte ich.

Er fragte, ob es meine Kneipe sei, und ich sagte Nein.

Du bist jung, sagte er.

Und du auch nicht unbedingt ein Großvater.

Aber wie sich herausstellte, war er älter als ich, wenn auch nur ein paar Monate.

Also gut, sagte ich. Nicht verheiratet?

Nein.

Keine Kinder?

Das könnte ich dich auch fragen, sagte Tan.

Und dann saßen wir schweigend da, und es war nicht besonders unangenehm.

Als ich zurück zur Wohnung kam, war Eiju wach und rauchte. Er sah mich vom Balkon aus und hob kurz die Hand.

Er wollte wissen, wie es gelaufen sei. Ich fragte ihn, wie er sich fühle.

Oh, sagte er, du weißt schon.

Sonst sagte Eiju nichts, und ich ließ ihn da draußen mit seinen Zigaretten und dem stinkenden Sonnenaufgang allein.

♦

Ben zog ein paar Monate nachdem wir begonnen hatten zu vögeln, bei mir ein. Ich bot an, ihm dabei zu helfen, seinen Kram herzubringen, aber er meinte, das sei nicht nötig.

Es ist nicht viel, sagte er. Abgesehen von mir.

Du hast alles im Griff, sagte ich.

Genau, sagte Ben.

In den Wochen davor hatten wir uns gegenseitig über unsere sexuelle Vergangenheit ausgefragt. Es ging los in einer Bar in Richmond, wir saßen im Hof und tranken Modelo. Als Ben den Kellner nach der Karte fragte, sagte der, sie hätten keine, und als ich daraufhin wissen wollte, was es gebe, sagte der Whiteboy, er sei in einer Minute wieder da. Und zischte ab. Später sahen wir, wie er zwei weiße Chicks beim Eingang bediente.

Ist das rassistisch?, sagte Ben.

Hängt davon ab, wie du es betrachtest, sagte ich.

Einerseits war es das. Und andererseits auch.

Da hast du's.

Am Ende holten wir uns selbst zwei Bier aus der Kühlbox und ließen das Geld auf der Bar liegen.

Ich erzählte Ben nicht von meinem Ersten, sondern begann mit dem Telefonisten, den ich etwa ein Jahr lang gefickt hatte. Ich erzählte ihm von dem Verkäufer aus dem Sneakerladen. Dem Koch. Dem Handyverkäufer. Und dem Jungen aus dem Apple Store. Dem Tankstellentypen. Und den Whiteboys. Ich erzählte ihm von der ungeplanten Orgie im Numbers und dem Mann aus dem Lebensmittelladen, den ich auf einem H-E-B-Parkplatz gevögelt hatte.

Wie kommt es zu so was?, fragte Ben.

Der Typ rief mich an. Ich fragte, wann er komme.

Und dann ist er gekommen, buchstäblich.

Du sagst es.

Und du hast das Klischee vom sexbesessenen Schwulen fortgeschrieben.

Jeder, der das sagt, würde gern selbst mehr ficken.

Aber ich glaube, das wars, sagte ich. Ich denke, das ist es.

Wir schlugen die Beine unter dem Stahltisch übereinander. Ich trank mein Bier aus, und Ben spielte mit seinem herum.

Wir müssen das nicht machen, sagte ich. Mir ist das echt nicht wichtig.

Wenn es so wäre, hättest du nicht gefragt, sagte Ben.

Ich habe nur gefragt, weil ich dich besser kennenlernen möchte.

Es stört mich nicht. Ist mir egal.

Ich will nur nicht, dass du denkst, ich fühl mich unter Druck oder so.

Mach dir keine Gedanken darüber, was ich denke.

Ben nahm einen Schluck Bier. Wir sahen unseren Nicht-Kellner vom Hof in der Kneipe verschwinden.

Sorry, sagte Ben.

Warum?, sagte ich. Du hast noch nichts erzählt.

Da gibts nichts zu erzählen. Und definitiv nichts so Aufregendes wie deinen Scheiß.

Aber es ist *dein* Leben. Das kannst du nur schwer beurteilen.

Stimmt, sagte Ben. Aber ich könnte dir nicht sagen, mit wie vielen Leuten ich gefickt habe. Ganz offenbar mit einem zu viel. Dann habe ich aufgehört. Und dich kennengelernt.

Und ich bin der Beste, oder?

Klar.

Gut. Das war die richtige Antwort.

Wir sahen, wie sich der Parkplatz vor der Bar füllte und wieder leerte.

Nach einer Weile fragte ich: Warum hast du aufgehört?

Womit?, sagte Ben.

Herumzuvögeln.

Oh. Du weißt, warum.

Nein. Aber soll ich raten?

Als ich positiv getestet worden war, schien es einfach, es war wie, wie soll ich sagen, sagte Ben. So wie: Warum soll ich es überhaupt noch machen? Ich hatte das Gefühl, etwas verloren zu haben.

Ich denke, du bist sehr streng zu dir selbst.

Ja, sagte Ben. Na ja. Du bist der Beste.

In dem Moment kam der Kellner wieder heraus, blieb vor uns stehen und schien etwas sagen zu wollen. Dann legte er das Geld, das wir auf der Bar gelassen hatten, auf den Tisch.

Er sagte, es sei zu viel. Fünf Dollar zu viel.

Ich wollte ihm sagen, das sei sein Trinkgeld, aber Ben steckte es ein und dankte ihm für seine Ehrlichkeit.

In Bens erster Nacht nach dem Umzug schliefen wir zum ersten Mal in meinem Bett – es war die erste Nacht, in der er sich das überhaupt erlaubte.

Als wir es uns bequem gemacht hatten, streckte er die Hand nach mir aus. Wir küssten uns, und dann funktionierte nichts mehr. Wenigstens bei mir nicht.

Es ist okay, wenn du nicht willst, sagte er.

Ich will.

Es ist okay, sagte Ben, gab aber nicht nach, fasste mich an, sich selbst, er stöhnte, und dann kam er.

Als er aufstand, um sich zu säubern, sah ich seinen Umriss durchs Zimmer gehen.

Es war eine neue Situation.

Ein neuer Körper in meinem Bett.

Plötzlich, völlig unerwartet, wollte ich, dass er seinen Scheiß packte und ging. Ich wollte, dass er sich in nichts auflöste. Ich wollte ihn weit, weit weg von mir.

Als er zurück ins Bett kam, hatte ich die Augen geschlossen. Er sagte meinen Namen, aber ich öffnete sie nicht. Er sagte meinen Namen noch einmal, flüsterte ihn und umschlang mich, legte seine Beine über meine. Seine Schultern ruhten auf meinen. Und Ben murmelte immer weiter: Mike, Mike, Mike, Mike, Mike, Mike, Mike, sanft und langsam. Selbst noch nachdem er eingeschlafen war, bis auch ich im Schlaf versank.

♦

Nach seinem freien Abend war Eiju voller Energie.

Ich sagte ihm, er solle langsam machen und an das denken, was Taro gesagt habe.

Taro weiß eine Menge, sagte Eiju, aber ich kenne meinen Körper.

Er ist ein verdammter Arzt, er kennt alle Körper.

Eiju klopfte mir auf die Schulter. Es war später Nachmittag. Wir hatten morgens einen Spaziergang gemacht und Tennoji um uns pulsieren lassen, waren in den Menschenstrom Nambas getaucht. Als wir schließlich nach Hause zurückkehrten und die Treppe heraufpolterten, schüttelte die kleine Frau, die unter uns wohnte, mit dem Kopf.

Entspann dich, verdammt, sagte Eiju.

Das ist schwer, wenn ich auf dich aufpassen muss.

Niemand muss *irgendwas*.

Ich nehme an, das weißt du besser als jeder andere.

Bist du okay? Wurdest wohl schon länger nicht mehr flachgelegt? In dieser Stadt wimmelt es doch von Schwuchteln.

Bevor mir überhaupt bewusst wurde, was ich tat, stampfte ich die Treppe wieder hinunter, vorbei an unserer unleidlichen Nachbarin, überquerte die Straße, nahm die Treppe zum Bahnhof und kaufte mir ein Ticket für die Kurzstrecke, stieg aber in keinen Zug. Ich sah nur zu, wie sie hielten und wieder losfuhren. In unserem Bahnhof war nachmittags nie viel los, und alle wollten entweder nach Umeda, um eine späte Verbindung nach Shin-Osaka zu bekommen, oder sie kamen zurück von einem Tag draußen in der Welt. Hinter mir bildeten sich Schlangen und lösten sich wieder auf.

Irgendwann wurde mir bewusst, dass ich Blickkontakt mit einer Frau auf dem nächsten Bahnsteig hielt. Sie zwinkerte mir zu. Sie hatte die Haare zu einem Bob geschnitten, trug eine enge schwarze Jeans und einen zu großen Toronto-Raptors-Pullover. Ich winkte, und sie grinste und winkte zurück, doch dann trennte uns ein Zug. Sie stieg ein und lächelte mir durchs Fenster zu. Wir sahen beide nicht weg. Dann fuhr der Zug los, und sie verschwand.

♦

Ich fragte mich, was Ma gemeint hatte, als ich mich einmal nach Japan erkundigte, weil ich mich nur an ein paar Dinge erinnern konnte. Sie sagte damals, es sei anders als zu Hause, aber auch gleich. Es sei ihr Zuhause, nicht meines. Aber doch trotzdem ein Zuhause. Was immer das bedeute.

Das war, nachdem Eiju sich das zweite Mal abgesetzt hatte. Nach ihrer letzten großen Trennung. In dieser Zeit saßen wir oft in irgendeinem Diner bei der Interstate-Auffahrt oder zu Hause am Tisch, oder wir waren mit dem Auto unterwegs, und Ma atmete plötzlich tief und heftig ein. Als Kind machte mir das Angst. Aber dann wurde ich älter, und es überraschte mich nicht mehr. Ich reagierte nicht mehr darauf.

Es war wohl die Art, wie Ma mit allem klarkam. Niemand kann sich aussuchen, was ihn in der Spur hält.

Wenn ich sie fragte, was los sei, sagte Ma immer nur: Nichts.

Oder: Ich musste gerade an etwas denken.

Oder: Schon gut.

Oder: Sorg dich nicht.

Ich dachte immer, dass es wegen Eiju war. Dass Ma ihn vermisste. Und halb hatte ich recht. Aber ich begriff erst viel später, um was es bei dem Nach-Luft-Schnappen wirklich ging: nicht um Stabilität oder Beständigkeit, sondern um Trost.

Und den fand Ma am ehesten zu Hause. In ihrem Zuhause.

♦

Am nächsten Abend stattete Tan der Kneipe wieder einen Besuch ab.

Eiju hob den Blick. Er hatte gerade Interesse an dem vorgetäuscht, was ihm Sana, der ausnahmsweise mal allein gekommen war, erzählte. Hana und Mieko brüteten an den entgegengesetzten Enden der Theke. Sie waren wegen irgendetwas sauer aufeinander, und Eiju zog sie damit auf, dass sie trotzdem zusammen in der Kneipe aufgetaucht waren.

Hana ist nur hier, weil sie sonst nirgends hinkann, sagte Mieko.

Ich könnte woandershin, wenn du endlich deinen Freund abservieren würdest, sagte Hana.

Da kam Tan herein. Er sah sich um, schob die Lippen vor und nickte in meine Richtung. Ich ging ihm ein Bier holen, und alle wandten sich wieder ihrem Kram zu.

Mein Vater sah Tan an. Dann mich.

Woher kommst du?, fragte Eiju.

Von meiner Mutter, sagte Tan.

Deiner echten Mutter?, sagte Sana.

Der, die mich in Bedok auf die Welt gebracht hat, sagte Tan.

Die Glückliche, sagte Hana.

Die Glücklichste überhaupt, sagte Mieko.

Und plötzlich, einfach so, war zwischen den beiden Frauen alles vergessen und vergeben.

Was machst du, dass du so herumreisen kannst?, sagte Sana.

Ich bin Fotograf, sagte Tan. Ich mache Bilder.

Wovon?

Normal von der Stadt. Die Website, für die ich arbeite, sagt mir, was und wann.

Heutzutage arbeiten eine Menge Ausländer in Osaka, sagte mein Vater, und Sana zischte ihn an.

Das ist eine gute Sache, alter Mann, sagte Sana.

Ich habe nie gesagt, dass es nicht so ist, sagte Eiju.

Ich bin sicher, seine Mutter weiß die finanzielle Stabilität zu schätzen, sagte Sana.

Hör auf, Schnepfe, sagte Hana.

Was?, sagte Hana. Stimmt das nicht?

Ist okay, sagte Tan. Was sie mag, ist, dass die Rechnungen rechtzeitig bezahlt werden.

Damit hob er sein Glas.

Er brauchte nicht lange, um es auszutrinken.

Als Tan aufstand, um zu gehen, sagte ich Eiju, ich müsse eine rauchen.

Mein Vater sah mich eindringlich an, sagte aber nichts. Tan hob eine Braue und wartete an der Tür auf mich.

Draußen hielt ich ihm meine Zigaretten hin. Er warf einen Blick darauf, bevor er seine eigene Packung hervorholte.

Sorry, sagte er auf Englisch. Wenn ich keine von anderen annehme, rauche ich weniger.

Das habe ich vor langer Zeit auch mal probiert, sagte ich.

Und heute?, sagte Tan.

Ich zuckte mit den Schultern und wedelte mit meiner Packung herum.

Wir standen unter der Brüstung und rieben uns die Hände. Die Luft war frostig. Die Straße war leer bis auf eine Gruppe Betrunkener, die viel zu laut lachten und wild mit den Armen gestikulierten. Als einer von ihnen ausrutschte und beinahe auf seinem Arsch gelandet wäre, kreischten die anderen auf.

Kennst du Osaka gut?, sagte Tan.

Einen Scheiß kenne ich.

Ha.

Was ist anders als bei dir zu Hause?, fragte ich.

Tan sah mich an. Er grinste.

Es ist weicher, sagte er. Oder vielleicht präsenter? Würdest du das so sagen?

Nein. Aber Englisch ist flexibel. Deine Worte.

Meine Worte. Wie lange bist du schon hier?

Etwa einen Monat.

Das ist nicht sehr lang.

Nein.

Und wie lange bleibst du?

Ich weiß es nicht, aber irgendwann gehe ich wieder.

Darf ich fragen, warum du hier bist?, sagte Tan.

Ich sah ihn lange an. Er war ein paar Zentimeter kleiner als ich. Heute hatte er sein Haar zurückgebunden, und das Fell am Kinn zog sich seitlich das Gesicht hoch.

Ich bin wegen meinem Vater hier, sagte ich. Dem alten Wirt. Er stirbt.

Es war das zweite Mal, dass ich es laut auszusprechen wagte.

Mann, sagte Tan. Ich dachte schon, dass ihr euch ähnlich seht.

Wenn du es sagst, erwiderte ich. Denkst du, du schaust morgen auch wieder vorbei?

Vielleicht, sagte Tan mit einem Lächeln.

Ich fühle mich geschmeichelt, sagte ich.

Kein Grund, sagte Tan. Osaka ist klein.

Als ich wieder reinwollte, war die Kneipe verschlossen. Also ging ich zur Wohnung.

Eiju döste auf dem Sofa. Die Nachrichten warfen Variationen des Wetters auf sein Gesicht. Wir sahen uns einen Augenblick an.

Früher Feierabend?, sagte ich.

Eiju blinzelte kurz und schloss die Augen wieder.

Ist nicht einfach, wenn dein Partner auf Schwuchteljagd ist, sagte er.

Dein Partner?

Stell dich nicht blöd. Du weißt, was ich meine.

Yeah, aber ich glaube nicht, dass du weißt, was du sagst. Du redest Scheiße.

Eiju machte einen Satz und stand plötzlich vor mir. Er war eindeutig geschrumpft.

Und was jetzt, sagte er und blitzte mich an. Willst du mir eine Lehre erteilen? Willst du mir den Arsch verhauen?

Ich wollte schon etwas sagen, doch dann sah ich ihn an, wie er da vor mir stand, so ohne Hose und mit nur einer Socke. Er sah völlig lächerlich aus.

Ich nehme an, mir wurde in dem Moment zum ersten Mal richtig bewusst, dass er wirklich ein alter Mann war.

Aber seine Fäuste funktionierten noch.

An den meisten Tagen wäre ich nicht gefallen, doch ich war bereits aus dem Gleichgewicht. Und dann war da der unebene Boden, wobei auch Eiju ihn offenbar nicht einberechnet hatte. Er fiel in mich hinein, oder auf mich, und plötzlich lagen wir beide auf dem Boden.

Ich lag auf ihm. Wir sahen uns leicht dümmlich an. Und ich drückte mich hoch und weg, sprang auf, rein in meine Schuhe, und schnappte mir meine Jacke.

Ja, verpiss dich!, sagte er. Lauf weg! Genau wie sie! Das ist alles, was ihr könnt!

Ich sagte dazu nichts, weil ich den Worten nicht traute, die aus meinem Mund gekommen wären. Ich schlug die Tür hinter mir zu und blieb auf der Treppe stehen, um mir eine Zigarette anzuzünden.

Irgendein Kerl stand mit diesem Jungen eine Etage tiefer auf der Treppe, um zu sehen, woher der Lärm kam. Die beiden hätten Brüder sein können. Cousins. Vielleicht auch ein junger Vater und sein Neffe. Eijus Wohnung lag in einem ruhigen Haus, in einer ruhigen Gegend, und ich konnte nur erahnen, wie wir geklungen hatten.

Die beiden sahen mich eine Weile an. Der Junge bohrte in der Nase.

Ich fragte, was guckt ihr so scheiße?, und der Junge: Dich gucken wir an.

Es war ein paar Stunden nach Mitternacht, als ich zurückkam. Ich konnte spüren, wie mir die Müdigkeit in den Körper kroch. Eine der Ladys unter uns kam gerade heraus, um eine zu rauchen, und als ich ihr zulächelte, sah sie mich an so wie: Was zur Hölle?

Was eine verdammt gute Frage war. Es war an der Zeit, den Tatsachen ins Gesicht zu sehen oder wenigstens ein paar Stunden Schlaf zu bekommen. Aber als ich zu Eiju hineinwollte, ließ sich die Klinke nicht drücken.

Er hatte abgeschlossen.

Fuck, sagte ich leise.

Und dann lauter: FUCK.

In der allgemeinen Stille hörte ich die Frau unten seufzen.

Und dann, trotz allem, dachte ich an Ben.

Also schrieb ich ihm.

Löschte es.

Und schickte ihm stattdessen eine Handvoll Fotos.

Eine kalte Brise ließ mich frösteln, und ich rutschte ein wenig tiefer in meine Socken. In Texas war es Mittag, was bedeutete, dass er bei der Arbeit sein musste, aber als ich mein Telefon wegstecken wollte, erschien auf seiner Seite eine Schreibblase. Er tippte etwas.

Sie kam, sie ging. Kam. Ging. Und dann kam ganz entschieden nichts mehr, aber ich wartete noch fünf Minuten, um sicher zu sein.

Die Blase erschien nicht wieder.

Also lief ich los.

Tennoji kurz vorm verdammten Sonnenaufgang fühlte sich komplett anders an. Abgesehen von ein paar versprengten Nachzüglern war niemand auf der Straße. In den Blocks leuchteten die Mini-Märkte, und die wenigen anderen Leute, die unterwegs waren, bereiteten sich auf den nächsten Tag vor, fegten den Eingang vor Lawson's,

McDonald's und 7-Eleven. Irgendwann fing es an zu nieseln. Und dann richtig zu regnen, und ich duckte mich unter die Markisen neben mir und betrat einen die ganze Nacht geöffneten chinesischen Diner.

In einer Nische aßen ein paar Typen Suppe und rauchten dabei. Ich nickte ihnen zu, und sie nickten zurück, und die Frau an der Kasse gab mir wortlos die Karte. Ich war nicht wirklich hungrig, und so setzte ich mich und starrte fünf Minuten ins Nichts, bevor mir bewusst wurde, dass Tan am nächsten Tisch saß.

Er blickte in meine Richtung, aber es war eher so, als sähe er an mir vorbei. Rauchte und starrte vor sich hin.

Als er mich sah, lächelte er. Kam herüber.

Stalker, sagte ich.

Ich war schon hier, sagte Tan. Und du hast als Erster was gesagt. Ich dachte, du würdest dich in der Stadt nicht auskennen?

Tu ich auch nicht.

Tust du nicht. Und doch treffen wir uns im besten chinesischen Restaurant von Osaka.

Unsinn.

Ehrlich.

Das hier ist das beste?

Muss es sein, wenn wir beide hergefunden haben.

Die Kassiererin kam an unseren Tisch und sah Tan an. Sie stellte eine Schale Nudeln vor mich hin und einen Teller gedünstetes Gemüse vor ihn. Tan lächelte ihr zu, sagte etwas auf Mandarin, sie erwiderte etwas, und er lachte.

Du bist wie Google, sagte ich, als die Frau wieder ging. All die Sprachen in deinem Kopf.

Aber ich bin nicht kostenlos, sagte Tan.

Wir aßen. Die Typen hinter uns lachten und lachten.

Was bringt dich also her?, sagte Tan.

Ein Spaziergang.

Schön. Es ist okay, wenn du es nicht sagen willst.

Versprochen, dass du es nicht gegen mich verwendest?

Ich werde mein Bestes tun.

Wir aßen und unterhielten uns flüsternd auf Englisch. Die Typen in der Nische hinter uns brachen erneut in Lachen aus und klapperten auf ihrem Tisch herum. Unsere Kassiererin sah hinüber, nur einmal, und zupfte an ihrem Pony, aber als sie sich beruhigten, griff sie wieder nach ihrem Telefon.

Also hör zu, sagte ich. Wer bist du?

Du redest wirklich gerne, sagte Tan.

Ich stelle dir nur eine Frage.

Da gibt es nichts zu erzählen. Ich arbeite in einem sterbenden Gewerbe. Ich bin bei meiner Mutter und möchte, dass sie mit nach Hause kommt, zurück nach Singapur, aber sie will nicht, und ich weiß nicht, was ich machen soll. Jetzt bist du dran.

Ich komme aus den Staaten, sagte ich.

Woher genau?

Texas.

Das Land der Pferde?

Yeah.

Die Astros. Beyoncé.

Klar. Aber ich bin wegen meinem Vater hier.

Weil er dich gefragt hat?

Weil er mich nicht gefragt hat.

Verstehe.

Er ist stur.

Das sind viele Väter, sagte Tan. Meiner wars auch.

Und jetzt?

Wer weiß.

Tut mir leid, sagte ich.

Muss es nicht, sagte Tan. Es geht mir gut. Meiner Mutter geht es gut. Für mich ist mein Zuhause da, wo sie ist.

Man sollte andere Leute nicht zu seinem Zuhause machen.

Sprichst du aus Erfahrung?

Das könnte man so sagen.

Vielleicht kennst du die falschen Leute, sagte Tan. Falsch für dich.

Vielleicht, sagte ich. Aber Menschen ändern sich. Und dann stehst du plötzlich mit einem ziemlich komischen Zuhause da.

Das ist nicht schlimm, sagte Tan. Wir alle ändern uns. Wir haben nicht nur ein Zuhause in diesem Leben. Nur wenn du keins hast, läuft was falsch. Man arrangiert sich dann einfach irgendwie.

Und was ist der Unterschied dazu, sich mit einer Person zu arrangieren?

Das kann ich nicht beurteilen. Wir alle leben unser Leben.

Danke, sagte ich. Schönen Dank für nichts.

Zu mehr bin ich nun mal nicht zu gebrauchen, lachte Tan.

Als der Trupp hinter uns aufstand, rempelte er leicht gegen unseren Tisch, und die Kassiererin kam herbeigeeilt.

Keine Freundin, die wartet?, sagte Tan.

Das hast du mich schon gefragt, sagte ich.

Ich aß etwas Reis, und er nickte.

Und bei dir?, fragte ich.

Mit einem beginnenden Grinsen auf den Lippen hob Tan seine Schüssel zum Mund und schluckte die Hälfte seiner Brühe.

Wir verließen den Diner und gingen zwanzig, dreißig Minuten, ohne einander viel zu sagen.

Irgendwann stellte ich fest, dass wir im Kreis liefen.

Sieht aus, als hätten wir eine perfekte Runde gedreht, sagte ich.

Nur wenn die Runde endet, wo sie angefangen hat, sagte Tan.

Das tut sie, sagte ich, und Tan sah mich an und nahm meine Hand.

Er hielt sie, während wir weitergingen. Sein Daumen rieb über meine Handfläche, bis hin zum kleinen Finger.

Ich habe gerade über das nachgedacht, was du gesagt hast, sagte Tan, über das Zuhause.

Wirklich, sagte ich.

Wirklich, sagte Tan.

Und zu welchem Schluss bist du gekommen?

Einen Menschen zu lieben bedeutet, ihn sich ändern zu lassen, wenn er es muss. Ihn gehen zu lassen, wenn es notwendig ist. Doch das macht ihn nicht weniger zu einem Zuhause. Nur vielleicht nicht mehr zu einem für dich. Oder nur für eine gewisse Zeit. Das mindert die Liebe nicht. Nur die Form.

Ich sagte dazu nichts. Tan und ich gingen von Straße zu Straße. Sein Daumen fuhr über meine Fingerknöchel, und ich rieb seine Handfläche. Wir erlaubten uns das gegenseitig.

Und jetzt, sagte Tan und strich ein letztes Mal über meine Hand, trennen wir uns.

Er drückte meine Schulter und wandte sich ab, und ich konnte nur zusehen, wie er die Straße überquerte und in den Bahnhof eintauchte.

Der Himmel hatte sich aufgehellt. Der Morgen rückte näher. Osaka reckte sich und wachte auf, und als ich mich umsah, wurde mir bewusst, dass wir zurück zu Eijus Kneipe gewandert waren.

Die Wohnungstür meines Vaters war nicht mehr verschlossen. Es war fast fünf Uhr, als ich zurückkam.

Eiju döste draußen bei der Türmatte, die Hände unter die Achseln geschoben.

Ich strich über seinen Kopf, bis er die Augen öffnete. Nachdem er sich wachgeblinzelt hatte, spähte er zu mir hinauf.

Ich könnte weiß Gott wer sein, sagte ich.

Wo zum Teufel warst du?, sagte Eiju.

Ein Einbrecher. Ein Brandstifter.

Quatsch.

Ein Serienmörder.

Ich gehe ins Bett, sagte Eiju und rappelte sich hoch.

Er konnte allein nicht stehen. Ich fasste seinen Ellbogen und half ihm nach drinnen. Und er schüttelte mich nicht ab. Ich schloss die Tür hinter uns.

♦

Die ersten paar Monate mit Ben waren verdammt lahm. Fürchterlich häuslich.

Ich ging zur Arbeit, er ging zur Arbeit.

Wir kamen zurück.

Tranken.

Aßen zu Abend.

Spülten.

Machten die Wäsche.

Ruhten aus.

Vögelten.

Eines Abends fragte ich Ben, was er sich wünsche. Wir lagen wie zwei Teebeutel auf unserer Matratze. Über uns keuchte die Klimaanlage.

Ben setzte sich auf. Er lächelte.

Um ehrlich zu sein, sagte er, hatte ich keinerlei Erwartungen an das hier.

Oh, sagte ich.

Yeah. Was auch immer passiert, passiert. Ist das nicht das, was du wolltest?

Ich will, was auch immer für uns beide am besten ist, sagte ich.

Das Beste gibt es nicht. Die Dinge geschehen einfach.

Ich weiß nicht, ob das stimmt.

Ben schloss kurz die Augen und sah mit einem Mal sehr matt aus.

Was auch immer geschieht, geschieht. Das war exakt Eijus Haltung gewesen. Das hatte er meiner Mutter gesagt, und so wusste ich genau, wozu es führte. Versicherungen, egal von wem, waren nicht von Dauer. Ich war kein verdammter Dummy. Aber die Sache ist, sie waren *etwas*.

Was auch immer geschieht, geschieht.

Und dann gab es da etwas, was mir an Ben auffiel, eine Kleinigkeit, eine Nichtigkeit: Er beachtete unsere Nachbarn nicht.

Die Latino-Kids spielten auf der Treppe, machten ihren verdammten Lärm aus Musik und Geschrei und jagten ihre arme Katze. Das schwarze Paar von gegenüber hockte auf seiner Veranda. Alle plagten sich durch ihr Leben, machten ihren Scheiß, und wenn Mary oder Harold zu uns herüberwinkten, winkte Ben niemals zurück.

Irgendwann fragte ich ihn, warum. Wir saßen in meinem Auto. Am Horizont begannen sich bereits unsere Probleme abzuzeichnen. Seit Wochen hatten wir es nicht mehr gemacht, seit Monaten. Wenn wir uns berührten, war es mehr wie eine Ahnung. Wie ein Gedanke, von dem du weißt, du hattest ihn, aber bevor er zu etwas werden kann, ist er auch schon wieder weg.

Ich hatte den Motor noch nicht angelassen. Ben sah mich groß an. Er sagte, er kenne Mary nicht.

Aber warum kannst du nicht zurückwinken, wenn sie dir zuwinkt?

Warum sollte ich? Würde dich das glücklich machen?

Überglücklich.

Dann kannst du es für uns beide tun, sagte Ben, und er öffnete seine Tür, hob sich vom Beifahrersitz und ging wieder hinein.

Noch eine Geschichte zu Mary und Harold: Ihre Tochter kam von Zeit zu Zeit in die Stadt. Sie hieß Janet. Mary und Harold erzählten ständig Geschichten über sie und zeigten mir Bilder von ihr aus dem Kindergarten, der

Highschool und wie sie ihre Tochter am College abgesetzt hatten. Janet machte einen MBA am Bauer und würde anschließend zurück nach Hause ziehen. Mary und Harold hatten auch noch andere Kinder und Enkel, hatten Babyfotos auf dem Kaminsims stehen, aber über die redeten sie eigentlich nie, kamen nie automatisch auf sie zu sprechen wie auf Janet.

Eines Tages luden sie mich zu sich ein, damit ich sie kennenlernte, und von dem Moment an, da Janet durch die Tür trat, musste sie ein Komplott gewittert haben. Eine Art Überraschungsdate. Aber als wir uns an den Tisch setzten, änderte sich ihre Körpersprache wieder. Und der Ton. Irgendwann war sie verdammt noch mal komplett relaxt.

Wir aßen ein paar Süßkartoffeln, die ich gebacken hatte, dazu einen langsam gebratenen Schinken von Harold, und als Mary einen Kuchen auf den Tisch stellte, mit einer doppelten Schicht Karamell und Pekannüsse, sagte sie, ihre Tochter und ich sollten ihn uns teilen.

Harold stand auf und ging. Ohne zu sagen, warum. Mary sagte, sie gehe Kaffee kochen, und verschwand ebenfalls.

Damit saßen nur noch Janet und ich im Wohnzimmer, und als ihre Eltern weg waren, seufzte sie, verschränkte die Arme vor der Brust, schlug die Beine übereinander und legte die Ellbogen auf den Tisch.

Machst du das oft?, sagte sie.

Was?

Du hast es gehört. Bei den Alten schmarotzen.

Du verdrehst da was, sagte ich. Ich bin ihr Nachbar.

Du bist also rein zufällig hier, sagte Janet. Einfach so.

Einfach so, sagte ich. Deine Eltern sind cool. Wir essen schon mal zusammen. Manchmal unterhalten wir uns.

Du machst Witze.

Neulich sind wir zusammen spazieren gegangen, und Harold hat eine Kröte gefangen.

Keiner macht so was für nichts.

Hör zu, sagte ich, willst du, dass ich gehe? Weil so ernst ist es nicht. Und es sind *deine* Eltern. Wenn du willst, gehe ich, bedanke mich bei ihnen und komme verdammt noch mal nicht wieder her.

Du würdest nicht mehr kommen? Gar nicht mehr?

Du entscheidest.

Ich weiß nicht, ob ich erwartete, dass Janet jetzt explodierte oder was, aber sie tat es nicht. Sie lachte.

Du bist ein Schwätzer, sagte sie.

Ich kann gut reden, sagte ich.

Nein, kannst du nicht. Aber es ist süß. Mom sollte allerdings nicht erfahren, dass du schwul bist.

Wer sagt, dass ich schwul bin?

Bitte, sagte Janet.

Ich habe eine Schwester, sagte sie. Aber so viel du dich auch mit meinen Eltern unterhältst, von ihr wirst du nie hören.

Lass mich raten, sagte ich. Sie steht nicht mit auf dem Kaminsims.

Jepp. Sie hat eine Frau, ein Kind, ein Haus und alles. Sie sind echt süß. Aber das ist egal.

Weil sie queer ist.

Weil meine Eltern alt sind, und Veränderungen schwer.

Das ist keine Entschuldigung, sagte ich. Das ist nie eine Entschuldigung.

Trotzdem sitzt du hier, sagte Janet. Heißt das, dass du jetzt nicht wieder herkommst, wo du es weißt?

Ich wollte etwas erwidern – wobei ich immer noch nicht weiß, was es gewesen wäre – doch da kam Mary zurück ins Zimmer. Sie fragte, ob wir einen Kaffee wollten.

Ich sah Janet an. Ihr Gesicht verriet nichts.

Ich sagte zu Mary, das wäre toll.

Das habe ich mir gedacht, sagte sie mit einem Lächeln.

Eines Tages erzählte ich Ben das alles. Wir waren in einer Bar in den Heights, draußen im Hof, und er starrte die Biere an. Als ich meine Flasche leer hatte, faltete Ben die Hände hinter dem Kopf.

Natürlich reagiert sie so, sagte er. Niemand setzt sich an den Tisch anderer Leute.

Ich schon.

Weil du ein Weirdo bist. Aber das sind ihre Eltern, und sie sind alt.

Und, sagte ich und wartete auf das, was als Nächstes kommen würde.

Und was?, sagte Ben.

Du weißt, was. Du hast es fast ausgesprochen.

Ben grinste, was bei ihm selten vorkam.

Das ist einfach nichts, was *wir* tun, sagte er lachend.

Unter der Beleuchtung des Hofes schimmerte die Skyline von Houston, eine Kulisse versprengter Weihnachtslichter. Verkehr zog hinter den Stoßstange an Stoßstange geparkten Wagen vorbei, die wie planlos aufgestellte Dominosteine wirkten. Irgendein Köter lief zwischen ihnen herum und schlabberte mit der Zunge über den Beton.

Dann sag mir, sagte ich, was würdest *du* tun?

Ich würde mich um meinen eigenen verdammten Kram kümmern, sagte Ben. Wenn man ihn uns machen lassen würde.

Uns, sagte ich.

Uns Schwarze, sagte Ben.

Und plötzlich wurde er ernst. Er spielte auf der Tischplatte mit seinen Fingern rum. Ich packte einen davon, umschloss ihn, zog ihn unter den Tisch, streckte ihn und rieb mit dem Daumen über seine Hand. Es war das Intimste, was wir seit Wochen getan hatten. Röte überzog sein Gesicht. Und so festigte ich meinen Griff und fuhr bis über sein Handgelenk, das sich lockerte, versteifte und wieder lockerte.

Du nervst, sagte Ben.

Du wirst rot, sagte ich.

Halt den Mund, sagte Ben, zog seine Hand aber nicht weg.

So vergeht unser zweites Jahr:

Ich finde einen neuen Job in einem anderen Restaurant.

Ben behält seinen mit den Kids.

Wir kaufen kein Bettgestell.

Wir streiten.

Wir vertragen uns.

Wir vögeln auf dem Sofa, in der Küche, auf dem Boden.

Ich koche, und koche, und koche.

Unsere Nachbarin kriegt ein Baby.

Einer einen Schlaganfall.

Whitekids fallen ins Viertel ein, schmücken ihre Veranden an Halloween mit Kürbissen und an den Wochenenden mit Budweiser-Flaschen.

Ma ruft aus Tokio an und schweigt am anderen Ende.

Sie fragt, wie es mir geht.

Ich schwöre, dass alles bestens ist.

♦

Eine kurze Liste mit Eijus Lieblingsgerüchen: *gedämpfter Reis, knusprige Takoyaki, Sesamöl. Frisch gewaschene Wäsche. Geriebener Ingwer. Das nasse Haar meiner Mutter. Mein nasses Haar, als Junge, nachdem er mich gebadet hat und aus der Wanne hebt.*

Eines Morgens im Wohnzimmer beendete Taro gerade Eijus Untersuchung und befühlte seinen Unterleib, als der Mistkerl vor Schmerz aufschrie.

Ich war pinkeln. Als ich aus dem Badezimmer gelaufen kam, presste Taro die Lippen aufeinander, und Eiju hob beide Arme.

Nein, sagte er. Gottverdammt! Nein!

Taro starrte Eiju einen Moment lang vom Boden aus an. Als wollte er etwas sagen, wusste aber nicht, wie der alte Mann es aufnehmen würde. Er wandte sich zu mir im Flur um und dann wieder Eiju zu.

Aber Taro schluckte hinunter, was er hatte sagen wollen. Er kniete sich hin und fuhr mit seiner Untersuchung fort. Keiner sagte ein Wort. Eiju hob die Arme, als er darum gebeten wurde, und nahm sie wieder herunter, als Taro es ihm sagte. Schweigend folgten sie dem

Programm – Taro drückte, klopfte und befühlte Eijus Körper.

Anschließend zog Eiju sein Hemd an, und Taro packte wortlos seinen Kram zusammen. Er verbeugte sich leicht vor seinem Patienten, und sein Patient verabschiedete ihn knurrend.

Ich fing Taro draußen ab. So machten wir es seit einer Weile. Die morgendlichen Rituale der Straße nahmen ihren Anfang, Taro wischte sich mit dem Handrücken über die Stirn, und als ich ihm eine Zigarette anbot, winkte er lächelnd ab.

Ich fragte ihn, was zur Hölle das gewesen sei, und Taro grinste übers ganze Gesicht.

Oh, sagte er, du weißt, wie Männer sind.

Eiju fragte nie, worüber ich mit Taro redete.

Als ich ihn fragte, warum er das nicht tat, schüttelte er mit dem Kopf.

Was würde es ändern, sagte er.

Aber mir war aufgefallen, dass er sich langsamer bewegte. Manchmal döste er mitten am Tag ein und wachte Grimassen ziehend wieder auf. Wann immer ich ihn fragte, ob was nicht stimme, sagte er, das gehe mich einen Scheiß an.

Und so korrigierten wir langsam, wortlos, unseren Kurs.

Ich verließ die Wohnung alleine.

Eiju kam später oder ging früher.

Oder er schaffte es gar nicht erst in die Kneipe.

Oder er setzte sich auf einen Stuhl ins Hinterzimmer und zog sich die Baseballkappe über die Augen.

Unseren Gästen fiel es natürlich auf. Aber sie sagten kein Wort.

Als ich Eiju sagte, dass er vor allem Schlaf brauche, lachte er mir ins Gesicht. Er sagte, wir wüssten beide, dass ihm ein sehr langer bevorstehe.

Hey, sagte er.

Aber den Rest hörte ich mir nicht mehr an.

Was sich an Eiju änderte, als er kränker und kränker wurde: seine Wut. Sie blieb aus.

Er hörte auf, Tassen vom Tisch zu fegen.

Er hörte auf, beim Verlassen der Wohnung die Tür hinter sich zuzuschlagen.

Er hob nicht mehr die Hand, wenn sich ein Streit abzeichnete.

Jetzt seufzte er meist nur noch.

Verdrehte die Augen.

Fragte, ob man fertig sei.

Vielleicht war es seine Krankheit. Oder er war einfach ein verdammter alter Mann.

Vielleicht war Eiju aber auch nur müde.

Eines Abends verpatzte Kunihiko die Bestellung einer Gruppe amerikanischer Touristen. Es waren die ersten weißen Gäste seit Wochen. Und sie waren verdammt laut, wollten Sake und Sushi und Karaage, was alles nicht auf der verfickten Karte stand und nie gestanden hatte, weil es keine gab. Aber Kunihiko lief die Straße runter zu Lawson's.

Eiju war draußen und rauchte. Mittlerweile schaute er höchstens noch für zwei, drei Stunden vorbei, hauptsächlich, um mal aus dem Haus zu kommen. Kunihiko und ich übernahmen den Großteil der abendlichen Arbeit, und als Sana darauf hinwies, sagte ich ihm, er solle die Schnauze halten.

Aber es stimmt, sagte Hiro.

Wohl kaum, sagte ich.

Wir sind nicht blind, sagte Sana. Wir sehen Eiju doch. Wir schnallen es.

Beschwert sich ja keiner, sagte Hana, und ich winkte nur ab.

Da kam Kunihiko die Treppenstufen heraufgerannt. Kam mit drei Hähnchen aus dem Laden zurück und grinste übers ganze Gesicht.

Und die Weißen waren zu verwirrt, um etwas zu sagen.

Sie beäugten das Karaage in den fettigen Tüten.

Als sie gerade mit ihren Servietten herumtaten und nach den Flügeln griffen, kam Eiju herein. Er sah die weißen Gäste an, ihr Essen, und dann, völlig aus dem Blauen heraus, versteifte er sich.

Mit dem, was dann kam, hatte ich nicht gerechnet: Eiju fing an zu lachen.

Über Kunihiko, dann über mich.

Und dann fing auch Kunihiko an.

Und ich.

Alle lachten miteinander, und Eiju fragte die Touristen, ob ihnen ihr Hähnchen-Karaage schmeckte. Und dieser fette weiße Kerl sagte im hölzernsten Japanisch, dass alles ganz wunderbar sei und sie sich keinesfalls wohler fühlen könnten.

♦

Als ich neunzehn war und Ma wieder zurück nach Japan gehen wollte, redete sie mit mir darüber.

Zu der Zeit wohnten wir die meisten Tage der Woche zusammen, die übrigen war ich draußen in der Welt. Ich fickte alle möglichen Typen, und wenn es passte, zog ich eine Weile zu ihnen. Wenn sie mir oder ich ihnen langweilig wurde, oder sie mich für einen mageren, prickelnden Whiteboy zum Teufel schickten, kehrte ich nach Hause zurück. Es war unkompliziert. Ich gab aus, was ich verdiente, und gab Ma ein bisschen was zur Wohnung dazu, aber sie brauchte es nicht. Sie war im Juwelierladen aufgestiegen und arbeitete auf einer Ebene mit dem Manager, der sie eingestellt hatte. In den meisten Monaten brachte sie mehr Geld nach Hause, als sie und Eiju früher gemeinsam verdient hatten.

Und es machte sich bemerkbar: Ma wohnte jetzt bei der Greenway Plaza und machte immer einen ungeheuer entspannten, lockeren Eindruck. Sie trug nur die schönsten Kleider, die schönsten Schuhe, Schmuck um den Hals und an beiden Handgelenken. An einem Fuß. Alle paar Monate murmelte sie etwas von einem Mann, aber ich bekam keinen je zu sehen – wenn ich überhaupt was über einen dieser Scheißer hörte, waren sie schon wieder weg.

Hin und wieder ging Ma noch mit mir aus. Die Restaurants waren immer viel zu fein. Ich arbeitete an einer Tankstelle und machte mit keinem College oder anderem Scheiß herum. Unsere Rechnungen waren höher als mein komplettes Monatsbudget für Essen. Aber meine Mutter gab ihr Geld nicht leichtfertig aus, und es war etwa um diese Zeit, dass mir an ihr eine grundlegende Veränderung auffiel, wann immer wir zusammensaßen und etwas aßen oder tranken. Ich konnte nur den Finger nicht darauf legen. Bis ich es endlich begriff.

Ma ließ buchstäblich die Schultern hängen.

An dem Abend sagte sie mir, dass sie zurück nach Hause gehe. Dahin, wo sie *wirklich* zu Hause war. Zurück nach Japan. Sie hatte ein paar Vorstellungsgespräche arrangiert und würde die ersten paar Monate bei ihrem Bruder in Setagaya wohnen – einem Mann, den ich nur einmal gesehen hatte, als er nach Houston gekommen war, klein und dick wie ich. Danach wollte sie sich etwas Eigenes ein wenig näher an der Stadt suchen. Und ich würde sie ab und zu besuchen können. Sie war bereit, mir das Geld fürs Ticket zu geben.

Oder, sagte Ma, du ziehst ganz zu mir.

Nach Tokio?

Wohin sonst?

Ich glaube nicht, dass das eine gute Idee wäre.

Wir aßen beide unseren Salat. Unser Kellner, ein älterer weißer Typ, stellte einen Teller Pasta vor meine Mutter hin. Ich bat ihn um ein weiteres Bier, und er sah Ma an, die nickte.

Nun, sagte meine Mutter.

Yeah.

Hält dich irgendwas in Houston?

Oder irgend*wer*?, sagte Ma, und ich erstarrte kurz in meiner Haut.

Es war nicht so, dass sie nicht wusste, dass ich schwul war. Klar wusste sie es. Allerdings war es nichts, worüber wir je gesprochen hätten. Nicht explizit, nicht mit Worten, die zwischen uns fühl- und sichtbar gewesen wären.

Doch da war etwas zwischen uns, es lag in der Luft, wenn wir miteinander interagierten. Etwas, das wir nicht wieder und wieder in Augenschein nehmen mussten. Weil es eben so war.

Nicht wirklich, sagte ich.

Nicht wirklich?, sagte Ma. Oder nicht?

Niemand Nennenswerten.

Ma und ich sahen uns einen Moment lang an. Wir lächelten nicht, aber es lag auch kein Groll in der Luft. Da war nur das Gläserklirren der Gäste um uns herum und ihr Gerede über was zum Teufel auch immer gerade in ihrem Leben abging.

Ich habe keinen Grund, zurück nach Japan zu gehen, sagte ich.

Natürlich nicht, sagte Ma. Höchstens, dass du Japaner bist.

Hör auf.

Ich sage es ja nur. Was willst du hier mit dir anfangen? Und jetzt erzähl mir nichts von irgendeinem kleinen Job, den du im Moment hast, Michael.

Das ist ganz schön abgefuckt.

Ich sage nur, wie es ist.

Wie auch immer, sagte ich. Ich denke sowieso gerade drüber nach, den Job zu wechseln. Ich hab da einen Freund in diesem Laden.

Einem Laden?

Einem Deli. Mehr oder weniger.

Du kochst also. Wie dein Vater.

Was?

Eiju hat gekocht. Kocht noch. Und es klingt, als wolltest du es auch.

Das hat verdammt noch mal nichts mit ihm zu tun.

Sieht aber so aus.

Egal. Ich werds wahrscheinlich sowieso nicht machen.

Beruhige dich, sagte Ma und tat mit ihrer Serviette herum.

Was, wenn ich sagte, ich möchte, dass du mit mir kommst, sagte Ma. Was, wenn ich wollte, dass du nach Hause kommst? Würde dich das umstimmen?

Wenn es dir so wichtig wäre, sagte ich, wären wir schon früher zurückgegangen.

Und ich nehme an, ich bin als Grund nicht wichtig genug, sagte meine Mutter mit einem Lächeln.

Und ich bin nicht wichtig genug für dich, um hierzubleiben, sagte ich.

So saßen wir einen Moment da. Bevor ich meinen Mund wieder öffnen konnte, gab meine Mutter dem Kellner ein Zeichen, dass sie zahlen wolle. Er nickte und lächelte breit, als er ihr die Rechnung hinlegte. Ma reichte ihm ihre Karte, ohne auf die Summe zu schauen.

Dann gibt es ja nicht mehr viel zu bereden, sagte sie, stand auf und griff nach ihrem Mantel.

Als Eiju Ma und mich endgültig verließ, tat er es ohne großes Aufheben.

Der Himmel stürzte nicht ein.

Die Wolken blieben, wo sie waren.

Wir hatten uns daran gewöhnt, dass er oft eine Weile verschwunden war. Ein paar Abende später tauchte er wieder auf, in denselben Klamotten und nach Pisse stinkend.

Einige Tage vergingen, ohne dass wir was von ihm hörten. Dann eine Woche. Und dann rief der Laden an, in dem er an der Bar arbeitete, und fragte nach ihm.

Ich habe keine Ahnung, wie lange Ma schon wusste, dass er zurück nach Osaka gegangen war, oder ob sie es bloß bestätigt haben wollte, auf jeden Fall rief sie umgehend Eijus Schwester an.

Ich hatte sie nie kennengelernt, aber Geschichten über sie gehört. Und ich wusste vom Verhältnis der beiden Familien, vielmehr, dass es da keins gab.

Ma rief sie an, als bei ihr Morgen war, und niemand antwortete.

Ma rief sie an, als bei ihr Abend war, und niemand antwortete.

Am nächsten Tag rief Ma noch mal an.

Niemand antwortete, erst als meine Mutter schon auflegen wollte.

Eijus Schwester sagte Ma, dass er seit einigen Tagen zu Hause sei. Er schlafe gerade.

Du wusstest es nicht?, fragte meine Tante.

Nein, ich wusste es nicht, sagte Ma. Aber jetzt weiß ich es.

Und Ma legte auf.

♦

Ich habe Ben das alles eines Abends im Bett erzählt. Das war etwa eine Woche nachdem er auf mich losgegangen war. Ich hatte ihn zurückgestoßen, ohne darüber nachzudenken, und keiner von uns wusste, wie es dazu gekommen war. Und das Einzige, was wir tun konnten, um die Luft zu klären, war zu vögeln. Das wurde uns zur

Gewohnheit, wann immer wir gestritten hatten. Wann immer was falschlief. Als vögelten wir weg, was sich uns auf die Brust setzte.

Hinterher sagte Ben: Scheiße.

Yeah, sagte ich.

Und du bist geblieben.

Und sehe dich jetzt hier an.

Nun, sagte Ben.

Wir saßen beide mit verschränkten Beinen auf dem Boden. Ben fuhr mit dem Daumen hinter dem Bund seiner Boxershorts entlang.

Was ist mit deinen Eltern?, sagte ich.

Was soll mit ihnen sein?, sagte Ben.

Du weißt, was ich meine. Wie haben sie sich getrennt?

Das lief anders. Sie sind sich einfach leid geworden. Da gibt es keine Geschichten zu erzählen.

Doch, bestimmt gibt es die.

Wenn du es sagst, sagte Ben. Aber meine Eltern waren nicht überrascht. Sie haben es kommen sehen. Es hatte sich schon eine Weile abgezeichnet.

Und ihr hattet Geld, sagte ich.

Was zum Teufel hat das damit zu tun?

Alles hat mit allem zu tun.

Ben stützte sich auf seinen Ellbogen und starrte mich an. Er hatte sein Haar wachsen lassen.

Sicher, sagte er. Sie hatten Geld. Ich komme aus der Mittelschicht. Aber wir sind schwarz, und das macht alles kaputt.

Wenn du es sagst.

Das sage ich.

Ich wollte dich nicht angreifen, sagte ich. Das ist kein

Wettbewerb. Es ist völlig in Ordnung, okay aufzuwachsen.

Gut, sagte Ben. Sorry.

Entschuldige dich nicht.

Alles, was ich sage, ist, dass meine Alten wussten, worauf sie sich einließen. Die einzigen Überrumpelten waren ich und meine Schwester. Das ist das Komische. Die Überraschung. Wir waren die, die es erst herausfinden mussten.

Ich bin mir nicht sicher, sagte ich. Keiner weiß, was wirklich abgeht. Vielleicht sind alle Eltern so.

Nicht alle, sagte Benson. Aber die meisten. Viele. Und dann sitzen sie mit uns da.

Danach sagten wir nicht mehr viel. Wir lauschten den bellenden Hunden nebenan und den Corridos, die aus dem nächsten Fenster klangen. Und den Nachbarn draußen, die sich unterhielten und rauchten, den weißen Kids mit ihrer plärrenden Trap-Musik und Harold, der schließlich auf seine Veranda herauskam, um ihnen zu sagen, sie sollten verdammt noch mal still sein.

Ganz gleich, wie es sich in dem Moment anfühlte, wir waren ein Teil des Viertels. Ein Rädchen im Getriebe. Im Einklang mit dem Rest, trotz allem.

♦

Eines Morgens wachte ich auf, und Eiju saß neben mir auf dem Boden. Die Augen zu, schnarchend, die Arme schlaff neben sich. Mit dem Hintern auf dem Boden. Ich wusste nicht, wie er dort hingekommen war, aber ich wollte ihn nicht wach rütteln, um ihn zu fragen.

Ich hatte mir nie wirklich sein Gesicht angesehen, und definitiv nicht, seit ich nach Osaka gekommen war.

Aber da war es.

Ich sah die Falten auf seiner Stirn, die Krümmung seiner Nase. Seine riesigen Ohren.

Das waren alles Geschenke an mich. Die einzigen, die er mir gemacht hatte.

Verspätet, sicher. Aber dennoch.

Ein paar Stunden später furzte er sich wach.

Während ich mit meinem Telefon herumtat, sah ich zu, wie er langsam zu sich kam. Das Blinzeln. Das allmähliche Anspannen seiner Muskeln. Die Bewegung seines Körpers, der spürte, wie er wieder zu Bewusstsein kam.

Und dann, ruhig atmend, starrte Eiju in den leeren Raum vor sich.

Als er merkte, dass ich bei ihm war, schreckte er nicht zurück, nichts in der Art.

Ich dachte, du wärst weggegangen, sagte er.

Bin ich nicht, sagte ich.

Ich habs gedacht, sagte er.

Ich bin hier, sagte ich. Ich bin nicht weg.

Und dann, abends, war Eiju wieder er selbst. Er fragte, ob er in die Kneipe kommen könne.

Es ist immer noch dein Laden, sagte ich.

Und so ging er mit mir durchs Viertel und die Treppe hinauf. Wischte über die Hocker. Stöhnte mit Blick auf die Gäste. Mixte seine Drinks viel zu schnell. Schlug mit seinem Handtuch nach Kunihiko, weil der den Reis hatte anbrennen lassen, fragte, was zur Hölle mit ihm los sei und was um alles in der Welt er da mache. Kunihiko verzog das Gesicht, aber darunter lag Wärme, als wäre er dankbar für Eijus Anwesenheit an diesem Abend und für die Aufmerksamkeit, die Eiju ihm schenkte, und ich konnte es ihm nicht verdenken.

Hiro, Takeshi und Sana saßen uns gegenüber, klatschten und jauchzten. Sie standen schon seit Stunden unter Strom. Sie hatten Ferien. Eine schwere Trunkenheit lag im Raum, ich selbst hatte mir ein bisschen Sake gegönnt, und die Nacht war warm, wie sie es in Osaka manchmal ist.

Du bist zurück!, sagte Sana.

Nur zu Besuch, sagte Eiju.

Er ist zurück, sagte Takeshi und prostete in den Raum hinein.

Haltet den Mund. Hört auf.

Er ist zurück! Er ist zurück! Er ist zurück!

An dem Abend machte ich früh zu. Die Gäste hatten sich verlaufen. Eiju war schon vor Stunden zurück zur Wohnung gegangen. Als ich ihn gefragt hatte, ob er ein Taxi wolle, sagte er, was zum Teufel ich dächte, wer ich sei.

Ich hatte den Mund aufgemacht und wieder geschlossen, Sagte, er solle es machen, wie er wolle.

Kunihiko fing an, an einem Ende der Theke sauber zu machen, ich am anderen. Es war unvermeidlich, dass wir uns in der Mitte trafen, aber wir taten immer erschreckt, wenn es so weit war.

Als sich unsere Finger berührten, fragte Kunihiko, ob mir bewusst sei, was für ein Glück ich hätte.

Ihn zu haben, sagte er.

Ich zog die Brauen zusammen.

Du hast ihn auch, sagte ich.

Das ist nicht das Gleiche.

Ist es nicht. Aber du solltest dankbar sein. Du hast Dinge von ihm gesehen, die ich nie sehen werde.

Kunihiko blickte mich an. Hin und wieder blitzten Züge von dem Mann nach außen, der er hätte sein können.

Aber dann, genauso plötzlich, verschwanden sie wieder.

Ich weiß nicht, sagte er. Eiju behandelt mich wie einen Sohn.

Das tut er, sagte ich.

Und ich weiß nicht, wie ich es ihm zurückzahlen soll.

Ich weiß nicht, ob du das kannst, sagte ich.

Da war es an Kunihiko, mich verwirrt anzusehen.

Du musst einfach hierbleiben, sagte ich. Das reicht. Das muss reichen.

*Wir* müssen einfach hierbleiben, sagte Kunihiko, grinste, legte eine Hand auf meine Schulter und stieß eine Flasche Shoyu um.

♦

Ziemlich lange Zeit konnte sich unsere Familie kaum zwei Essen am Tag leisten. Das ging erst später. Aber nur, wenn meine Mutter einkaufte, was bedeutete, dass Eiju plötzlich nicht mehr so viel Hunger hatte. Er aß selten etwas, was er nicht selbst eingekauft und zubereitet hatte.

Wenn Eiju kochte, dann das, was er gerade in dem chinesischen Restaurant machte, oder in dem mexikanischen Restaurant, oder in dem jamaikanischen Laden, Hähnchen-Curry mit Reis, gedünstete Eier mit Congee, Caldo de bistec und gebratene Kochbananen mit gebratenen Knödeln. Und selbst in der schlimmsten Zeit, als er alles Geld versoff, fand er immer noch genug, um ein anständiges Essen für uns auf den Tisch zu bringen. Ja, sogar ein gutes.

Zu dritt saßen wir da und stocherten auf unserem Teller herum. Meine Alten redeten nicht, aber sie stritten auch nicht.

Einmal, da war ich noch ein Kid, hingen Eiju und ich auf dem Sofa herum und glotzten die Wand an, wo eigentlich der Fernseher hätte stehen sollen. Wir hatten ihn ein paar Wochen zuvor verkauft. Ma war untröstlich gewesen. Sie hatte seitdem kein Wort mit Eiju gewechselt.

Während wir vor uns hin starrten, fragte ich Eiju, wo er meine Mutter kennengelernt hätte. Das hatte ich noch nie gefragt. Es war mir nicht mal in den Sinn gekommen.

Er zuckte zusammen und sah mich an.

Es fing an zu regnen, und dann war sie da, sagte er.

♦

Dinge, die ich für meinen Vater gekocht habe, der aus Prinzip nicht auswärts isst, nirgends mit Ausnahme seiner eigenen Kneipe: *Okonomiyaki, Yakisoba, Oyakodon, Katsudon, Mabo Don, Mori Soba, Kake Soba, Kitsune Udon, Nabeyaki Udon, Bulgogi, Sundubu Jjigae, Doenjang Jjigae, Ika-Age, Takoyaki, Lamm-Curry, Hähnchen-Curry, gepökelten Kabeljau in Sahne, ein Taschenkrebs-Soufflé, pochierte Flunder in Tomatensoße, gedünsteten Schwarzkohl, in Oregano angebratene Pinto-Bohnen, Lachs, Lachs-Carpaccio, Shrimps-Bisque, in Knoblauch gebackenen Tintenfisch, gegrillten Thunfisch mit einem roten Zwiebelsalat, Tempura, gegrillten, in Knoblauchbutter geschmorten Spargel, Möhren-und-rote-Paprika-Suppe, in Soja geschmortes Schweinefleisch, gebratenen Reis, Huevos rancheros, Tatsuta-Age, scharfen Thunfisch auf getoastetem Brot, Congee, gedünsteten Reis.*

Dinge, die ich für meinen Vater gekocht habe, die er sichtlich genossen hat:

Als mich Eiju das nächste Mal nach meinen Plänen fragte, waren wir nach Nakazakichō gefahren, um die Bestände der Kneipe aufzustocken. Normalerweise war das Kunihikos Aufgabe. An den Tagen, an denen er eigentlich freihatte. Aber in der Woche konnte Kunihiko laut Eiju nicht, weil er irgendwas am Laufen hatte, und als ich Kunihiko danach fragte, sagte er: Ich komme also nicht mit euch mit?

Aber ich hakte bei Eiju nicht nach. Wir gingen um den winzigen Lieferwagen herum, den er hinter der Kneipe stehen hatte. Ich war nie darin mitgefahren und fragte ihn, wozu er das verdammte Ding überhaupt hatte, und Eiju fragte, ob ich *Godzilla* gesehen hätte.

Willst du mich verarschen?

Ganz ruhig, sagte Eiju. Du weißt nie, wann du weg musst.

Das ist mehr als idiotisch, sagte ich.

Ist es nicht, sagte Eiju. Sieh dir nur die Nachrichten an.

Ich kann mich nicht mal erinnern, wann ich dich das letzte Mal habe fahren sehen.

Du meinst also, ich kann es nicht.

Ich sage nur, dass ich nicht versichert bin. Und ich habe wirklich nicht vor, in einem Autowrack im Ausland zu sterben.

Dann fahre ich halt allein, sagte Eiju.

Oder, sagte er und hielt mir den Schlüssel hin, du setzt dich einfach ans Steuer.

Ich glaube nicht, dass das eine gute Idee ist, sagte ich.

Könnte nicht besser sein, sagte Eiju.

Und dann waren wir auf der Straße.

Es war nicht weit. Eiju sagte, wo ich abzubiegen hatte. Der Morgen war verschlafen genug, dass ich neben den Fahrradfahrern herkriechen konnte. Gelegentlich überholte uns ein Roller. Ich nahm mir Zeit.

Die Straßen waren angenehm. Wir kamen an Ramen-Ständen und Mini-Märkten vorbei. Überquerten die Brücke. Passierten Hühner-Stände, Polizisten und Männer, die Telefonleitungen reparierten, sowie einen Trupp, der Schlaglöcher auffüllte. Sie arbeiteten jeweils zu zweit, sahen fantastisch aus in ihren Uniformen. Riefen einander Dinge zu. Eiju pfiff wieder und wieder die Melodie von *Little Red Corvette* vor sich hin.

Als wir am Markt ankamen, wartete unser Händler bereits bei der Garage. Es war ein untersetzter Typ mit einem zu großen Schnauzbart, die Hände in die Hüften gestemmt.

Eiju, sagte er und streckte die Hand aus.

Ein neuer Mitarbeiter?, sagte er und zeigte auf mich.

Bevor ich etwas antworten konnte, sagte Eiju: Mein Sohn.

Er mied meinen Blick und sah starr vor sich hin.

Oh, sagte der Händler und neigte den Kopf.

Und dann, ohne ein Zögern: Kein Scheiß.

Müssen die Augen sein, lachte er.

Deshalb mag ich dich, Hikaru, sagte Eiju. Alle anderen sagen, die Ohren.

Aber schon redeten sie übers Geschäft. Hikaru öffnete die Garage des Gebäudes, wo unsere Vorräte aufgestapelt waren. Eijus Name stand auf einem Schild davor. Es kostete mich etwa zwanzig Minuten, die Kartons in unseren Wagen zu packen. Ein junger Kerl kam und half mir dabei, während sich Eiju und Hikaru unterhielten. Sie gingen ins Gebäude, um gleich wieder mit zwei Bier herauszukommen, tranken und traten mit den Füßen gegen die Mauer.

Mein Helfer schien etwas jünger als ich.

Er sagte, er sei Hikarus Sohn. Er hieß Sora.

Bist du der neue Kunihiko?, fragte er.

Kaum, sagte ich. Er kann nicht, ist krank oder so.

Und du bist nicht von hier.

Ich bin nicht von hier.

Merkwürdig, sagte Sora, aber dann nichts mehr.

Ächzend stapelten Sora und ich alles in Eijus Transporter. Zwischendurch warfen wir uns verstohlene Blicke zu. Hinter uns murmelte die Straße, dazu das stetige Kreischen einer nahen Zugstrecke, und es lag tatsächlich nichts in der Morgenluft, zumindest kein Sex, den ich so aus dem Stand hätte spüren können: Wir starrten uns einfach nur an.

Als wir fertig waren, setzten wir uns auf die Ladefläche. Sora holte zwei Dosen Bier aus seinem Pullover und hielt mir eine hin, doch ich schüttelte den Kopf.

Es ist noch nicht mal acht, sagte ich.

Sora zuckte mit den Schultern und riss sich eins der Biere auf.

Zu zweit hockten wir da und beobachteten unsere Väter.

Hat deiner schon angefangen, dich wegen dem Geschäft zu nerven?, fragte Sora.

Das kann man sagen, erwiderte ich.

Meiner meint, ich soll anfangen, mit den Kunden zu reden. Aber er gibt mir nie die Möglichkeit.

Dein Dad will wahrscheinlich, dass du die Initiative ergreifst.

Dann muss er mir zeigen, wie.

Dazu sagte ich nichts. Ich hatte in dem Moment das Gefühl, dass der Junge einfach jemanden brauchte, der ihm zuhörte.

Vielleicht hast du recht, sagte er nach einer Weile. Aber immer, wenn ich mal was sagen möchte, macht er komplett zu. Alles muss nach seinen Regeln laufen.

Meiner ist genauso, sagte ich.

Und er will, dass ich heirate, bevor ich alles übernehme. Einen Erben zeuge. Zumindest sagt er das.

Und was hältst du davon?

Gar nichts, sagte Sora und nahm einen Schluck von seinem Bier.

Du bist jung. Du hast keine Eile.

Das meine ich nicht.

Als ich ihn ansah, sagte er nichts weiter dazu.

Weiß er es?, sagte ich und spürte, wie der Junge neben mir ausatmete. Wie er alle Luft aus der Lunge ließ.

Dann stand er auf und trat gegen die Reifen.

Nein, sagte er.

Ich denke schon, fügte er hinzu. Ich weiß es nicht.

Das ist okay, sagte ich. Ist nicht dein Job, das zu wissen.

Wir haben nie drüber geredet, sagte Sora. Und werden es auch nie tun. Ich weiß nicht, wie er reagieren würde.

Er würde damit klarkommen, oder er würde es nicht. Das kannst du nicht kontrollieren.

Für dich ist es anders, sagte Sora. Du lebst nicht hier.

Ich bin von hier.

Aber du wohnst hier nicht. Du haust wieder ab.

Sora trat immer weiter gegen die Reifen. Ich sah ihm dabei zu.

Sorry, sagte er.

Kein Grund, sagte ich.

Das hätte ich nicht sagen sollen.

Ist ja nicht falsch.

Ich weiß. Trotzdem hätte ich es nicht sagen sollen.

Ich verstehe, worum's dir geht, sagte ich.

Es ist einfach so, man lebt nur einmal, sagte ich. Weißt du? Wäre wirklich schade, wenn du dein einziges Leben vergeudest.

Sora sah mich wieder an. Er kniff die Augen zusammen. Aber dann lachte er.

Du kennst mich nicht mal, sagte er.

Halts Maul, sagte ich. Ich bin der Ältere. Ich versuche dir zu helfen.

Scheiße, sagte der Junge und nahm das andere Bier.

Ich bedeutete ihm mit einer Geste, dass er mir auch

eins geben solle, aber erst machte er seins auf. Wir sahen, wie unsere Väter sich vor der Garage gegen die Schultern boxten und den Fäusten auswichen.

Als sie mit ihrem Theater fertig waren, kamen Eiju und Hikaru zu uns herüber. Nach drei Bieren hörten sie nicht auf zu lachen und hatten knallrote Gesichter.

Sieh mal an, sagte Hikaru. Bereits betrunken. Wie zwei richtige Männer.

Eiju fügte dem nichts hinzu, er lächelte nur. Sora nahm noch einen Schluck aus seiner Dose, und sein Vater drückte ihm die Schulter. Der Junge machte ein Gesicht, das mich erschütterte, weil ich das alles zu gut kannte. Aber ich sagte nichts.

Ein paar Stunden später fuhren wir zurück zur Kneipe. Der Verkehr hatte nur leicht zugenommen. Gelegentlich war ein Auto hinter uns, bog dann aber wieder ab. Eiju saß auf dem Beifahrersitz, die Lippen voller Krümel, und irgendwann legte er sich beide Hände auf die Knie und seufzte.

Weißt du, sagte er, Hikaru denkt, sein Sohn ist auch eine Schwuchtel.

Ich sagte dazu nichts und ordnete mich an einer roten Ampel rechts ein.

Ich habe ihm gesagt, er soll sich deswegen keine Sorgen machen, sagte Eiju.

*Du* hast ihm gesagt, er soll sich keine Sorgen machen, sagte ich. Der Mann, der immer noch von Schwuchteln redet.

Sieh auf die Straße, sagte Eiju.

Ich meine, was kann er daran ändern?, sagte er. Wobei

der Junge nicht ist wie du. Eine völlig andere Situation. Hikaru will sein Geschäft übergeben, und das ist schwer, wenn sein Kind keine Kinder kriegt.

Was ist an unserer Situation so anders?

Die Tatsache, dass ich nicht Hikaru bin.

Nun, sagte ich. Sora kann trotzdem Kinder haben.

Du machst Witze, sagte Eiju und sah mich an. Du bist nicht mehr in Amerika. Hier nehmen wir Rücksicht auf die Menschen um uns herum.

Ich glaube nicht, dass irgendein Land ein Monopol auf die Rücksicht auf andere hat.

Du weißt, was ich meine.

Vielleicht solltest du dich klarer ausdrücken, sagte ich.

Dass du etwas tun kannst, heißt noch lange nicht, dass du es auch solltest, sagte Eiju.

Das ist nicht Hikarus Entscheidung, sagte ich.

Wir standen immer noch an der Ampel. Eiju strich über einen Zahnstocher zwischen seinen Lippen.

Vielleicht nicht, sagte er. Aber er trifft sie trotzdem. An irgendjemanden muss er den Laden übergeben.

Er tut dir also leid.

Klingt es so?

Ja.

Nun, sagte Eiju, es geht mich verdammt nichts an. Es ist seine Familie. Ich habe mit meiner genug am Hals.

Wir standen immer noch. Eine kleine Gruppe Schulkinder trabte vor uns über die Straße.

Ich fragte nicht, welche Familie genau Eiju da im Sinn hatte.

Ich sagte nicht, dass alles, was er mit seiner Familie machte, darin bestand, sie im Stich zu lassen.

Ich sagte nichts dazu. Ich fuhr nur weiter.

Wir schafften es dann irgendwann zurück.

Und als ich den Wagen geparkt hatte, bei den Müllcontainern, seufzte Eiju aus voller Seele. Er fragte, ob ich schon über seinen Vorschlag nachgedacht hätte. Was die Kneipe angehe.

Es ist okay, wenn du es noch nicht hast, sagte er.

Nein, ist es nicht, sagte ich.

Gut. Also?

Ich weiß es nicht, sagte ich.

Du weißt es noch nicht.

Ich lebe in Houston.

Ich habe auch mal in Houston gelebt.

Ich habe Pläne.

Pläne ändern sich.

Hör auf, sagte ich. Scheiße, ich habe einen Partner. Da ist jemand.

Eiju ließ einen Pfiff hören. Zwei Teenager kamen vorbei und dribbelten einen Basketball vor sich her.

Ist er wie du?, sagte Eiju, und ich drehte mich zu ihm hin und sah ihm ins Gesicht.

Ein Japaner, fügte er hinzu.

Er ist schwarz, sagte ich.

Uff, sagte mein Vater.

Er blickte aus dem Beifahrerfenster. Einer der Jungs dribbelte jetzt um den anderen.

Wenn schon, denn schon, sagte Eiju.

Was zum Teufel soll das jetzt heißen, sagte ich.

Was weiß ich.

Aber, sagte Eiju, wie ich dir gesagt habe. Es ist dein Leben. Und ich werde nicht versuchen, dich umzustimmen. Das ist für niemanden gut. Aber an irgendwen muss die Kneipe gehen.

Du könntest sie auch einfach schließen, sagte ich, und Eiju sah mich kurz an. Da lag Angst in seinem Blick.

Ich hatte es gesagt, um ihm wehzutun, und bedauerte es augenblicklich. Mein Vater öffnete den Mund. Schloss ihn wieder. Und Eiju machte die Tür auf und ließ die kalte Luft herein.

♦

Im Kontext sieht alles anders aus. Alles.

Das ist etwas, was Ben mir erklärt hat.

Wir hatten gerade einen Streit über eigentlich nichts hinter uns gebracht und unser Bestes getan, um ihn wegzuvögeln. In solchen Fällen dauerte die Vögelei besonders lange und war besonders wild. Mit Beißen, Kratzen und Heulen. Bis uns die Luft ausging.

Hinterher lagen wir auf der Matratze. Houston hatte sein zweiwöchiges Zeitfenster für den Herbst erreicht. Das holte die Leute auf die Straße. Sie spielten Ball, standen in ihren Einfahrten bei ihren geparkten Autos, rauchten was und redeten gottverdammt zu laut und zu lange.

Wir waren zu einem winzigen Stern im Universum unserer Nachbarschaft geworden. Ich hatte schon ein- oder zweimal daran gedacht, unsere Blase platzen zu lassen, aber nie wirklich ernsthaft. Das war jetzt mein Leben.

Nicht das schlechteste. Es ging nicht um meine Eltern.

Und jetzt lagen Bens Beine auf meinem Bauch, und er fuhr mir gedankenverloren durch die Haare.

Erklär das mit dem Kontext noch mal, sagte ich.

Kapierst du es nicht?, sagte Ben.

Doch. Aber ich will es dich noch mal sagen hören.

Da ist die Sache, die passiert, und dann ist da noch der Scheiß drumrum, und der ist genauso wichtig.

Die eigentliche Sache bleibt trotzdem die, um die es geht. Sie ist ihr eigener Moment.

Klar, sagte Ben. Aber der geht vorbei, und alles richtet sich neu aus. Wenn genug Zeit vergangen ist, bist auch du nicht mehr derselbe. Das Geschehen wird Geschichte. Ein einzelnes Ereignis. So siehst du es anders an, im Prinzip.

Okay, Professor, sagte ich.

Ernsthaft.

Ich weiß.

Ich rieb mit dem Daumen über Bens Schwanz. Er zuckte zusammen, sprang aber nicht weg.

Die Mücken waren noch nicht aus ihren Bächen und Pfützen aufgestiegen. Man konnte die Grillen noch klagen hören. Wir hatten den Mietvertrag mit dem Whitegirl, das das Haus managte – sie trug jetzt Anzüge –, im Monat zuvor verlängert, und hinterher hatte Ben so komisch geguckt.

Als ich fragte, was sei, fragte er mich, wie ich mich fühlte. Ich sagte, okay. Er fragte, ob mich das nicht störe.

Jetzt guckte er genauso.

Ich fing wieder an, ihn zu reiben, doch jetzt fasste er meinen Daumen. Fest erst, aber dann lockerte er seinen Griff.

Was machen wir hier?, sagte er nach einer Weile.

Ich dachte noch über meine Antwort nach, als ich spürte, wie sich sein Atem beruhigte.

Ich wusste nicht, ob er schlief oder noch wartete. Ich blieb unter ihm liegen. Wenn er aufwacht, dachte ich mir, hat er sicher eine Antwort für uns beide.

♦

Einmal erklärte mir Ben, dass alle Männer, mit denen er es gemacht hatte, etwas gemeinsam hätten.

Ihr seid alle saukomisch, sagte er. Jeder einzelne von euch.

♦

Aber so schnell kann es gehen: Eines Abends, ich rauchte gerade eine Zigarette auf der Treppe zur Kneipe, kam plötzlich Tan aus dem Nichts um die Ecke. Wobei ich natürlich weiß, dass keiner jemals wirklich aus dem Nichts kommt.

Ich sah ihn auf mich zuschlendern, leicht vorgebeugt, die Hände in seinem Hoodie. Ich sah, wie er stehen blieb, als überlegte er etwas, und als er aufblickte, hob ich Zeige- und Mittelfinger in seine Richtung: Peace.

Hey.

Hey.

Was machst du gerade?, sagte ich. In dieser Sekunde.

Tan sah mich an. Irgendeine Gleichung zog über sein Gesicht.

Er sagte: Hast du eine Idee?

Tans Mutter wohnte in Doyama, ein paar Haltestellen entfernt. Wir saßen nebeneinander im Zug und sahen uns nicht wirklich an, bis wir den Bürgersteig hinaufliefen, weg von den Laternen, durch verschiedene kleine Straßen auf den Wohnkomplex zu. Die Lichter der Stadt verblichen hinter uns. An den Ecken lungerten Männer herum und rauchten. Jede Straße, durch die wir kamen, wurde von irgendeinem verfickten Love-Hotel erleuchtet. Irgendwann näherten wir uns einem Fahrradladen, wo einer mit einem kaputten Vorderrad herumtat, und ein paar Kids drehten das hintere.

Im ersten Stock des Hauses, vorbei an einigen Briefkästen und dem Treppenhaus, klopfte Tan an die Tür, einmal und dann noch einmal.

Vielleicht ist sie nicht da, sagte er, und das waren die ersten Worte, seit wir von der Kneipe aufgebrochen waren.

Doch da wurde die Tür von einer älteren Frau geöffnet, die kaum wie Tan aussah.

Sie beredeten etwas in ihrer Sprache, während ich hinter Tan stand und von einem Bein aufs andere trat.

Ich musste an Ben denken, wie es für ihn gewesen war, als er Ma und mich Japanisch reden hörte.

Plötzlich kam mir das Ganze wie eine völlig lächerliche Idee vor.

Doch in dem Moment winkte mir Tans Mutter zu und lächelte. Sie schüttelte mir die Hand.

Kommen Sie herein!, sagte sie auf Japanisch.

Oh, sagte ich.

Ich sah Tan an. Er zuckte mit den Schultern.

Kommen Sie schon!, sagte die Frau mit einem unglaublich breiten Lächeln. Kommen Sie herein!

Dabei wiederholte sie ständig etwas, ich konnte aber

noch nicht sagen, was. Tan wurde rot. Er bedeckte sein Gesicht.

Sie wird uns nicht stören, sagte Tan und schloss seine Zimmertür hinter sich.

Ist schon okay, sagte ich. Sie ist deine Mutter.

Sie ist meine Mutter, sagte Tan.

Er räumte seine Matratze frei, indem er einen Haufen Jacken beiseiteschob. Auf einem Schreibtisch beim Fenster lagen ein paar USB-Sticks und zwei Handys im sanften Schimmern eines Tablets, das gerade aufgeladen wurde. Auf dem Boden verteilt lag eine Handvoll Kameras.

Nette Bude, sagte ich.

Ist ein Schuhkarton.

Für ein paar ziemlich große Füße.

Mein Zimmer zu Hause war dreimal größer.

Bis auf die Matratze und den Schreibtisch gab es nichts. Ich sah einen Laptop, der offenbar ebenfalls aufgeladen wurde, und über einer Umhängetasche baumelte ein Kopfhörer. An der Wand lag eine Reisetasche, deren Innereien sich auf den Holzboden ergossen hatten. Ich wusste nicht, wo ich mich hinsetzen sollte, Tan fasste meinen Arm, und ich plumpste aufs Bett.

Du lebst mit wenig, sagte ich.

Spricht nichts dagegen.

Trotzdem. Es ist anders.

Hast du es dir anders vorgestellt?

Ich weiß nicht, sagte ich und wischte mir die Hände an meiner Jogginghose ab.

Sag mir, sagte Tan, wolltest du heute Abend Sex?

Ich zuckte kurz zusammen.

Du gibst Gas, sagte ich.

Du bremst, sagte Tan.

Ich sah ihn an. Meinte er es ernst?

Das tat er.

Ich kratzte mich an der Nase.

Nicht wirklich, sagte ich.

Sei ehrlich, sagte Tan.

Ich meine, wir müssen nicht.

Klar. Aber willst du?

Ich weiß es noch nicht, sagte ich.

Okay, sagte Tan und ließ sich rückwärts auf sein Bett fallen.

Wir schwiegen.

Dann schob er mir eine Hand unter das Hemd und rieb meinen Rücken. Ich ließ es zu.

Ich habe jemanden zu Hause in Texas, sagte ich.

Okay, sagte Tan.

Ich wollte das nur sagen. Er ist mir wichtig.

Wir machen ja gar nichts, sagte Tan, hörte aber nicht auf zu reiben und schlang seine Arme um meinen Körper.

Bist du wirklich schwul?, fragte ich.

Was glaubst du?, sagte Tan.

Ich habe gelernt, nicht zu mutmaßen.

Wenn wir in meinem Land wären, würde ich dich anlügen.

Okay, sagte ich.

Ich lehnte mich gegen Tans Hand. Er fragte, ob sich das okay anfühlte, und ich sagte Ja.

Gut, sagte er. Leg dich auf den Bauch. Und zieh deinen Pullover aus.

Ich sah ihn fragend an, aber Tan sagte nichts. Ich tat,

wozu er mich aufgefordert hatte. Er zog seinen ebenfalls aus und manövrierte seine Beine über meine, bis der Großteil seines Gewichts auf mir ruhte.

Wir waren etwa gleich groß. Tans Matratze war im Grunde eine Holzplatte. Einfach eine harte Fläche unter uns. Ich hätte mich wie ein zerquetschtes Stück Gemüse fühlen müssen, tat es aber nicht. Er fühlte sich warm an.

Irgendwann spürte ich, wie er auf meinem Hintern größer wurde.

Sorry, sagte Tan.

Schon gut, sagte ich.

Meiner war auch hart. Wir waren zwei geile Männer, die aufeinanderlagen, ohne zu vögeln. Aber *etwas* taten wir definitiv.

Ist das okay, sagte Tan.

Yeah, sagte ich. Es ist schön.

Gut, sagte Tan, und so blieben wir.

Hin und wieder verschob er sich leicht auf mir. Ich passte mich unter ihm an. Hin und wieder drückte er meine Schultern mit seinen Händen. Wir lauschten den Geräuschen der Wohnung und seiner Mutter, die durchs Wohnzimmer tapste. Und gelegentlich einem Sirenenheulen draußen.

Aber grundsätzlich war es still um uns.

Ich weiß nicht, wer zuerst einschlief.

Als ich aufwachte, war es noch dunkel. Tan lag nicht mehr auf meinem Rücken. Ich drehte mich um, und er wirkte erschöpft, hatte die Augen halb offen und fixierte mich.

Lass mich raten, sagte er, du musst gehen.

Ich sollte.

Ich stand aber nicht auf. Tan blinzelte.

Ich nehme an, ich sehe dich später, sagte ich.

Vielleicht. Tan grinste.

Jetzt weißt du, wo ich wohne, sagte er.

Jetzt weiß ich, wo du wohnst, sagte ich.

Jetzt hast du noch was anderes in dieser Stadt zu tun, sagte Tan.

Auf dem Weg hinaus kam ich an seiner Mutter im Wohnzimmer vorbei. Als sie die Tür hörte, fuhr sie erschreckt in die Höhe. Doch dann sah sie, dass ich es war, und lächelte.

Sie winkte. Ich winkte.

Ich ging zurück zur Kneipe. Eine betrunkene Frau wankte vor mir her, kicherte in sich hinein und verschwand seitlich in einer Gasse. Sonst war nichts zu sehen. Die Luft war etwas wärmer geworden.

Kunihiko saß auf der Treppe, und im ersten Moment konnte ich den Körper nicht zuordnen. Er hielt den Kopf in den Händen und eine brennende Zigarette in der Faust. Ich hatte nicht mal gewusst, dass er rauchte.

Als er mich sah, stand er auf.

Wo zum Teufel warst du?, sagte er.

Unterwegs, sagte ich. Warum?

Du hättest verdammt noch mal hier sein sollen, sagte er.

Was?

Wir haben ihn ins Krankenhaus geschickt, sagte er. Wo zum Teufel warst du?

Durch die Fenster sah die Kneipe leer aus. Kunihiko musste alle hinausgeworfen, alles abgedreht haben. Ich fragte mich, ob er auch alles Geschirr gespült hatte.

Dann gab ich Kunihiko die ehrlichste Antwort, zu der ich fähig war: Ich weiß es nicht.

♦

Wann immer ich von meiner Schicht in der Tankstelle nach Hause gekommen war, oder von meinem Herumziehen in der Welt, hatte Ma Reis und eine Miso-Suppe gekocht, Rindfleisch und Kartoffeln, oder auf dem Herd köchelten Pilze in einem Hühnchen-Dashi – und das nach ihrem vollen Arbeitstag. Mein Abschluss war nicht gut genug fürs College, und anders konnten wir es uns nicht leisten. Ma war Eiju einmal um Geld angegangen, einmal, obwohl ich ihr gesagt hatte, es nicht zu tun, aus Protest hatte ich eine Tasse durch die Küche geschleudert. Aber sie sagte, das hätte ich nicht zu bestimmen, Eiju schulde mir das, ich könne es ihr nicht verweigern. Wahrscheinlich würden wir sowieso nichts von ihm hören, und wenn doch, hätte er vermutlich das Geld nicht – und da wir das alles wüssten, warum nicht wenigstens probieren, und Ma hatte absolut recht, denn wir hörten rein gar nichts.

So lebten wir also: Ich trieb mich herum, verkaufte Zigaretten, Kaugummi, Bier in braunen Papiertüten und säckeweise Eis. Ma verkaufte Schmuck. Ich trieb mich weiter herum. Ich merkte es nicht, aber Ma wartete auf den rechten Augenblick. Und auf mich nach der Arbeit. Wir setzten uns an den Tisch, aßen, sagten nicht viel, stießen unter dem Tisch mit den Füßen gegeneinander und berührten uns dennoch kaum, aber immerhin. Hinterher spülte ich. Dann begann der nächste Tag.

Unsere Verbindung war, wenn auch nur für eine kurze Zeit, wiederhergestellt.

So lebten Ma und ich, bis ich auszog, direkt bevor sie das Land verließ. Wir telefonierten, wenn wir konnten, aber ich bekam den Gedanken nicht aus dem Kopf: Sie war weg, hatte mich verlassen und war ins verdammte Japan zurückgekehrt.

♦

Kurz bevor ich nach Osaka flog, während einer unserer schlimmsten Auseinandersetzungen, erklärte ich Ben, dass die Welt ihm nichts schulde. Nichts. Nicht eine gottverdammte Sache.

Zu der Zeit berührten wir uns nur noch beim Vögeln: Er legte eine Hand auf meine Schulter, oder ich lehnte mich in der Küche gegen ihn, und wir machten es genau dort, wortlos, grob, und sobald wir fertig waren, fuhren wir mit dem fort, womit wir gerade beschäftigt gewesen waren. Ich wusste, was da abging, so war es nicht. Ich wünschte mir auch nicht, dass es vorbei wäre. Es war mehr wie das Wirken einer Schwerkraft – als versänke ich langsam in etwas, das früher oder später sowieso geschehen würde, und ich wusste nicht, wie ich es aufhalten, umkehren oder was ich sonst tun könnte.

Wir standen auf verschiedenen Seiten des Wohnzimmers, Ben hielt den Türknauf, als wollte er ihn abreißen und nach mir werfen.

Du bist Müll, sagte er.

Super, sagte ich. Toll bemerkt.

Da kommst du her, und das wirst du immer sein.

Und was denkst du, Scheiße, wozu dich das macht?

Das ist mein Fehler, sagte Ben lächelnd. Ich habs mit dir versaut.

Genau, sagte ich. Und jetzt gehst du wieder nach Hause, wie? Ins verfickte Katy? Zu deinem verfickten Geld? Ist das dein Plan? Hast du überhaupt einen Plan?

Oh, fick dich, Michael. Verpiss dich bloß.

Das sollte ich. Dann kann es mir einer so machen, wie ich es von ihm will.

Ehrlich. Fick dich.

Und natürlich weißt du das am besten, oder, Benson? Wen du ficken solltest und wen nicht? Hat sich für dich echt bezahlt gemacht.

Wir redeten nie über Bens HIV-Infektion. Es war einfach etwas, was er hatte. Beim Frühstück nahm er seine Pillen, ich sah es, und das wars. Aber jetzt reichte es, unseren Streit zu beenden. Er schluckte seine Worte herunter, was eine weitere Premiere zwischen uns war.

Er schien verletzt, und ich wusste, ich hatte ihm wehgetan. Ich wollte ihn in den Arm nehmen, mich entschuldigen, konnte es aber nicht, und so tat ich es auch nicht.

Ich sah zu, wie er langsam den Flur hinunterging. Hörte, wie er leise die Schlafzimmertür hinter sich zuzog.

In der Nacht schlief ich auf dem Sofa, Ben in unserem Bett.

Am nächsten Morgen sprachen wir nicht darüber, und taten es auch später nicht.

In der Woche drauf verließ ich das Land.

Ich wüsste nicht mal, wie wir darüber reden würden, wenn wir es versuchten.

Damals habe ich es nicht versucht.

Ich habe das Land verlassen.

Stellte mir vor, dass er da sei, wenn ich zurückkäme.

♦

Wie sich herausstellte, war Eiju vor Erschöpfung umgefallen. Er hatte sich hinten in der Kneipe übergeben. Kunihiko bekam es mit, wählte den Notruf, aber bevor mein Vater das Bewusstsein verlor, sagte er, er solle Taro anrufen. Der Doktor war zehn Minuten später da, in Pyjama und Mantel.

Eiju verbrachte ein paar Nächte in Taros Klinik. Ich blieb bei ihm. Kunihiko besuchte ihn gelegentlich. Ich sagte, er solle sich wegen der Kneipe keine Gedanken machen, müsse sie nicht geöffnet halten oder so, aber er bestand darauf, sie wenigstens gründlich zu putzen.

Morgens ging ich hinaus, damit die Schwestern ihre Tests machen konnten. Wenn ich zurückkam, war Eiju bedrückt und verschreckt.

Irgendwann kam Taro selbst, um mit uns zu sprechen. Als er fragte, ob es in Ordnung sei, wenn ich mit im Zimmer bliebe, zuckte Eiju nur mit den Schultern. Und dann sagte uns der Arzt, Eijus Krebs sei nicht wirklich weiter gewachsen, aber auch nicht geschrumpft. Es sei einfach Zeit vergangen. Eijus Körper schalte herunter. Er werde auch weiter Gewicht verlieren, die Übelkeit werde schlimmer werden, wie auch der Schwindel. Dinge, die eine Behandlung lindern könne. Was im Moment geschehe, sei genau das, was er und wir erwartet hatten. Es sei so weit. Es geschehe. Das einzig Überraschende am Ende sei, wie schnell es gekommen war.

Die Uhr ist also abgelaufen, sagte Eiju.

Noch tickt sie, sagte Taro.

Ich bin bereits tot.

Noch sind Sie hier. Aber Sie müssen sich schonen. In der Kneipe zu arbeiten ist keine gute Idee.

Er ist kaum noch da, sagte ich.

Er sollte es ganz lassen, sagte Taro.

Soll ich nicht arbeiten, sagte Eiju, oder kann ich nicht arbeiten?

Die Arbeit wird Sie noch schneller umbringen, als Ihre Krankheit es ohnehin tut, sagte Taro.

Eiju sah Taro an. Er senkte den Blick. Dann kam ein Geräusch aus ihm heraus, wie ich es noch nie gehört hatte, dieses Zischen, das alles auf einmal war: ein Brüllen, ein Weinen und ein Ächzen.

Ich wollte aufstehen und zu ihm, aber Taro legte mir eine Hand auf die Schulter. Eijus Brust hob und senkte sich. Er bebte. Keuchte.

Schließlich beruhigte er sich wieder.

Okay, sagte er. Das ist okay.

Wir wussten, dass es so kommen würde, sagte er. Richtig?

Richtig, sagte Taro.

Ist es das, worüber wir geredet haben?, sagte Eiju.

Das ist es, sagte Taro.

Okay, sagte Eiju.

Dann geht es in Ordnung, sagte er. Ich bleibe zu Hause.

Immerhin eine gute Übung für dich, das alles zu managen, sagte er und sah mich mit einem Lächeln an.

Und ich wusste ohne einen Gedanken, instinktiv, dass ich einfach hätte Nein sagen können.

Ich hätte dem Mann da, auf der Stelle, den Garaus machen können.

Mehr wäre nicht nötig gewesen.

Ich sah Eiju ins Gesicht. Ganz genau sah ich ihn an.

Ich sagte: Okay.

♦

Einmal, vor Jahren, vor Ben, wollte ich einen Whiteboy vögeln, den ich in der Grand Prize am Pooltisch kennengelernt hatte. Wir gingen zu ihm, wo er sofort an meinen Shorts zog. Als er sie endlich unten hatte, erstarrte er förmlich. Hörte sogar auf zu atmen.

Ich fragte ihn, was los sei, und der Whiteboy sagte, es sei einfach nicht das, was er erwartet habe.

Ich fragte ihn, *was* er nicht erwartet habe, und er lächelte, weil er dachte, ich wüsste es. Aber ganz ehrlich, in dem Moment dachte ich an alles, nur nicht an meinen Schwanz.

Und dann hörte er auf zu lächeln.

Und es machte klick.

Als ich Ben die Geschichte erzählte, viel später, lachte er mir ins Gesicht. Was eine Seltenheit war.

Fick dich, sagte ich.

Sei nett, sagte Ben.

Ich lache nie über deine Geschichten.

Du hast recht. Tut mir leid.

Das sollte es.

Aber ich habe nicht gelacht, weil es komisch ist. Es ist nicht komisch. Ist es nie. Ich habe nur eine Frage.

Raus damit.

Hat dich das davon abgehalten, ihn zu vögeln?

Ben grinste so, dass ich mir genau überlegte, was ich sagen wollte.

Nein, sagte ich.

Nein was?

Nein, sagte ich.

Und wir starrten einander an.

Okay, sagte Ben.

♦

Ein paar Dinge, zu denen sich Eiju, trotz aller Krankheit, buchstäblich an der Schwelle zum Tod, nicht überwinden konnte: *regelmäßig zu frühstücken, in der Wohnung Socken zu tragen, seine Hände mit Seife zu waschen, volle acht Stunden zu schlafen.*

Morgens rauchte er.

Ich erinnerte ihn an die Anweisungen des Arztes.

Eiju erinnerte mich daran, dass er Krebs habe und kein verficktes Alzheimer.

Ich sagte Eiju, dass er die Dinge nur noch schlimmer mache. Seinen Zustand nur noch verschlechtere.

Er sagte, es komme aufs selbe raus und ob ich ihn für einen verdammten Idioten halte, dass ich ihn daran erinnern müsse.

Ich holte meinen Futon vom Wohnzimmer in sein Schlafzimmer und stieß nachts mit der Nase an seine Schulter. Das war ein Rat von Taro gewesen. Im schlimmsten Fall, wenn etwas passierte, würde ich schneller reagieren können. Nicht schnell genug. Aber schneller.

Taro erklärte uns, im Moment gehe es allein darum, das Risiko zu minimieren, *darum* gehe es, und Eiju murrte, während wir die Wohnung gegen den Tod aufrüsteten.

Als ich den Boden wischte, wie es Taro empfohlen hatte, sagte Eiju, warum wir nicht gleich alle Möbel rausschmissen, um das Risiko zu verkleinern.

Als ich kochte, was Taro vorgeschlagen hatte, fragte Eiju, warum wir nicht einfach zu essen aufhörten, um das Risiko zu verkleinern.

Als ich meinen Kopf auf das Kissen neben ihm legte und mein Ohr sich in den Stoff schmiegte, fragte Eiju, warum ich nicht einfach mit auf seinen Futon kam, um das Risiko größtmöglich zu verkleinern.

Du denkst, es ist ein Spiel, sagte ich. Aber das ist es nicht. Nicht mal im Ansatz.

Eijus Kopf lehnte an meinen Füßen. Er hielt den Blick aufs Holz gerichtet.

Du kapierst es nicht, sagte er. Es ist *genau das*. Alles ist ein Spiel. Ein verlorenes Spiel.

Und es gibt keinen Gewinner, sagte Eiju. Wir alle verlieren. Das ist der Punkt.

Ich rief Kunihiko an, um ihm zu sagen, dass wir die Kneipe für eine Woche schließen würden.

Bis wir uns überlegt haben, wie es weitergeht, sagte ich.

Er schwieg so lange, dass ich mich fragte, ob er noch dran war.

Und wie wird es weitergehen?, sagte er.

Ich erwiderte, das wisse ich nicht, mit einer so ehrlichen Stimme wie nur möglich.

Das hast du schon gesagt, sagte Kunihiko.

Was?

Dass du es nicht weißt. Aber egal, schon kapiert.

Damit legte er auf.

Eines Morgens kam Natsue zu uns. Sie brachte ein Frühstücks-Bentō mit, mit Folie versiegelt. Als ich aufmachte, schlief Eiju noch, und so standen sie und ich in seiner Tür und verfolgten, wie sich seine Brust hob und senkte.

Danke, sagte ich, und Natsue sah mich an.

Er ist ein lieber Freund, sagte sie. Einer meiner ältesten.

Ja, sagte ich. Aber ich meine nicht nur das Essen. Sondern, dass du wegen mir nicht ausgerastet bist. Weil ich sein Sohn bin.

Ah, sagte Natsue.

Sie lächelte, ein klein wenig.

Das wusste ich die ganze Zeit, sagte sie.

Ja?

Natürlich. Eiju konnte sein Geheimnis unter Druck nicht bewahren.

Weiß es sonst noch jemand?, fragte ich, aber Natsue zuckte nur mit den Schultern.

Ich denke, alle wissen genau das, was sie wissen müssen, sagte sie.

Wir trugen das Essen zurück zum Sofa. Ich lief in meiner Trainingshose herum, während Natsue an ihrem Blazer zupfte. Sie schlug die Beine übereinander und fragte, wie es gehe.

Er ist okay, sagte ich. Wenn man bedenkt.

Ich meine nicht deinen Vater, sagte Natsue. Wie es dir geht.

Gut.

Einfach gut?

Einfach gut. Ich bin nicht der Kranke.

Das heißt nicht, dass es dir gut geht, sagte Natsue.

Ich komme zurecht, sagte ich.

Sicher, sagte Natsue. Das solltest du.

Aber melde dich, wenn nicht, sagte sie.

Eines Nachmittags kamen auch Takeshi und Hiro zu Besuch. Sana war zu Hause bei seinen Kindern, aber seine Freunde brachten einen Sixpack aus dem 7-Eleven. Sie standen in der Wohnung, zogen die Schuhe aus und sahen sich in Eijus Wohnzimmer um. Eiju schlief. Sie glotzten die Wände an und das Sofa, wie ein paar kleine Jungs.

Das Bier ist für dich, sagte Takeshi.

Wir wussten nicht, ob Eiju was trinken darf, sagte Hiro, aber du kannst es doch bestimmt brauchen.

Ich sagte, sie sollten bleiben, wir würden das Bier gemeinsam vernichten. Erst lehnten sie ab, heftig, setzten sich dann aber – und dann trank jeder von ihnen drei

Dosen, und sie schwatzten und lachten und taten herum, und ich musste kaum etwas sagen.

An dem Abend kam auch Kunihiko.

Ich rechnete mit einer etwas unbehaglichen Atmosphäre zwischen uns, und als er hereinkam, war es auch so. Er war zum ersten Mal in Eijus Wohnung. Kunihiko zupfte an seinen Fingern, ich sagte, er solle sich nicht wundern, und er versuchte sich an einem düsteren Blick. Er lief durchs Wohnzimmer, mit Riesenschritten, dann in die Küche. Sah mich an und machte den Mund auf, doch es kam nichts heraus. Und ich wollte es ihm auch nicht leichter machen. Und dann, als es anfing, lächerlich zu werden, tauchte Eiju aus dem Schlafzimmer auf.

Er sah Kunihiko an. Er fragte, was zum Teufel los sei.

Nichts, sagte Kunihiko.

Genau, sagte Eiju. Nichts. Nichts ist los. Also hör auf, so verängstigt zu gucken.

Okay, sagte Kunihiko, sah mich an und zuckte mit den Schultern.

Zu dritt standen wir im Wohnzimmer. Eiju kratzte sich am Hintern.

Wie wäre es, wenn ihr zwei euch verdammt noch mal nützlich macht und uns etwas Reis kocht?, sagte er und ließ sich aufs Sofa sinken.

Und das taten Kunihiko und ich dann. Stumm standen wir neben der Spüle.

Als wir zurück ins Wohnzimmer kamen, schlief Eiju bereits wieder. Und so setzten sich Kunihiko und ich auf den Boden und schoben uns den Reis in den Mund.

Ich kochte für Eiju. Ich putzte die Wohnung. Ich lief von einem Ende des Blocks zum anderen, wanderte über den Kuromon-Markt, aß an der Curry-Bude hinter dem Komplex zu Mittag und fuhr mit der Lokalbahn nach Umeda. Einmal wollte ich von dort das Stück zur Wohnung zu Fuß zurückgehen. Osaka ist nicht groß. Es hätte nur ein paar Stunden gedauert. Aber es war scheißkalt, und ich stieß mit den Turnschuhen böse gegen den Bordstein. Nach der Hälfte gab ich auf und suchte den nächsten Bahnhof, stieg jedoch in die falsche Richtung ein, was ich erst im Zug bemerkte. Ich war kaputt, völlig hinüber und schlief nach zehn Sekunden ein.

Als ich aufwachte, war ich halb durch die Stadt. Ein dicker Typ in Shorts und Jordans saß mir gegenüber und schien etwas erschrocken, als ich aufwachte. Den Rest der Fahrt taten wir so, als würden wir uns nicht auschecken, bis er endlich ausstieg und einen letzten Blick in meine Richtung warf, und dann war ich wirklich allein.

Zu Ende der Woche kauten Eiju und ich an einem Curry herum, das ich gekocht hatte, als er plötzlich anfing zu zittern. Wir hatten beide ein Bier getrunken und ich noch ein zweites, drittes, viertes. Wir sahen uns die Wiederholung eines Spiels der Hanshin Tigers an, die sich über den Rasen in Eijus bleichem, trübseligem Fernseher kämpften.

Aber dann: dieses Zittern.

Erst waren es Eijus Schultern, dann die Knie.

Seine Finger.

Ich fragte, was sei.

Das verdammte Gesicht, das er zog.

Nichts, sagte er.

Und dann fing er an zu weinen.

Ich saß mit meinem Bier und meinem Curry da, während Eiju zitterte und bebte, und tat mein Bestes, mich nicht zu rühren.

Als es vorbei war, hustete Eiju. Ich gab ihm eine meiner Papierservietten. Er nahm sie, wischte sich über den Mund, räusperte sich und fragte, ob ich noch ein Bier im Kühlschrank hätte.

♦

Das letzte Gespräch mit meinem Vater, bevor er die Staaten verließ, hatte in unserem Wohnzimmer stattgefunden.

Er lief in Socken und Pullover herum. Ich musste in die Schule. Nachmittags würde ich ihn nicht mehr sehen, auch abends nicht oder am nächsten Morgen. Da war er bereits aus meinem Leben verschwunden. Aber an dem Morgen wusste ich das noch nicht, und er nahm sich Zeit mit seinen Schuhen.

Bevor ich die Tür hinter mir zumachte – in meinen Nikes und einem Riesenpullover, wie immer –, fasste mich Eiju bei der Schulter. Sagte, ich solle mich direkt vor ihn stellen. Dann ging er einmal um mich herum und blieb vor mir stehen. Atmete mich an und roch lebendig. Ich weiß nicht, wie lange wir nicht mehr so nahe beieinander gestanden hatten. Ich war mir seines Körpers intensiv bewusst, und fast stießen wir mit der Brust zusammen.

Eiju sah nicht auf mich herab. Das *konnte* er nicht. Mittlerweile war ich so groß wie er. Auge in Auge standen wir da.

Er nahm meine Hände.

Er verschränkte unsere Finger.

Dann lächelte er.

Fast geschafft, sagte er. Fast.

Bald, sagte er, und ich ging als Erster, um den Bus zu erwischen. Ich schloss die Tür hinter mir und hörte Eijus Stimme für über fünfzehn Jahre nicht mehr.

Oder vielleicht lüge ich auch – als Kind war ich ihm bestimmt schon mal nahe gewesen.

Einmal war Eiju zu einer seiner Sauftouren losgezogen. Einer seiner ersten in Houston. Wir sahen ihn an dem Abend nicht, und auch am nächsten Morgen nicht, und ich brach bei der Tür zusammen, trat um mich und schrie, als Ma mich da wegzuzerren versuchte, und am Ende breitete sie ihr Bettzeug auf dem Teppich aus und schlief neben mir im Flur.

Vor dem Schlafengehen küsste ich meinen Vater immer auf die Stirn. Eiju war kein emotionaler Mensch, aber er gab mir ebenfalls einen Kuss. Direkt aufs Ohr. Ich konnte nicht einschlafen, wenn er mich nicht geküsst hatte, und er vergaß es nie. Nicht mal, nachdem er angefangen hatte zu trinken. Bevor es schlimm wurde. Wenn er nicht zu Hause war, saß ich mit Ma da, und sie versuchte es an seiner Stelle, aber es fühlte sich nicht so an wie bei ihm, und am Ende warteten wir beide auf ihn.

Wann immer Eiju aus seiner Welt zurückkehrte, roch er nach Schnaps und Rauch. Und das Erste, was er tat, war, mich auf die Stirn zu küssen. Und auf mein rechtes Ohr. Und auf mein linkes. Und dann noch, nur einmal, oben auf die Nasenwurzel.

♦

Kunihiko und ich machten die Kneipe ein paar Tage später wieder auf. Morgens hatte ich Eiju gefragt, was er davon halte, und er verzog nur das Gesicht.

Wir saßen in unseren Schlafanzügen im Wohnzimmer. Zwei kleine Schüsseln mit Gewürzgurken standen auf dem Tisch zwischen uns, auf meinem Laptop lief eine ruckelnde Wiederholung eines Rugbyspiels zwischen Australien und Südkorea.

Spielt es eine Rolle, was ich davon halte?, sagte Eiju.

Natürlich spielt es eine Rolle, sagte ich. Es ist deine Kneipe.

Eiju fing an zu husten. Vor uns drängte sich eine Horde Männer gegeneinander, die Knie gebeugt.

Ich wartete, bis Eiju fertig war. Gab ihm eine Papierserviette. Er nahm sie. Unser kleines Ritual.

Richtig, sagte er. Natürlich spielt es eine verdammte Rolle.

Kunihiko und ich wischten Theke und Hocker ab, und wir checkten die Schnapsbestände. Er sagte kein Wort zu mir, und ich tat mein Bestes, da nicht zu viel hineinzulesen. Mittlerweile redeten wir nur, wenn es absolut notwendig war. Ich nickte, er zeigte auf etwas, und ich grunzte bestätigend.

Das war, dachte ich, nicht anders als zu Hause mit Ben.

Und wieder dachte ich darüber nach, wie es mit ihm weitergehen sollte. Und ob es weitergehen sollte.

Aber das Schweigen hier war nicht von Dauer. Das wusste ich. Kunihiko musste es auch wissen.

So wartete ich, bis er sich am Waschbecken hinter der Theke vorbeugte, und stieß ihm einen Zeh in den Hintern.

Kunihiko schoss in die Höhe und wurde rot.

Hey, sagte ich, so schlimm ist es nicht.

Kunihiko sah mich lange an. Dann beugte er sich wieder vor und schrubbte irgendwas sauber. Ich stand da, und er versuchte mich nicht weiter zu beachten, aber irgendwann sah er mich wieder an.

Du bist noch da, sagte er.

Bin ich, sagte ich.

Ich weiß, es ist schwer für dich, sagte ich, aber das alles ist keine Überraschung.

Für mich war es eine.

Okay, sagte ich. Das tut mir leid.

Du hättest es mir sagen können, sagte Kunihiko. Er hätte es mir sagen können. Ihr habt es mir beide verschwiegen.

Er lehnte sich gegen die Theke, umklammerte mit einer Hand seine andere. Ich kratzte mir die Schulter.

Hör zu, sagte ich. Ich sehe Eiju jeden Tag. Er weiß, was er tut. Und was kommt.

Ich konnte ihm nicht helfen, sagte Kunihiko.

Das ist nicht dein Job.

Genau da liegst du falsch.

Kunihiko richtete sich auf, die Hände hinter dem Rücken. Fast stießen wir mit den Köpfen zusammen.

Ich hätte da sein sollen, sagte er. Im Krankenhaus. Als es ihm gesagt wurde. Ich hätte bei all dem da sein müssen. Weil ich auch sonst bei ihm war, die ganze Zeit. Und *du* hättest es auch sein sollen. Das ist das Problem. Das Problem ist, dass du weg warst.

Kunihiko roch nach Bier. Er atmete mich mit seinem Bieratem an und stützte sich wieder an der Theke ab.

Er hätte sterben können, sagte Kunihiko.

Unsinn, sagte ich.

Still. Doch, das hätte er. Und was hättest du dann gemacht?

Ich denke, das reicht jetzt, sagte ich. Hast du getrunken?

Nein. Vielleicht. Aber wo warst du genau? Ehrlich?

Das geht dich einen Scheiß an, Kunihiko.

Warst wahrscheinlich Jungs vögeln, sagte Kunihiko. Während dein Vater auf dem Totenbett um Luft ringt.

Es gibt da diese Momente in deinem Leben – nicht zu oft, wenn du Glück hast –, wo einer, den du kennst, etwas über dein Schwulsein sagt, mit dem du überhaupt nicht gerechnet hast. Ben nannte es ein kleines Erdbeben. Ich denke nicht, dass er da unrecht hatte. Es bringt dich aus dem Gleichgewicht, das ist es. Wie sehr, hängt davon ab, wo genau sich die Erdplatten übereinanderschieben. Wo die Bruchlinien verlaufen.

Jedenfalls fühlte es sich so an.

Ich wartete, um zu sehen, ob Kunihiko das Schweigen noch einmal brechen würde, doch das tat er nicht.

Ich sagte: Das geht dich alles nichts an.

Ich wette, du hältst mich für einen Idioten, sagte er.

Nein. Aber ich denke, dass das gerade absolut lächerlich ist.

Denkst du etwa, Eiju hätte mir *das* nicht gesagt, sagte Kunihiko. Mir?

Ich denke, dass du mir verdammt noch mal auf den Sack gehst, Kunihiko.

Gut. Das ist eine gute Sache. Es sollte dir nicht egal sein, verdammt.

Kunihiko, sagte ich und packte ihn beim Kragen.

Es ging ziemlich schnell. War mehr wie ein Tanz als sonst etwas. Er konnte nicht ausweichen, da war kein Platz, und so standen wir Leiste an Leiste da, und als er sich zu bewegen versuchte, schob ich meine Füße links und rechts neben ihn.

Okay?, sagte ich. Okay?

Gut, sagte Kunihiko. Lass mich jetzt.

Nein.

Hör mir zu, sagte ich. Ich werde dir jetzt ein Geheimnis verraten.

Mein Vater wird sterben, sagte ich. Schon bald. Und wenn er geht, wer, glaubst du, entscheidet dann, was mit diesem verdammten Laden passiert? Und was, glaubst du, werde ich über dieses Gespräch jetzt denken, wenn es so weit ist? Glaubst du, das hilft deiner Situation?

Ist das eine Drohung?

Das ist ein Versprechen, Kunihiko.

Du denkst also, du bist jetzt mein verdammter Boss?, sagte Kunihiko.

Nein, sagte ich. Ich *weiß*, dass du für mich arbeitest. Bis ich was anderes sage.

Kunihikos Augen traten hervor. Aber er versuchte sich nicht mehr zu befreien. So bestürzt hatte ich ihn noch nie erlebt.

Und dann öffnete sich die Tür hinter uns.

Sana stand da, in Jogginghose und Mantel, mit einer

jungen Frau neben sich. Er lächelte von der Tür herüber, doch sein Lächeln erstarb, als er Kunihiko und mich so sah. Die Frau blinzelte nur etwas.

Und dann sah ich die Babys in ihren Armen.

Kunihiko sah sie ebenfalls, und ich spürte, wie er die Luft aus sich herausließ.

Wir rissen beide die Hände hinter den Rücken und traten auseinander.

Ich hoffe, wir platzen da nicht gerade in was hinein, sagte Sana.

Sicher nicht, sagte ich.

Deine Kleinen!, sagte Kunihiko.

Ja, sagte Sana. Und das ist meine Frau Erka. Wir waren zufällig in der Nähe.

Vielleicht sind wir zu früh, sagte Erka.

Nein, sagte ich. Es ist alles in bester Ordnung. Kunihiko wollte euch gerade eure Drinks einschenken.

Einen Scheiß wollte ich, sagte Kunihiko.

Aber natürlich wolltest du das.

Nein, sagte Kunihiko, blinzelte und drückte den Rücken durch.

Du hast recht, sagte er. Wenn ich bleibe, arbeite ich für dich. Das habe ich kapiert. Aber ich muss nicht bleiben.

Und unversehens glitt er hinter der Theke hervor. Er stolperte auf dem Weg hinaus, fing sich aber. Als Sana ihm helfen wollte, blieb er einen Moment lang stehen, machte sich dann aber los und schob sich an Erka vorbei aus der Tür.

Damit waren wir noch zu fünft.

Die Zwillinge gähnten.

Geht das jeden Abend so?, fragte Erka.

Sana sah mich an. Ich winkte sie zu den Hockern hin. Sie setzten sich, die Kleinen auf dem Arm. Ich schaltete das Radio ein.

Ich fragte, ob sie Hunger hätten. Ich hatte noch nicht viel vorbereitet, doch das ließ sich nachholen.

Eiju würde so früh nie etwas kochen, sagte Sana.

Ich weiß, sagte ich, drehte den Wasserhahn auf und wusch mir die Hände.

♦

Langsam, langsam, und dann alles auf einmal.

Eiju beschränkte seine Aktivitäten auf einen reduzierten Ablauf: Er wachte auf und ging langsam die Straße zum Bahnhof hinunter. Fuhr mit dem Lokalzug ins nächste Viertel zu einer Bäckerei, die er mochte. Trank einen Kaffee, kaufte etwas Gebäck und brachte es zurück nach Hause. Manchmal aß er es gleich dort. Wenn er fertig war, suchte er sich eine Bank beim Park und rauchte eine Zigarette. Zurück in der Wohnung legte er sich wieder hin. Sah fern, zappte sich durch die Kanäle und kochte sich etwas zu Mittag, dann auch für mich, wenn ich aufgewacht war. Kurz bevor ich in die Kneipe hinüberging, rauchte er eine letzte Zigarette und legte sich wieder schlafen.

Wenn ich am nächsten Morgen zurückkam, schloss er mir auf, und es ging wieder von vorne los.

♦

Ich schrieb Ben.

Nichts Wildes. Ein einfaches Hallo.

Was für Unterhaltungen kommen infrage, wenn man über nichts sprechen mag?

Ich legte das Telefon zur Seite, und seine Antwort kam sofort.

Ben bat mich, ihm ein Foto zu schicken.

Es war heller Nachmittag. Ich schickte ihm eins vom Himmel.

Er antwortete wieder sofort, schneller hatte er noch nie reagiert:

Ich erkannte die Tankstelle bei der Wohnung. Die Telefonleitung zum Pizza Hut. Die Art, wie die Buchstaben nach außen hin blasser wurden.

Er schickte ein Foto von seinem eigenen Himmel.

Danach schickte ich Ben, ohne jeden Grund, Fotos von Dingen, die mich umgaben.

Der Bahnhof. Ein paar alte Leute auf einer Bank. Ein beschlagenes Bier in der Kneipe. Irgendwelche Kinder, die beim McDonald's vergeblich Dreier zu werfen versuchten. Ich schrieb ihm nichts darüber, was ich machte oder wie es mir ging. Wir tauschten keinerlei Information aus. Trotzdem war es eine Art von Unterhaltung. Mehr oder weniger.

Und Ben schickte mir Bilder von Ximena bei der Arbeit. Von unserer Veranda. Unseren Nachbarn. Auf einem machten die Nachbarkids Peace-Zeichen neben ihrer Katze.

Wie war es zwischen uns so weit gekommen, wo war der Wendepunkt gewesen?

Etwas war in aller Stille passiert, nehme ich an. Die großen Momente sind niemals groß, wenn sie verdammt noch mal tatsächlich geschehen.

Spielen wir es also durch: Eines Abends gingen wir um den Block. Manchmal taten wir das noch. Es war keine große Sache oder so, obwohl Ben mittlerweile bei jedem Streit mit Scheiße um sich warf. Und wir stritten verdammt viel. Ich reagierte meistens nicht weiter darauf. Oder nannte Ben einfach nur verwöhnt. Scheiß privilegiert. Aber. Trotzdem. Nach dem Streit, oder noch öfter davor, liefen wir von einem Ende des Blocks zum anderen. Wenn es zu heiß war, kehrten wir an der Ecke um und liefen zurück. Und einmal fragte mich Ben an der Ecke, ob ich mehr wollte.

Yeah, sagte ich, ich denke schon. Es sei denn, du willst noch weiter.

Als er nicht antwortete, sah ich ihm ins Gesicht.

Wir redeten nicht über das Gleiche.

Aber er lehnte meinen Vorschlag nicht ab. Er sah die Bestätigung in meinen Augen. Plötzlich waren wir wieder auf derselben Seite. Und kehrten gemeinsam um.

Den ganzen Rückweg über sagten wir kein Wort. An dem Abend vögelten wir nicht. Aber er hielt meine Hand, bis er einschlief. Ich sah, wie sich seine Finger um meine schlossen, und versuchte mir das Bild einzuprägen.

Am nächsten Abend würde ich mit ihm Schluss machen. Es war besser für uns beide.

Und als Ben sich im Schlaf umdrehte, versuchte ich auch das in meinem Gedächtnis abzuspeichern.

Aber dann rief Ma an, um mir von Eiju zu berichten.

♦

Fragen, die mir mein Vater seit meiner Ankunft in Japan gestellt hat: *Wo wohnst du jetzt in Houston? Was? Warum da? Konntest du keine miesere Gegend finden? Denkst du wirklich, das ist rassistisch? Willst du mich verarschen? Denkst du wirklich, du hast gelitten? Lebst du allein? Und was macht er? Und er lässt dich einfach so gehen? Glaubst du, du bist ihm wirklich wichtig? Glaubst du, du bist irgendwem wirklich wichtig? Glaubst du, wir sind irgendwem wirklich wichtig? Warum noch mal bist du hergekommen? Beruhige dich, es ist keine große Sache, du kommst einfach nicht klar mit Fragen, aber trotzdem denkst du, du hast verdammt was durchmachen müssen? Was essen wir noch mal zu Abend?*

Eines Abends hatten Takeshi und Hiro Sana von seiner Familie weggelockt und alle bereits sechs Bier gekippt, als sie durch die Tür kamen. Und sie waren mehr als stockbesoffen, als ich sie bat, es gut sein zu lassen.

Quatsch, sagte Hiro.

Du bist nicht Eiju, sagte Sana.

Genau, sagte ich. Denn ich werde euch rausschmeißen.

Darauf sahen sie mich nur an. Als hätte ich eine heilige

Regel gebrochen. Aber sie erwiderten nichts – sie taten schlicht, was ich sagte.

Später, als das alles vorbei war, sagten sie mir, dass ich in dem Moment wie er ausgesehen hätte. Dass ich genau wie er geklungen hätte.

An einem anderen Abend kam Takeshi allein in die Kneipe. Für gewöhnlich war er der Lauteste der drei, doch an dem Abend sagte er nicht viel. Es herrschte ein angenehmes Schweigen. Er trank, rauchte eine nach der anderen, und ich werkelte hinter der Theke herum. Als er ging, ließ er zu viel Geld unter seinem Untersetzer zurück, aber als ich hinter ihm herrief, winkte er ab und verschwand in der Nacht.

Wenn ich morgens zurück zur Wohnung ging, war es noch nicht richtig hell, und manchmal kam ich am Bahnhof an ein paar Kids vorbei. Vor der Rolltreppe tanzten sie zu Musik von Missy Elliott, die aus ihren Telefonlautsprechern schepperte, machten ihre Moves und hielten zwischendurch immer wieder inne, um sich gegenseitig zuzusehen. Wenn ich kam, hörten sie nicht auf. Sie ließen mich da stehen und schauen und machten weiter ihr Ding.

Eines Morgens fuhr ich mit dem Transporter neue Vorräte holen. Als ich Hikaru die Liste gab, blies er mir den Rauch seiner Zigarette ins Gesicht. Er fragte nicht nach Eiju. Tat so, als gäbe es ihn gar nicht, ging hinein und kam nicht wieder heraus. Stattdessen kam Sora, um mir mit den Kisten zu helfen, und stöhnte die ganze Zeit wegen seiner Knie. Hinterher gab er mir zwei Bier, und wir tranken sie hinten auf der Ladefläche und sagten kein einziges verdammtes Wort über irgendwas.

Ich servierte das Bier, ich mixte die Drinks, ich kochte den Reis. Ich spülte ab.

Es macht was Komisches mit dir, wenn du merkst, wie sich die Dinge zu ändern beginnen.

Als die Stammgäste allmählich begriffen, dass das jetzt ihre neue Wirklichkeit war, dass *ich* ihre neue Wirklichkeit war, gab es so etwas wie eine Pause, ein Innehalten. Sie wurden ein wenig langsamer mit ihren Bestellungen. Ein wenig überlegter mit ihren Gesprächen. Sie hatten jetzt nur noch eine Person als Gegenüber, zwei Füße, die für sie liefen, nicht sechs.

Eines Abends fragte mich Natsue, wie es gehe, und ich sagte, es sei alles in Ordnung.

Wirklich?, sagte sie.

Wirklich, sagte ich.

Okay, sagte sie und hob den Finger, um noch ein Bier zu bestellen.

Irgendwann kamen ihre Erwartungen zurück. Die Szenerie veränderte sich wieder.

Es passierte nur einmal: Hiro wollte Schweinefleisch mit Kimchi, und ich machte es genauso wie Ma, so wie ich es für Ben gekocht hatte. Was ganz anders war als das von Eiju. Oder Kunihiko. Und Hiro öffnete den Mund

und sagte: Das schmeckt nicht so, wie Eiju es gemacht hätte.

Natsue und Hayato zuckten zusammen. Ich konnte nur nicken.

Aber, sagte Hiro, ist gar nicht mal so schlecht. Ich kann damit leben.

Eines Abends lehnte sich Mieko über die Theke und klopfte mir auf die Schulter.

Von mir hast du es nicht, flüsterte sie, aber ich habe *den* perfekten Jungen für dich.

♦

Eines Nachmittags, nach einer Untersuchung, fragte ich Taro, was weiter zu erwarten sei. Mittlerweile besuchte er Eiju täglich, mehr freiwillig, als dass er es gemusst hätte. Das Hospizgespräch hatten wir genau einmal geführt, und als ich zusätzliche Hilfe ansprach, fragte Eiju nur, warum ich zum Teufel dächte, dass er mich bei sich behielt.

Nach seinen Besuchen redeten Taro und ich draußen auf der Treppe. Er schob die Lippen vor und überlegte genau, bevor er antwortete.

Was jetzt?, sagte ich, und ich schwöre, beinahe hätte er mit den Schultern gezuckt.

Nichts, sagte Taro.

Ich meine, was kann *ich* tun, sagte ich.

Ich weiß, was du meinst, sagte Taro.

Alle denken, sie können mehr tun, sagte er. Und weißt du, was? Manchmal tun sie es bereits.

Natürlich wollte Eiju so was nicht hören.

Er kam nur noch langsam aus dem Bett.

Langsam vom Klo.

Langsam auf das verdammte Sofa.

Langsam auf den verdammten Hof, um die Glieder zu recken.

Wenn ich jetzt morgens aus der Kneipe kam, kochte ich uns beiden ein Frühstück, während er vom Sofa aus zusah. Manchmal nahm er nur einen Bissen, manchmal schaffte er seine ganze Portion. Wobei es sein konnte, dass er hinterher alles gleich wieder ausspuckte. Meistens schaffte er es zum Klo, es sei denn, es ging absolut nicht.

Aber er versuchte immer zu essen, was ich ihm machte.

Wenn Eiju nach der Kneipe fragte, wie es lief und was mit seinen Gästen sei, sagte ich ihm, dass ich mich immer noch eingewöhnte. Dass ich nicht er sei.

Kein Scheiß, sagte er. Aber das habe ich dich nicht gefragt.

Es ist okay. Ich lerne dazu.

Es ist leichter, wenn du Hilfe hast. Bei Kunihiko kannst du dir einiges abgucken.

Ich hatte ihm nicht gesagt, dass ich Kunihiko seit seinem Abgang nicht mehr gesehen hatte.

Du gewöhnst dich dran, sagte Eiju.

Und trotz allem sagte ich ihm, das würde ich.

♦

Wenn die Dinge anfangen, sich zu verabschieden, dann alle auf einmal.

Das nächste Mal, als Eiju stürzt, ist es ein Ereignis. Er geht spektakulär zu Boden, in der Küche, und reißt im Fallen das Schneidebrett und die Schöpfkellen mit.

Danach ist jeder Zusammenbruch eine ruhige, natürliche Sache. Er fällt einfach.

Wenn ich da war, half ich ihm natürlich wieder auf.

Ich hatte keine Ahnung, was er machte, wenn ich nicht da war.

Eines Morgens in der Küche fragte ich ihn. Ich war gerade zurück aus der Kneipe. Wir aßen auf dem Boden, weil das sicherer für ihn war, und Eiju machte dieses Gesicht.

Wieder aufzustehen gibt mir etwas zu tun, wenn du nicht da bist, sagte er.

Sei nicht dumm, sagte ich. Wir sollten dir einen Notfallknopf besorgen.

Damit es noch voller wird hier drinnen? Scheiße, nein.

Ich dachte, du meintest, du brauchst mehr Hilfe.

Nein, sagte Eiju. Mir gehts gut. Deine Mutter würde sagen, ich kehre zur Erde zurück. Und es ist viel zu früh für diese Art Gespräch.

Wie auch immer, sagte Eiju. Ich will nicht beerdigt werden. Blas mich in den Ozean, über ganz Kansai. Es ist mir egal. Wird mir egal sein. Genau wie Mitsuko.

Sag das nicht.

Es stimmt.

Aber du musst es nicht sagen.

Jetzt bist du der, der unrealistisch ist.

Es wird ihr scheißegal sein, sagte Eiju. Sollte es auch.

Versprich mir nur, dass du nicht damit wartest, es ihr zu sagen, sagte er. Sag Mitsuko Bescheid, sobald ich weg bin. Hast du in letzter Zeit mit ihr geredet?

Da mach dir keine Sorgen, sagte ich.

Gut, sagte Eiju.

Versprich es mir, sagte Eiju.

In Ordnung.

Sag es.

Versprochen.

Gut, sagte Eiju.

Gibt schon genug Dinge, um die ich mich sorgen muss, sagte Eiju. Versuch mir nicht noch mehr aufzubürden.

Ich beobachtete Eiju, um zu sehen, ob er einbrechen würde. Wann es geschehen würde. Aber er tat es nicht.

Ich setzte mich neben ihn auf den Holzboden. Ich lehnte mich auf seine Beine, und als er sich nicht versteifte, schloss ich die Augen.

Ich wartete darauf, dass sich sein Atem beruhigte. Er tat es nicht, und ich überließ mich dem Schlaf.

Aber vielleicht ist das der Punkt, sagte Eiju, als er dachte, ich würde es nicht mehr hören.

Vielleicht wiederholt sich alles, hörte ich ihn sagen, bereits halb im Reich der Träume.

♦

Eine Erinnerung: Eiju und ich zu Hause in Houston. Wir warten auf Ma. Sie ist kurz nach Tokio geflogen, wo sich ihre Eltern formell von ihr lossagen werden. Es wird Jahrzehnte dauern, bis sie wieder hinfliegt.

Aber jetzt in ihrer Abwesenheit ziehen Eiju und ich Grimassen. Wir stecken unter der Bettdecke. Unsere Nachbarn streiten oder vögeln nebenan – ihr Lärm dringt durch die Wände.

Erst ist Eiju ein Geist.

Dann ein Trompeter.

Dann ein Hund.

Ich bin sechs oder sieben.

Irgendwann kriecht Eiju im Kreis um mich herum, auf allen vieren, tappt nach meiner Schulter, während ich seine Haare zu erwischen versuche. Ich war nie glücklicher.

Eine andere Erinnerung: Ma ist immer noch weg. Eiju und ich essen in seinem chinesischen Restaurant. Er hat mich zur Arbeit mitgenommen, weil er sich keinen Babysitter leisten kann oder einfach keine Ahnung hat, wo er einen finden könnte. Seine Schicht ist vorbei, und ich sitze auf der Theke, während er mir Nudeln in den Mund löffelt. Wenn sie mir wegrutschen, zwischen den Zähnen durch, fängt er sie auf und rollt sie zwischen den Fingern zusammen, um sie selbst zu essen.

Langsam, sagt er, und sie hängen ihm aus dem Mund.

Noch eine Erinnerung: Eiju und ich fahren in die Stadt und lassen uns abends durch Houston treiben. Er hat niemanden, der zu Hause auf ihn wartet, und ich bin die einzige Person, die er sehen muss. Mit seinem Wochenlohn haben wir ein Auto gemietet, ein protziges Ding, das Ma nie gutheißen würde. Ich sitze neben meinem Vater, während er die Straßennamen laut ausspricht, sie bewusst artikuliert und ihrem Klang lauscht. Sein Englisch ist in Ordnung, aber er stolpert über die spanischen und vietnamesischen Avenues.

Wenn wir an einer Ampel halten, richtet er meine Finger auf die Lichter über uns.

Da wirst du mal wohnen, sagt er bei jedem funkelnden Gebäude, das auf uns herunterleuchtet.

♦

Und dann stand eines Nachmittags Kunihiko vor Eijus Tür, ohne Vorwarnung, Erklärung oder Begründung.

Er trug eine Trainingshose und ein ärmelloses T-Shirt. Zwangloser hatte ich ihn nie gesehen. An einem Arm hing eine Tasche voller Lebensmittel, im anderen hielt er eine Papiertüte mit Gemüse.

Wortlos ging er an mir vorbei und stellte alles auf die Theke. Eiju fing seinen Blick auf, dann meinen, sagte aber nichts.

Kunihiko holte Töpfe aus dem Schrank, suchte nach Stäbchen, einem Löffel, einem Messbecher. Ich lehnte neben ihm an der Arbeitsfläche und sah zu, und er warf mir hin und wieder einen Blick zu.

Schließlich fragte ich: Woher weißt du, wo alles ist?

Alle Japaner organisieren ihre Küche gleich, sagte Kunihiko.

Das wusste ich nicht.

Das erwartet auch niemand von dir. Wo ist der Bratenheber?

Wo ihn echte Japaner aufbewahren.

Du bist nicht sehr lustig, sagte Kunihiko.

Ich weiß. Aber hör zu, was geht hier vor?

Kunihiko sah mich düster an. Er schüttelte den Kopf.

Nichts, sagte er. Ich bin hier, um zu helfen.

Wirklich?

Wirklich. So wie immer.

Nein. So einfach ist es nicht.

Kann es aber sein, sagte Kunihiko, und er seufzte und sah auf seine Füße. Wenn du es zulässt, kann es das wirklich sein. Ich kann einfach hier sein. Helfen.

Du machst es dir leicht, sagte ich.

Da hast du nicht unrecht, sagte Kunihiko.

Er nickte. Dann hielt er mir seine Hand hin.

Waffenruhe?, fragte er.

Er war wirklich wie ein Kind.

Sollte ich das nicht vorschlagen?, sagte ich.

Ich war ein Arschloch, sagte Kunihiko. Ich hatte unrecht.

Das stimmt.

Ich meine es ernst.

Ich auch.

Könntet ihr beide nicht einfach die Schnauze halten, sagte Eiju. Ich dachte, du hättest bereits einen gottverdammten Freund, Mike.

Kunihiko wandte sich wieder den Eiern zu, schnitt Tomaten, Zwiebeln und Tofu, gab ein bisschen Stärke dazu und vermischte alles zu einer Art Frittata, die wir in den Ofen schoben. Dann setzten wir uns vor den Fernseher und relaxten. Eiju stöhnte über die scheiß Synchronisation von *Rush Hour 2*. Zwanzig Minuten später hatten wir den Ofen vergessen, und das verdammte Zeugs brannte an. Wir ließen trotzdem nichts davon übrig.

♦

Eine andere Erinnerung: Wir stopfen Zeug in den Wagen, wollen nach Kalifornien fahren und die Küste sehen. Eiju hebt meine Mutter hoch und setzt sie auf den Rücksitz. Sie schreit, lacht, und unsere schwarze Nachbarin linst durch ihren Vorhang. Als sie sieht, dass es nur meine Eltern sind, winkt sie uns zu.

Eine andere Erinnerung: Es ist eine lange Fahrt nach San Francisco, und wir halten erst, als wir am Motel ankommen. Die Lady an der Rezeption ist schwarz, lächelt und lässt uns all ihre Zähne sehen. Meine Mutter sagt, wir sollen etwas Eis aus der Maschine am Ende des Ganges holen, und Eiju nimmt mich mit. Ich schlafe schon halb, er hebt mich auf seine Schultern und rennt los. Ich halte den Eimer in der Hand und kreische lauthals.

Eine andere Erinnerung: Unsere erste Nacht im Motel, ich liege zugedeckt auf dem Boden. Es ist so heiß, dass ich nicht schlafen kann. Die Klimaanlage funktioniert nicht. Weil es auf dem Boden zu unbequem ist, versuche ich es auf dem Teppich. Ich ziehe mein Hemd aus, dann die Hose. Als ich zu weinen beginne, kriecht Eiju aus dem Bett und legt sich neben mich. Am Morgen findet Ma mich an ihn geschmiegt. Sie fragt, warum wir dachten, dass es so weniger heiß wäre.

Eine andere Erinnerung: Eiju sitzt auf dem Boden und guckt sich Fotos an. Er fragt mich, ob ich wie sein Vater oder wie der meiner Mutter aussehe. Ich zucke mit den Schultern, weil ich es nicht weiß. Er meint, dass es mir schon einer sagen wird, wenn ich es vorher nicht selbst herausfinde.

Es sind die Ohren, sagt er und zieht an meinen.

Eine andere Erinnerung: Meine Mutter versucht einen Pfannkuchen auf der Kochplatte des Motels zu wenden, und er landet auf dem Boden. Während der letzten zwei Tage haben wir weiß Gott wie viele Kakerlaken darüberrennen sehen. Meine Mutter lässt den Pfannkuchen nicht aus dem Blick, und dann, wie aus dem Nichts, kommt Eiju von nebenan, löst ihn vom Boden und verschlingt ihn mit einem Bissen.

Eine andere Erinnerung: Wir alle liegen, erledigt von der Hitze, auf dem Teppich, das Radio spielt plötzlich D'Angelo. Eiju, der neben mir liegt, springt auf und fasst Ma bei den Schultern. Aber sie ist überhaupt nicht überrascht: Ihr Körper versteift sich für eine halbe Sekunde, und dann tanzen sie eng an eng miteinander. Eiju singt den Refrain von *Brown Sugar* inbrünstig mit, und sie umkreisen mich, lachen und fallen.

♦

Eines Tages lag ich dösend auf dem Sofa, und Eiju starrte mich an. Ich fragte, was er da sehe.

Meinen Sohn, sagte er.

Lass das, sagte ich.

Okay, sagte er, und ich wusste, ich würde es für den Rest meines Lebens bedauern.

Eines Tages fand ich ein anderes Notizbuch neben Eijus Bett. Es war voller Listen, ebenfalls auf Englisch, wie das im Bad. Ich legte es zurück an seinen Platz. Dann änderte ich die Meinung und stopfte es in meine Reisetasche.

Eines Tages bat mich Eiju, mit ihm zu einem Shinto-Schrein zu gehen, der ein paar Straßen weiter lag.

Ich will ja kein Arsch sein, sagte ich, aber es ist ein bisschen spät für Religion.

Shintos sind für alle, sagte Eiju. Du Arsch.

Wir gingen langsam, es war ein träger Nachmittag. Fahrräder umkurvten uns, Fußgänger hatten nicht mal einen Blick für uns. Wir erreichten den Schrein, und ich führte meinen Vater, seinen Ellbogen haltend, die Stufen zur Glocke und zum Podium hinauf. Als ich dort hinter ihm stehen blieb, drehte er sich zu mir um.

Was zum Teufel machst du da?, fragte er. Komm her.

Ich wollte etwas sagen, ließ es aber. Ich trat neben ihn.

So neben ihm stehend wurde mir bewusst, wie klein er geworden war. Mein Vater war geschrumpft. Eiju war schwach geworden.

Weißt du, wie?, fragte er, und ich sagte: Nein.

Früher wusstest du es, sagte Eiju. Du hast diesen Ort immer geliebt.

Er zeigte mir alles: Wir wuschen unsere Hände, brachten unser Opfer dar.

Verbeugten uns zweimal.

Klatschten zweimal.

Verbeugten uns wieder.

Jetzt, sagte Eiju, wünsch dir etwas und läute die Glocke.

Warum läuten wir sie?

Damit die Götter dich hören können, sagte Eiju, läutete und wich dabei meinem Blick aus.

Er trat zur Seite, als ich nach dem Seil griff.

Ein starker Kerl wie du, sagte er. Dich hören sie bestimmt.

Und so läutete ich.

Ich dachte ans Wünschen, und mir wollte nichts einfallen.

Aber ich läutete, und läutete, und läutete.

Manchmal blieb Kunihiko über Nacht und schlief auf einer Tatami-Matte bei der Tür. Manchmal lieber nicht. Eiju nannte es Kunihikos großen feuchten Traum. Als der Junge das zum ersten Mal hörte, wurde er vor Wut tiefrot, stritt aber nichts ab.

Jetzt war das Licht über uns aus. Aus Eijus Schlafzimmer klang sein Schnarchen herüber. Kunihiko und ich lagen Kopf an Kopf, die Arme verschränkt.

Mike, sagte er, und ich blickte auf.

Es kommt alles in Ordnung, sagte Kunihiko. Wirklich.

Yeah, sagte ich. Du machst das toll.

Mike.

Wirklich. Du kommst super damit klar.

Das meine ich nicht, sagte Kunihiko.

Am nächsten Morgen aßen wir Eier auf Reis. Kunihiko und ich kochten Seite an Seite. Als Kunihiko hinterher im Bad verschwand, nickte mir Eiju zu.

Der Junge ist ein Narr, sagte er.

Aber du solltest wirklich auf ihn hören, sagte er.

Dann rülpste Eiju. Es war eine monströse Explosion, die das Wohnzimmer erzittern ließ.

Er bewahrte einen absolut stoischen Ausdruck. Und dann musste ich lachen, und er lachte, und Kunihiko kam aus dem Bad gelaufen und fragte, was los sei, was zum Teufel passiert sei.

Später saßen Kunihiko und ich Eiju gegenüber auf dem Boden, und Eiju fragte den Jungen, ob er daran denke, jemals zu heiraten.

Kunihiko sah mich an. Ich zuckte mit den Schultern.

Bevor er antworten konnte, sagte Eiju: Ich selbst hatte es nie vor.

Aber Mikes Mutter hat meine Meinung geändert, sagte er.

Hört mir zu, alle beide, sagte Eiju. Es gibt Menschen da draußen, die eure Meinung ändern.

Irgendwann schlief Kunihiko ein. Eiju und ich sahen, wie sich seine Brust neben uns hob und senkte. Hin und wieder erschauderte der Junge, vom Kopf bis zu den Füßen, ohne die Augen zu öffnen. Und sein Körper beruhigte sich wieder.

Ich hatte Angst, sagte Eiju etwas später.

Ich hatte gedacht, er wäre auch eingeschlafen.

Deshalb, sagte er.

Deshalb was?

Du weißt, was, sagte Eiju.

Ich hatte Angst, sagte er. Also bin ich davongelaufen. Deshalb bin ich zurück nach Hause.

Ich betrachtete Eijus Zehen, starrte auf seine Schenkel.

Das hättest du mir früher sagen können, sagte ich.

Du hättest es nicht verstanden, sagte Eiju. Ich selbst habe es nicht verstanden. Und du warst ein Baby.

Ein Teenager ist kein Baby.

Du warst ein Baby.

Du hättest es versuchen können.

Nein, sagte Eiju. Wir dachten, es wäre besser, wenn ich es nicht versuche.

Wir, sagte ich.

Es war Mitsukos Idee.

Ihr zusammen.

Und sie hatte recht, sagte Eiju. Wie immer.

Wir sagten uns, irgendwann wird es so weit sein, dann können wir es dir sagen, sagte Eiju. Irgendwann wir der richtige Moment kommen.

Aber ihr habt es mir nie gesagt, sagte ich.

Ich sage es dir jetzt, sagte Eiju und sah mich an. Jetzt ist er da.

♦

Und dann war der Abend gekommen, wir drei standen auf dem Pier in San Francisco. Wir hatten es endlich geschafft. Ma, Eiju und ich konnten es uns nicht leisten, etwas anderes zu tun, als herumzulaufen, also taten wir es, und Eiju grub das Kleingeld für drei Hotdogs aus seinen Taschen. Es war nicht genug, und er sagte, wir sollten warten, während er zurück zum Wagen ging. Ich blieb bei meiner Mutter, die dem Verkäufer zulächelte, einem Weißen. Er erwiderte ihr Lächeln nicht.

Wir hörten, wie der Weiße zu Eiju sagte, es würde immer noch nicht reichen, es fehlten zehn Cent. Er warf die Münzen zurück auf die Holztheke.

Mir war gesagt worden, in Japan sei mein Vater ein Kämpfer gewesen. Ein Mann, der wegen nichts die Fäuste hob, wer auch immer ihm gegenüberstand.

Aber an dem Tag lächelte Eiju nur. Er nahm zwei Hotdogs und steckte den Rest des Geldes wieder ein.

Ma und ich gingen hinter ihm. Sie sah mich an, und ihr Blick sagte klar, halt bloß den Mund. Das tat ich, und wir kamen zu einer Bank am Pier, und meine Mutter nahm einen Biss von ihrem Hotdog, und ich vom zweiten.

Als Ma Eiju ihren hinhielt, schüttelte er den Kopf, als wäre es unvorstellbar, davon abzubeißen.

Als ich ihm meinen hinhielt, rechnete ich mit dem gleichen Ergebnis. Er sah mich an.

Aber dann machte er den Mund weit auf und biss ein riesiges Stück ab, verschlang das Ding fast auf einmal, und meine Finger gleich mit.

♦

Und dann, und dann, und dann.

Eines Nachts wachte ich auf und musste pinkeln, und ich hörte die Stille.

Natürlich wussten wir, dass es geschehen würde.

Ich wusste, es würde geschehen.

Und er wusste, es würde geschehen.

Und so geschah es.

Kunihiko war nicht da, als ich ihn fand, aber er war der Erste, den ich anrief.

Dann Taro.

Dann saß ich neben meinem Vater.

Er war nicht wirklich kalt. Er war im Schlaf gestorben, Ich hatte nicht gewusst, dass Leute das tatsächlich taten, dass es etwas war, was Leuten wirklich zustieß.

Bevor Taro kam, rief ich Ma an. Ging hinaus. Die Sonne schien auf den Balkon. Ein paar Kids spielten in der Seitenstraße mit einem Ball. In Houston musste später Nachmittag sein.

Als meine Mutter antwortete, fast ins Telefon lächelte, dachte ich, die Dinge kämen schon in Ordnung, wahrscheinlich renkte sich alles wieder ein, und beinahe hätte ich den Tod meines Vaters für mich behalten. Ich hatte seit Langem nicht mehr so viel Hoffnung in ihrer Stimme gehört.

Aber ich dachte an Eiju.

Das Versprechen.

Ma schrie nicht. Ihr Atem setzte für einen Moment aus. Und dann klang sie wieder normal, ruhig, bedächtig.

Sie fragte, ob ich okay sei, und ich sagte Ja.

Sie fragte, wo wir seien, und ich sagte, es sei in der Wohnung passiert. Wir hätten beide geschlafen.

Gut, sagte sie.

Gut, sagte ich.

Es hätte also schlimmer sein können, sagte Ma.

Ich öffnete den Mund, aber es kam nur ein trockenes Geräusch heraus.

Hör zu, sagte sie. Bleib bei ihm. Du musst niemanden anrufen. Nur, wenn du Hilfe brauchst, ich kümmere mich um alles andere. Wichtig ist, dass du bei ihm bleibst, solange du kannst.

Dieser Moment kommt nicht wieder, sagte sie. Hörst du mich? Das ist das letzte Mal, dass du bei ihm sein kannst, und du sollst an nichts anderes denken. Ich sage dir das, weil ich es weiß. Verstehst du?

Ich verstehe.

Bist du sicher?, fragte sie auf Japanisch. Michael?

Das bin ich, sagte ich auf Japanisch. Ich bin okay.

Gut, sagte Ma. Ich kümmere mich um alles andere.

Als sie aufgelegt hatte, starrte ich meinen Vater an.

Ich streckte mich neben ihm aus und legte ihm eine Hand auf die Brust.

Sein Arm war schlaff, und ich zog ihn über meinen. Ich lag da, im Arm meines Vaters, zehn Minuten, fünfzehn Minuten, bis es an der Tür klopfte und sie riefen, ich solle sie hereinlassen.

♦

Ma arrangierte, was aus der Ferne machbar war. Sie kontaktierte seine Schwester und die übrigen Verwandten. Taro übernahm die Formalitäten. Dabei stellte sich heraus, dass Eiju, der König des Chaos, alles bestens vorbereitet hatte.

Es war bereits klar, wo er eingeäschert werden und was mit seiner Asche geschehen sollte. Ein Drittel ging an seine Familie in Kyushu, und ein Drittel sollte in Osaka verstreut werden. Das letzte Drittel war für seinen Sohn, wenn der es denn wollte, ansonsten war egal, was damit geschah.

Alles war geklärt. Das Einzige, was ich tun musste, war, damit klarzukommen.

Kunihiko führte die Kneipe. Er fragte nicht mal.

Sag mir einfach, wann es wieder geht, sagte er. Ich bin da.

Ja, sagte ich.

Es gibt keine Eile, sagte er. Nimm dir die Zeit, die du brauchst.

Ja, sagte ich.

Taro half mir mit dem Papierkram, dem gesamten offiziellen Kram. Natsue half mir bei allem anderen. Sie sagte, sie wolle Eiju nicht mehr sehen, das müsse sie nicht. Sie habe ihn gut genug gekannt.

Die Kneipe musste ich sechs Monate lang nicht überschreiben lassen, wie er gesagt hatte. Die Miete war so weit im Voraus bezahlt. Danach konnte ich alles so lassen oder abgeben.

Du wirst daran verdienen, so oder so, sagte Natsue.

Das ist nicht wichtig, sagte ich.

Natsue war höflich genug, nicht gleich zu antworten, aber dann tat sie es.

Natürlich ist es wichtig, sagte sie. Er ist nicht mehr da. Aber du schon noch.

♦

Eiju wollte keine Zeremonie im Tempel oder etwas anderes in der Art, also gab es auch nichts. Er hatte ausdrücklich gewollt, dass alles ganz normal weiterging.

Es gab da diese Sache in der Kneipe, die Kunihiko veranstaltete, aber ich hatte ihm gesagt, ich würde nicht kommen, er solle nicht mit mir rechnen, und ich hielt Wort.

Die Nacht war meine erste allein in der Wohnung. Tan kam mit einer Tüte Essbarem aus dem Mini-Markt.

Ich fragte ihn, wie er mich gefunden habe, und er sagte, Kunihiko habe ihm die Adresse gegeben.

Wir saßen auf dem Sofa, aßen Karaage und Reis, tranken Bier und sagten nicht viel. Als ich ihn nach seiner Mutter fragte, sagte Tan, es gehe ihr gut. Er erzählte von seinem Job. Redete übers Wetter. Redete und redete und füllte die Leere und fragte nicht nach meinen Plänen, was ich vorhatte, und wo. Und als er fertig war, sagte ich, ich würde eine Weile weg sein.

Okay, sagte Tan.

Bevor er ging, legte er eine Hand auf mein Gesicht und rieb es.

Er sagte: Wir sehen uns.

Yeah, sagte ich.

Yeah?, sagte Tan.

Ich denke schon, sagte ich. Ja.

Okay.

Okay.

Ich buchte meinen Flug.

Ich rief meine Mutter an.

Ich schrieb Ben.

Ich saß in Eijus Wohnung. Sog ihn durch die Nase in mich hinein. Hielt ihn in meinem Körper und versuchte, nicht wieder auszuatmen. Versuchte, ihn nicht wieder auszustoßen. Mein Vater war ein zweites Mal gegangen. Mein Vater hatte versucht zu bleiben. Mein Vater hatte nicht versucht zu bleiben. Es war nicht sein Fehler. Es war sein Fehler. Mein Vater kam nicht zurück. Mein Vater kam nicht zurück.

♦

Vor ein paar Tagen habe ich seinen Schlafzimmerschrank durchgesehen. Auf der Suche nach einem Yen, einem Stift oder sonst irgendetwas habe ich den Kram durchgesehen, den mein Vater über die Jahre in seiner Wohnung angesammelt hatte. Er war schon mindestens eine Woche nicht mehr in seinem Schlafzimmer gewesen. Ich hatte ihm seine Sachen zum Sofa gebracht, um es ihm leichter zu machen. Sie in Reichweite hingelegt. Hatte vor dem Bad gesessen, während er sich wusch, und mir die Ohren zugehalten, wenn er weinte. Und dann fand ich in einer Schublade das Foto von uns beiden.

Der Hoodie, den ich darauf trage, scheint mir viel zu groß. Mein Vater hat noch seinen vollen Haarschopf, und einiges wächst auf den Schultern. Sein Lächeln passt kaum auf sein Gesicht, er hat die Hände unter meinen Armen, und ich sitze auf seinem Schoß. Hinter uns ist der Ozean, der Pier und das ganze Land. Ich weiß nicht, ob ich lächele, weil es mir gesagt wurde oder weil ich glücklich bin, aber der Ausdruck meines Vaters ist nicht misszuverstehen.

Ma muss das Foto gemacht haben, als wir in Kalifornien waren. Ich erinnere mich nicht daran. Aber ich denke, genau so läuft es: Wir nehmen unsere Erinnerungen überallhin mit, egal, wohin wir gehen, und am Ende sind nur noch einige da, und mit denen richten wir unser Leben ein.

Also nehme ich das Foto mit.

Ich werde sagen, so war es.

Es wird alles sein, was übrig ist, wenn ich ins Flugzeug steige.

Und wenn ich auf dem Teer lande, zurück auf der Erde, unglaublicher-, unfassbarerweise, nehme ich meinen Dad mit nach Hause, bringe ihn zurück, und er wird mir folgen, wohin auch immer ich als Nächstes gehe, bis zu dem Tag, an dem ich sterbe.

# BENSON

# 1.

Mike hat seine Tasche ausgepackt und die Nacht durchgeschlafen, und dann noch den Tag, was mich und Mitsuko durch die Wohnung schleichen ließ. Als hätten wir die unausgesprochene Abmachung getroffen, den Bär seinen Winterschlaf machen zu lassen. Das Problem, das er erschaffen hatte, zu ignorieren, obwohl er es natürlich nicht erschaffen hatte. Und jetzt bin ich wieder bei der Arbeit und habe ihn kaum gesehen.

Die Kids schleppen Matsch auf den Teppich. Sie warten ungeduldig auf die Frühlingsferien, sind komplett überdreht. Barry und ich lehnen an der Theke und sehen zu, wie Ethan und Xu sich gegenseitig ärgern.

Hast du schon von unserem Mädchen gehört?, sagt Barry.

Nein, sage ich.

Ximena ist nach Amsterdam geflogen, um den Rest von Noahs Familie kennenzulernen. Sie hat mit Nachdruck darauf bestanden, dass es nicht ihre Hochzeitsreise ist, die nur nach Oaxaca gehen kann, zum Rest *ihrer* Familie.

Klingt ja schön und gut, Junge, sagt Barry. Aber natürlich lässt sie uns mit den Kids allein.

Sie hat gerade geheiratet, sage ich. Junge.

Was völlig in Ordnung ist, sagt Barry. Aber als ich geheiratet habe, bin ich anschließend wieder zur Arbeit gekommen.

Dazu sage ich nichts. Barry lächelt zufrieden. Margaret schließt sich Ethan und Xu beim Ärgern an, und ich sehe nach Ahmad, der auf dem Teppich sitzt und mit Buntstiften Kreuzworträtsel ausmalt.

Irgendwann frage ich ihn, warum er das macht. Der Junge sieht mich nicht einmal an. Aber dann gehe ich auf alle viere, auf Augenhöhe, und Ahmad rollt zur Seite.

Ich sage: Du weißt, dass in die Kästchen Buchstaben gehören, oder?

Nicht immer, sagt Ahmad.

Nun, sage ich, meist schon.

Nee, sagt Ahmad, seufzt, rollt sich auf den Bauch und beendet unser Gespräch.

Sie müssen nur gefüllt werden, sagt er und malt weiter.

Als ich zurück in die Wohnung komme, ist Mike im Wohnzimmer.

Er sitzt bei seiner Mutter. Mitsuko tut mit ihrem Tablet herum. Zwischen ihnen steht eine Urne, seit zwei Tagen steht sie da, und ich habe nicht gefragt, was drin ist, weil ich es natürlich weiß.

Sie organisieren Verschiedenes. Mitsukos Haare sind völlig durcheinander, aber ihre Haltung ist perfekt. Sie und ihr Sohn könnten unterschiedlicher nicht sein, und doch sehen sie genau gleich aus. Ein paar Stunden zuvor hat Mitsuko ihren Rückflug nach Tokio gebucht, mit einem Platz am Notausgang. Sie hat entschieden, dass es an der Zeit ist zurückzukehren, und Mike hat ihr nicht widersprochen.

Ich denke mir, es wird keinen besseren Zeitpunkt geben, es ihm zu sagen.

Hey, sage ich, hast du eine Minute?

Als Mike aufblickt, ist da was Neues in seinem Ausdruck, unter dem Grinsen. Er grinst, seit er gelandet ist. Es ist nur vorgetäuscht, und ich frage mich, ob ich der Einzige bin, der es merkt. Wir haben zu viel Zeit zusammen verbracht, als dass ich mich täuschen lassen könnte – tatsächlich wirkt er unter dem Lächeln völlig erschöpft. Falls Mitsuko es sieht, zeigt sie es nicht.

Ma?, sagt Mike.

Mitsuko blinzelt nicht mal. Sie leckt lediglich an einem Finger für ihr Tablet.

Nein, sagt sie, wir haben zu tun.

Es dauert nur eine Sekunde, sage ich.

Ma, sagt Mike.

Wirklich?, sagt Mitsuko. Jetzt, in diesem Moment? Bei allem, was hier gerade läuft?

Sie lässt darauf etwas auf Japanisch folgen, sieht dabei aber mich an, und ich kann nur lächeln.

Was ist, Ben?, sagt Mike.

Das weißt du, sage ich, und es kann tatsächlich warten.

Das wird es müssen, sagt Mitsuko, setzt die Brille ab und rückt ein Stück in meine Richtung.

Ma, sagt Mike, und als seine Mutter stöhnt, fügt er hinzu: Lass ihn reden. Wir sind jetzt eine Familie. Ihr zwei kennt euch mittlerweile gut genug.

Der Verlust, den Mike empfindet, ist in seiner Stimme zu spüren. Es ist direkt da.

Mitsuko legt ihr Tablet mit dem Bildschirm nach unten neben sich. Sie sieht von mir zu Mike.

Jungs, sagt sie, ich habe keine Fragen gestellt. Ich habe alles mitgemacht. Michael ist geflogen, und ich habe nichts gesagt. Ich habe mit einem jungen Mann zusammengewohnt, den ich noch nie gesehen hatte, auf unbestimmte Zeit, und wieder nichts gesagt. Und gerade jetzt, in diesem Moment, soll ich warten. Nein.

*Du* kannst warten, sagt Mitsuko. Nur dieses eine Mal. Es wird dir nicht wehtun. Michael ist zurück. Bald hast du ihn wieder ganz für dich und kannst ihm erzählen, was immer du willst und solange du willst. Aber jetzt haben wir zu tun. Wir sind beschäftigt.

Damit nimmt Mitsuko ihr Tablet wieder zur Hand.

Ich sehe Mike an. Er presst die Lippen aufeinander.

Also sage ich: Okay.

Und schließe die Tür hinter mir.

Aber nicht bevor Mike hörbar aufstöhnt, mit belegter Stimme: *Himmel.*

Unter anderen Umständen hätte ich Ximena gleich geschrieben, aber ich will mich nicht verarschen lassen von den internationalen Handygebühren.

Ich würde Mike schreiben, aber der sitzt im Zentrum der Sonne.

Ich würde Omar schreiben, aber er sitzt am anderen Ende des Sonnensystems.

Also kontaktiere ich meine Schwester.

Frühling in Houston, das sind brutheiße Gehwege und sonnentrunkene Mücken. Totes Gras und Gewitter mitten am Tag. Es ist weder der Anfang noch das Ende von irgendwas, nur ein verlängertes Zwischendrin im Stau auf der I-45.

Mike mag wieder da sein, aber ich nehme weiterhin sein Auto. Ich fahre zu einem Park in der Nähe, wo ich einfach nur still dasitze und mir selbst beim Denken zuhören kann. Alle stellen sich auf die Sonne ein. Die Bewohner des Third Ward lungern auf ihren Eingangsstufen herum, fächeln sich Luft zu und haben nebenher ein Auge auf ihre Kids. Das Nachbarmädchen von nebenan wirft Gras nach einem Kätzchen und lockt es auf Spanisch an. Ausnahmsweise ist die Luftfeuchtigkeit erträglich, was nur ein paarmal im Jahr so vorkommt, und wenn dann alle draußen sind, scheint unsere Gegend weniger ein Modell für Gentrifizierung zu sein als eine lebendige, pulsierende Nachbarschaft.

Irgendwann kommt Lydias Auto auf meins zugerollt. Sie steigt aus, trägt Shorts und Pullover und spielt mit einem Vaper herum. Wir gehen zu den Schaukeln, ziehen die Füße unter uns nach und dampfen, während die Ketten neben uns klirren.

Dann leg mal los, sagt sie. Wo du mich das ganze Stück bis hierher holst.

So weit ist es nicht, sage ich.

Du hättest auch zu mir kommen können.

Hätte ich. Mike ist wieder da.

Das reicht, um Lydia einen Pfiff ausstoßen zu lassen. Sie schwenkt ihre Schaukel zur Seite, um mir ihren Vaper zu reichen.

Ist das eine gute Sache?, fragt sie.

Es ist eine Sache, sage ich.

Tut mir leid, Bubba.

Muss es nicht.

Ich weiß. Aber trotzdem.

Ich frage Lydia, wie es ihr geht, und sie antwortet mit einem Schulterzucken. Seit einiger Zeit wohnt sie drei Tage die Woche bei unserem Vater. Auf den Fotos, die sie zwischendurch schickt, wirkt er absolut erbärmlich. Aber sie ist da, sie ist bei ihm.

Ich sage ihr, das ist süß, und Lydia verzieht das Gesicht.

Bei einem alten Scheißer zu wohnen hat nichts Süßes, sagt sie.

Also ich hätte nichts dagegen, sage ich. Wenn ich jemanden fände, der mich aufnimmt.

Du hast doch deinen netten kleinen Mister.

Vielleicht nicht mehr, sage ich. Das könnte sich gerade ändern.

Lydia sieht mich an. Sie dreht sich zu mir hin und legt ein Bein über das andere.

Alles ändert sich, sagt sie. Veränderungen sind weder gut noch schlecht. Nur Veränderungen.

Soll mich das aufheitern?

Das soll gar nichts. Ich sage es nur.

Weiterzuziehen ist nicht immer schlecht, sagt Lydia, oder? Man tuts einfach. Alle müssen es tun. Ob du willst oder nicht. Willst du?

Ich weiß es nicht, sage ich.

Natürlich nicht, sagt Lydia. Wenn es hilft: Ich mag Mike. Aber dich mag ich mehr.

Danke, große Schwester.

Nichts zu danken, kleiner Bruder.

Lydia drückt meine Schulter und massiert sie. Eine

Wolke treibt über uns hinweg und schützt uns vor der gleißenden Sonne. Ich sage meiner Schwester, dass ich im schlimmsten Fall für eine Weile nach Hause ziehen muss, und sie sieht mich an, mit düsterem Blick, stößt eine Dampfwolke aus und fängt an zu lachen.

Das ist okay, sagt sie und grinst. Aber in deinem Zimmer schlafe schon ich.

Als ich zurück in die Wohnung komme, liegt Mitsuko auf dem Sofa und schläft. Mike steht in der Küche und spült mit langsamen Bewegungen einen Stapel Teller. Bevor ich etwas sagen kann, legt er einen Finger auf die Lippen, trocknet sich die Hände ab und winkt mich ins Schlafzimmer.

Wir haben kaum die Tür hinter uns zugemacht, schon umschlingt er mich mit seinen Armen.

Ich zucke instinktiv zurück.

Und begreife, dass es eine Umarmung ist.

Mike umarmt mich nur.

Ich öffne den Mund, und er macht *schschsch*.

Wir schaffen das, sagt er. Wir finden einen Weg.

Aber, sagt Mike, lass uns eine Minute so bleiben, bitte, und ich kann mich an das letzte Mal erinnern, als er so etwas gesagt hat.

Ich lasse meinen Kopf auf seine Schulter sinken. Mike schließt die Augen. Ich zittere.

Als ich aufwache, ist es weit nach Mitternacht. Im Wohnzimmer ist es still. Ich nehme an, Mitsuko schläft tief und fest. Mike tippt auf seinem Telefon herum, und ich kann nicht sagen, ob er mich sieht oder nicht.

Ich bitte ihn, mir ein Kissen zu geben. Ich sage, dass ich auf dem Boden schlafen werde.

Jetzt mach dich nicht lächerlich, sagt Mike und zieht mich auf seinen Bauch.

So liegen wir eine Weile lang da und atmen uns an.

Du warst also in Osaka.

Yeah, sagt Mike, und jetzt bin ich wieder hier.

Und dein Vater, sage ich und bereue es in dem Moment, da die Worte meinen Mund verlassen. Aber Mike kratzt sich nur die Nasenwurzel.

Ich schiebe meine Finger in sein Haar. Mikes Schultern entspannen sich.

Ich habe jemanden kennengelernt, sage ich.

Ich weiß nicht, was ich erwarten soll, aber ich wappne mich innerlich.

Mike blinzelt einmal, dann noch mal.

*Richtig* kennengelernt?, sagt Mike. Oder vögelt ihr nur?

Ich weiß es nicht, sage ich.

Okay, sagt Mike und sein Körper wird noch lockerer.

In dem Fall, sagt er. Ich habe auch jemanden kennengelernt.

Er sieht mir in die Augen, als er das sagt.

Trotz allem empfinde ich nichts.

Es ist nichts Ernstes, sagt er.

Verstehe, sage ich.

Wir haben uns nur kennengelernt.

Aber immerhin ist es ernst genug, dass du es sagst.

Mike leckt sich über die Lippen. Er wägt ab, was er als Nächstes sagen wird.

Er heißt Tan, sagt Mike. Und wie heißt deiner?

Er ist nicht *meiner.*

Schön. Der, den du kennengelernt hast.

Was für ein schwachsinniges Gespräch, sage ich.

Vielleicht, sagt Mike. Aber erzähl mir von ihm.

Lieber nicht.

Vorher wolltest du noch.

Hör auf.

Er heißt Omar, sage ich.

Omar, sagt Mike. Das ist ein hübscher Name.

Sei kein Arsch.

Nein, ehrlich, sagt Mike. Es ist ein hübscher Name.

Okay, sage ich.

Magst du ihn?

Nein.

Und dann sage ich: Vielleicht.

Aber ich weiß es nicht, sage ich. Ich weiß nicht, was wir machen.

Ich liege da, mit den Händen in Mikes Haaren. Er lässt es geschehen.

Irgendwie haben wir unsere Situation wohl in der Schwebe gelassen, sagt Mike.

Nein, sage ich. *Du* bist weg.

Ich bin nach Japan geflogen, sagt Mike.

Unser Heizlüfter stöhnt über uns, wir können hören, wie er die Muskeln dehnt. Aus dem Wohnzimmer ist ein Niesen zu hören. Wir sagen beide kein Wort dazu.

Vielleicht fliege ich wieder, sagt Mike.

Du machst Witze, sage ich.

Nein, sagt Mike. Eine Überraschung von dir, eine von mir. Damit sind wir quitt.

Das kann man auch nicht annähernd vergleichen.

Ben, sagt Mike. Mein Dad ist tot.

Er ist nicht mehr, sagt Mike. Daran kann man nichts ändern. Aber er hat mir etwas hinterlassen, und ich denke, ich sollte es annehmen, zumindest für eine Weile.

Etwas, sage ich.

Ein Geschäft. Es ist etwas kompliziert.

Ein Geschäft, sage ich.

Yeah, sagt Mike.

Wir wackeln beide mit den Zehen, die sich zufällig berühren.

Es hört sich an, als wüsstest du nicht mal, ob du es magst, sage ich.

Ja, sagt Mike. Ich weiß es nicht. Und ehrlich gesagt könnte es gut sein, dass ich es hassen werde. Vielleicht hasse ich es jetzt schon. Aber ich möchte es herausfinden.

Unsere Nachbarn lassen ihre Fliegentür zuknallen, doch wir zucken nicht zusammen. Ein bisschen Spanisch dringt durchs Fenster, gefolgt von Lachen und dem Klirren von Bierflaschen.

Also, sage ich, ich kann die Wohnung hier unmöglich allein bezahlen.

Wenn du so viel verdienen würdest, sagt Mike, wäre das hier ein komplett anderes Gespräch.

Hör auf mit dem Scheiß, sage ich, und Mike legt sein Kinn auf meine Schulter.

Wir schweigen fünf Minuten.

Es werden zehn.

Du fragst also nicht mal, ob du mitkommen kannst, sagt Mike.

Ich sehe ihn an.

Nach Japan?, sage ich.

Du weißt, wohin, sagt Mike.

Ich sehe ihm ins Gesicht. Er lächelt nicht mehr. Es ist kein Scherz.

Ich sage: Bittest du mich, mitzukommen?

Mike sagt: Würde das etwas ändern?

Ich sage: Was zum Teufel soll ich in Japan machen?

Du fändest schon was, sagt Mike. Genau wie andere Leute. Du wärst nicht der Erste.

Die waren nicht in meiner Situation.

Weil du schwarz bist?

Weil ich hier mein Leben habe, Michael.

Du sagst das, als ginge es mir anders. Als wären nicht all meine Leute hier. Alle, die mir verflucht wichtig sind. Als wäre es nicht auch mein Leben.

Stimmt, sage ich. Aber es ist anders.

Fuck, es ist genau das Gleiche, sagt Mike.

Nein, sage ich. Du hast da deine Mutter, dieses Geschäft. Ich hätte gar nichts.

Einen Scheiß hab ich, sagt Mike. Du hast in den letzten Wochen mehr Zeit mit ihr verbracht als ich in den letzten paar Jahren.

Wenn einer was verliert, sagt Mike, dann ich, und zwar gleich zwei Menschen. Die zwei Menschen, denen ich und mein verficktes Leben was bedeuten. So sieht es für mich aus, verdammt.

So angespannt habe ich Mike noch nicht erlebt. Dennoch bleibt seine Stimme ruhig. Er lässt die Fingerknöchel über seinem Bauch knacken, und ich lege eine Hand darauf, damit er aufhört.

Du verlierst mich nicht, sage ich. Selbst wenn du gehst. So oder so nicht.

Das sagen alle, sagt Mike.

Ich bin nicht alle, sage ich. Du wirst mich nicht verlieren. Okay?

Gut.

Glaubst du mir?

Okay, sagt Mike.

Also dann, sage ich.

Ich sage: So.

Ich sage: Du denkst, ich komme einfach so mit dir, und dann leben wir glücklich bis an unser Ende?

Mike reibt mit den Händen über meine. Er knetet sie, langsam, als wollte er die Falten glätten.

Endlich sagt er: So was gibt es nicht.

Aber das könnte es, sage ich.

Aber das könnte es, sagt Mike.

Ich drücke seine Knöchel. Sie knacken wie winzige Feuerwerkskörper.

Nein, sagt Mike. Eigentlich glaube ich nicht daran.

Und einfach so entweicht die Luft aus meinem Körper.

Und ich sage zu Mike, dass ich es auch nicht glaube.

Und als die Worte meinen Mund verlassen, scheinen sie tatsächlich wahr.

Was machen wir also, sage ich. Du weißt schon. Bis?

Bis?

Bis du gehst.

Das klingt, als würde ich sterben, sagt Mike. Ich ziehe bloß um.

Du weißt, was ich meine.

Mike macht eine ausladende Geste mit den Händen. Ich sehe, wie sie leuchten und alles umfassen.

Ich denke, wir stehen das durch, sagt er.

Ja?

Ja.

Und dann sagen Mike und ich nichts mehr.

Die Luft aus dem Heizlüfter ist fürchterlich warm. Wir schwitzen, beide, auf seinem Bett, und unsere Körper berühren sich. Ich greife nach Mikes Hand, und er braucht eine Minute, bevor er auch meine drückt. Aber dann tut er es. Wir verschränken die Finger nicht ineinander. Wir halten uns nur fest.

Und dann.

Und dann.

Und dann langsam, plötzlich, schlafe ich, und als ich aufwache, ist es sechs Uhr morgens.

Mike schnarcht. Das Geräusch vermischt sich mit dem Murmeln seiner Mutter, das aus dem Wohnzimmer herüberweht. Sie telefoniert, auf Japanisch, freundlich, entschieden. Hin und wieder macht sie eine Pause, und ich kann praktisch hören, wie sie nickt. Wenn du deine Ohren wirklich anstrengst, heben und senken sich die Geräusche in Harmonie zueinander, Mitsuko und ihr Sohn spielen ihr eigenes kleines Konzert.

## 2.

Ich kann an zwei Händen abzählen, wie oft wir uns gesagt haben, dass wir uns lieben. Ich bräuchte nicht mal alle Finger dafür.

Beim zweiten Mal saßen wir zusammen im Auto. Der Verkehr um uns herum wurde langsamer und langsamer. Wir waren von SUVs umgeben und hatten kein eigentliches Ziel. Dann blies die Heizung plötzlich heiße Luft herein, dann noch heißere und dann gar keine mehr.

Ich wollte das Fenster aufmachen, aber es rührte sich nicht. Mike versuchte es auf seiner Seite, aber der Knopf funktionierte auch nicht.

So ist es jetzt einfach, sagte ich.

Ich nehms an, sagte Mike.

Ich hoffe, das ist kein Zeichen oder so.

Hoffe ich auch, sagte Mike.

Und dann sagte er es.

Wir fuhren schweigend dahin. In Schweiß gebadet. Der Verkehr wurde schlimmer und schlimmer.

Es war einer der Fälle, wo du hörst, wie die Worte den Mund von jemandem verlassen, und sie hallen wieder und wieder in deinen Ohren nach, wieder und wieder, kommen und gehen.

Der Truck vor uns bewegte sich nicht. Mikes Fenster wollten sich nicht öffnen. Er stellte den Schalthebel auf Parken, klappte den Sitz zurück und schloss die Augen.

Das nächste Mal war mitten in der Nacht. Ich hatte Hunger bekommen, Mike lag schnarchend im Bett, und ich stieg über seine Schenkel, um mir in der Küche etwas zu essen zu machen. Unser Kühlschrank war immer randvoll, doch das heißt nichts, wenn du nicht weißt, was du damit anfangen sollst. Ich stellte einen Topf auf den Herd, schlug ein Ei auf der Theke auf, und es dauerte keine fünf Minuten, bis der Rauchmelder piepste.

Ich bemerkte Mike erst, als er den Rauch hinter mir wegwedelte. Dann stellte er wortlos, schweigend einen Wok auf den Herd. Er briet mir zwei Eier, und zwei für sich selbst, und wir aßen sie an der Theke, mit den Füßen gegen das Holz stoßend.

Es kam flüsternd, beim Kauen, während der Rauchmelder noch immer piepste.

Es war viel zu laut, aber er sagte es klar und deutlich.

Das vierte Mal fickte er mich gerade, und er sagte es direkt bevor er kam.

## 3.

Ein paar Stunden später weckt mich das Klopfen auf. Ich hebe den Kopf, und Mike ist nicht da. Antwortet nicht, als ich nach ihm rufe.

Plötzlich überläuft mich dieser fürchterliche Schauer.

Ich habe eine Nachricht von Omar. Es ist nur ein Smiley.

Dann ist da noch eine von Mike: Er und Mitsuko machen einen Spaziergang. Sie sind bald wieder da.

Und dann hat meine Schwester angerufen, und noch mal, und ein drittes Mal.

Die Nachricht darunter lautet: Achtung, bin auf dem Weg.

Direkt nachdem Lydia ausgezogen war und ich noch bei meinem Vater wohnte, verbrachte ich eine Nacht bei ihr in der Sul Ross. Am Nachmittag holten wir uns Bier bei der Shell-Tankstelle, betranken uns auf dem Parkplatz und wankten zurück zu ihrer Wohnung. Im Park spielten ein paar Teenager Fußball und riefen sich auf Spanisch was zu. Wir setzten uns ins Gras, um zuzusehen, und irgendwann kam der mutigste von ihnen zu Lydia.

Er fragte sie nach ihrer Nummer, einfach so.

Sie fragte, ob sie mitspielen könne.

Ich sagte meiner Schwester, das sei nicht klug. Lydia meinte, es sei kein Problem. Und die Jungs blieben fair, zuerst, aber nachdem sie zwei Tore geschossen hatte, spielten sie härter. Der, der meine Schwester angemacht hatte, trat ihr gegen die Knöchel. Als er einmal ihretwegen umfiel, spuckte er in den Dreck. Und dann schoss sie noch ein Tor.

Hinterher gab sie ihm trotzdem ihre Nummer. Er hielt sie wie eine Trophäe in die Höhe und tanzte zwischen seinen Freunden herum. Am Ende waren ihre Shorts völlig verdreckt, ihre Turnschuhe ebenfalls, und sie war immer noch etwas groggy, ihr Lächeln hätte aber nicht breiter sein können.

Ich nehme an, was ich sagen möchte: Sie versucht wirklich, ihr Bestes zu geben.

Und dann stehen sie vor der Tür.

Meine Schwester, mein Vater, meine Mutter.

Meine Familie.

Lydia zieht die Nase kraus, und meine Mutter schiebt die Lippen vor. Sie fragt, ob meine Gäste da sind.

Egal, sagt mein Vater. Es ist so verdammt schwül. Lass uns rein.

Als wir das letzte Mal alle im selben Zimmer gesessen haben, wohnten wir noch zusammen im alten Haus und stocherten in etwas, das meine Mutter gekocht hatte. Ein paar Tage zuvor hatte sie uns eröffnet, dass sie uns verlassen werde. Das Essen fühlte sich wie ein Trostpflaster an. Sie hatte Rindfleischbällchen mit Akee gemacht. Wir alle nahmen einen Bissen und taten unser Bestes, es nicht zu genießen, gingen dann aber wieder und wieder in die Küche, um uns einen Nachschlag zu holen.

Irgendwann standen wir alle da, in jeder Hand ein Fleischbällchen, und einen Moment lang hielten wir inne, gespannt, wer sich das letzte schnappen würde. Es war meine Mutter, die zugriff und einmal mit den Fingern durch die ganze Schüssel fuhr.

Wir sahen zu, wie sie das lockere Fleisch zerkaute, langsam, und dann stand sie auf und ging.

Jetzt sitzt meine Familie auf dem Sofa. Zusammengedrängt wie Donuts in einer Schachtel.

Dein Vater möchte euch etwas mitteilen, sagt meine Mutter.

Es ist keine große Sache, sagt mein Vater.

Ich mache eine Therapie, sagt er. Überraschung.

Meine Mutter wischt sich über das Gesicht. Mein Vater niest. Das dämmrige Licht der Wohnung wirkt wie ein Filter und lässt uns alle kränklich aussehen.

Ich mustere meine Eltern. Anscheinend meinen sie es ernst.

*Was*, sagt mein Vater zu mir.

Als ich nicht antworte, sagt meine Mutter: Es *ist* eine Überraschung.

Dad gibt sich Mühe, sagt Lydia. Das ist gut.

Oder, Benson?, sagt meine Mutter.

Das ist toll, sage ich. Großartig, wundervoll. Gut.

Aber, sage ich, was zum Teufel hat das mit mir zu tun? Warum um alles in der Welt müsst ihr herkommen, um mir das zu sagen?

Sie rutschen auf ihren Plätzen herum. Mein Vater streckt die Zehen.

Sagst *du* es?, fragt meine Mutter und stößt meinen Vater an.

Er will es offenbar nicht hören, sagt mein Vater.

Es ist Teil des Prozesses, sagt meine Mutter. Das weißt du doch.

Als ich das Gesicht verziehe, sagt mein Vater: Guillermo denkt, es ist wichtig, euch mit einzubeziehen.

Guillermo, sage ich.

Der Therapeut, sagt mein Vater. Er sagt, meine Erfolge sind die Erfolge meiner Familie. *Eure* Erfolge sind *meine* Erfolge.

Und Guillermo hat recht, sagt meine Mutter.

Wenn auch neun oder zehn Jahre zu spät, sagt Lydia.

Guillermo klingt für mich wie ein verdammter Schwätzer, sage ich.

Die drei sehen mich an. Aber tatsächlich sehen sie sich in der Wohnung um. Sie suchen nach etwas, was mich erklären könnte, Hinweise auf mein Leben, glaube ich – doch die gibt es nicht.

Ich verstehe immer noch nicht, warum da keine Textnachricht gereicht hätte, sage ich.

Wirklich, sagt Lydia.

Ja, wirklich. Ihr hättet anrufen können.

Das *haben* wir, sagt meine Mutter.

Und dann fügt sie hinzu: Du wärst doch eh nicht rangegangen.

Das Licht im Zimmer wechselt von Trübblau zu Matschrot. Wir werden einen Ton dunkler. Meine Mutter legt ein Bein über das andere.

Wir wollten uns mal deine Welt anschauen, sagt mein Vater.

Du wolltest nur den Druck von dir nehmen, sage ich.

Benson, sagt Lydia.

Ist doch so, sage ich. Er weiß, dass es stimmt. Ausnahmsweise wirds für dich mal unangenehm, und du versuchst abzulenken.

Das ist nicht fair, sagt mein Vater.

Das ist alles, was du verdammt noch mal tust. Hat Guillermo dir das noch nicht erklärt?

Und du bist kein Stück besser, sage ich zu meiner Mutter. Was stört es dich überhaupt? Musst du nicht irgendwo anders sein? Gibt es da nicht eine ganz andere Familie, um die du dich kümmern solltest?

Ben, sagt Lydia. Sei kein Arsch.

Wie wäre es, wenn du da einfach mal nicht mitmachst, sage ich. Ich krieg hier alles ab, und was machst du? Chillen? Mit dem Strom schwimmen?

Die Luft hinter meinen Augen fühlt sich wärmer und wärmer an. Es ist ein bisschen so, als wäre da eine unsichtbare Kraft am Werk – ich weiß, ich sollte sie stoppen, aber die Worte dringen nur so aus mir heraus.

Wisst ihr, wie ich mich gefühlt habe, als keiner von euch was gesagt hat, als ich positiv getestet wurde?, sage ich. Als ihr mich hängen gelassen habt? Als ihr mich auf die Straße geschissen habt? Und ich mit dieser Scheiße allein fertigwerden musste? So etwas Schlimmes habe ich noch nie erlebt, und jetzt kommt ihr hier angefahren und wollt so einen gefühligen Mitleidsscheiß? Von mir?

Lydia und meine Mutter kucken nur groß. Sie scheinen nicht aus der Fassung gebracht, nicht mal verärgert oder erschöpft. Aber mein Vater sieht aus, als trüge er in der Brust ein riesiges Geheimnis mit sich herum. Sein Ausdruck verrutscht etwas, und ein Grinsen macht sich auf seinem Gesicht breit.

Sag es!, ruf ich. Spucks verdammt noch mal aus!

Mein Sohn, sagt mein Vater, so viel habe ich dich schon ewig nicht mehr reden hören.

Dieser Mike muss dir wirklich übel mitspielen, sagt er.

Du klingst wie ein kleiner, verknallter Junge, sagt er.

Lydia verkneift sich ein Lachen. Meine Mutter kaut auf ihren Backen. Wir vier scheinen in einer Schleife gefangen, es ist, als hätten wir das Ganze schon einmal durchlebt. Und bevor ich meinen Vater verfluchen kann, bevor ich mich wirklich gehen lassen kann, öffnet sich die Tür hinter mir, und Mike und seine Mutter stehen auf der Schwelle.

Mitsuko sagt zuerst etwas.

Sie sagt: Nicht schon wieder.

Meine Mutter sagt: Hallo.

Lydia sagt: Hey, Mike.

Mein Vater sitzt mit einem leeren Ausdruck auf dem Gesicht da. In seiner Kehle krächzt es.

Mitsuko hält die Arme vor der Brust verschränkt und hat eine Umhängetasche über der Schulter. Sie trägt Sachen von Mike, einen zu großen SUPREME-Pullover und Basketballshorts. Beide riechen nach Zigaretten. Mike hat ein ärmelloses T-Shirt an und hält eine Tüte Lebensmittel in den Armen. Sein Ausdruck ist völlig unlesbar, und ich habe keine Ahnung, ob ich jetzt was sagen sollte.

Aber ich weiß nicht, was.

Also sage ich nichts.

Und dann öffne ich den Mund.

Und was herauskommt, ist: Nun.

Mitsuko tritt näher und setzt sich auf das Sofa gegenüber von meinen Eltern. Die Augen meines Vaters werden größer, Mitsuko schreckt keinen Zentimeter zurück, und mein Vater sagt: Meine Tochter hat mir schon viel von Ihnen erzählt.

Sie sind auch ziemlich berüchtigt, sagt Mitsuko.

Ich höre, wie Mike mit seinen Tüten in die Küche hinübergeht, und es ist klar, dass er mich zappeln lässt. Aber Sekunden später ist er zurück und direkt neben mir.

Er drückt meiner Mutter die Hand und sagt: Ma'am, wie schön, Sie endlich kennenzulernen.

Er beugt sich zu Lydia hin, umarmt sie und sagt ihr etwas ins Ohr.

Dann steht er vor meinem Vater, etwas breiter, etwas kleiner.

Und mein Vater steht ohne besonderen Grund auf, tritt ihm gegenüber und überragt ihn bei Weitem.

Mitsuko seufzt. Lydia lacht. Meine Mutter stößt ihr einen Ellbogen zwischen die Rippen.

Dann, unerklärlicherweise, streckt mein Vater die Hand aus.

Ich bin Bens Vater.

Ich weiß, sagt Mike.

Gut.

Und ich bin der Freund Ihres Sohnes.

Das habe ich gehört, sagt mein Vater.

Mein Vater sagt: Freut mich, dich kennenzulernen, und Mike lässt seine Hand los.

Mike sieht uns alle an. Er sieht mich an.

Er fragt, ob jemand Hunger hat. Er sagt: Ich wollte gerade anfangen zu kochen.

## 4.

Das fünfte *Ich liebe dich* kam wieder mitten in der Nacht. Ich war gerade bei Mike eingezogen. Ich wurde von einem Klopfen an der Tür geweckt, es klang hektisch und laut, fast flehentlich. Ich fasste Mike bei der Schulter, stieß dagegen, bis er endlich stöhnte und nach meiner Hand schlug. Ich hielt ihm die Nase zu.

Was zum Teufel soll das, sagte er.

Und dann hörte auch er das Klopfen.

Mike rollte aus dem Bett. Machte sich nicht die Mühe, ein Hemd anzuziehen. Als er den Flur hinunterlief, rief ich ihm hinterher, er solle das lassen, aber natürlich hörte er nicht, schaltete sämtliche Lichter an und öffnete die drei Schlösser an der Tür.

Es waren zwei College-Kids, die ein Stück die Straße runter wohnten. Braun gebrannt, verschwitzt und völlig stoned.

Als sie Mike sahen, fingen sie an zu kichern. Einer sagte, sie kochten gerade und bräuchten etwas Butter und Paprika. Die Wörter kamen zwischen Lachsalven aus ihm heraus, und die beiden hielten sich gegenseitig aufrecht.

Mike gab ihnen ein Stück Butter und einen kleinen

Gewürzstreuer mit Paprika. Er sagte, sie sollten sehen, dass sie sicher nach Hause kamen.

Zurück im Bett rollte er über mich, strich über meinen Bauch und flüsterte mir die Worte ins Ohr.

Das siebte Mal sagte er es auf einer Party. Mike hatte mich gerade aus der Unterhaltung mit einer angetrunkenen Mutter gerettet. Ich hatte ebenfalls etwas getrunken, war aber klar, und es rutschte ihm aus dem Mund, wie es Worte manchmal tun. Und es war das erste Mal, dass ich es erwiderte.

# 5.

In der Küche – meine Familie sitzt im Wohnzimmer – sagt mir Mike, dass er Omar kennenlernen möchte. Ich antworte darauf nicht, habe drei Eier in der Hand und gehe um ihn herum. Mike hat bereits eine Reispfanne mit Huhn, Tofu und Möhren auf dem Herd, drei Stücke Kabeljau mit weißen Zwiebeln köcheln vor sich hin, und im Topf daneben bereitet er einen Dashi zu. So oft ich ihn habe kochen sehen, habe ich ihm nie wirklich *zugesehen*, aber sein Rhythmus ist wie der seiner Mutter, bis hin zum Scharren mit den Füßen.

Ich schäle Kartoffeln, koche sie und schwitze Zwiebeln und Schweinefleisch in einer Pfanne an. Mike schaut zu mir rüber, einmal, dann noch einmal. Als ich die Kartoffeln unter die Zwiebeln und das Fleisch hebe, fragt er, was ich da mache, und ich sage: Kartoffel-Korokke.

Er kneift kurz die Augen zusammen.

Korokke?, fragt er.

Ja, sage ich.

Echt? Kartoffelkroketten?

Wie ich sage, erwidere ich und rühre.

Da macht Mike seinen Mund ein drittes Mal auf, sagt aber nichts. Und dreht sich wieder um.

Erst sieht mir Mike zu, wie ich mich durch die Küche bewege, Sachen nehme, verschiebe, zerschneide. Am Ende macht er mit und bewegt seinen Körper vorsichtig um meinen herum. Wir haben nie zusammen gekocht, bewegen uns aber durch den Raum, als hätten wir seit Jahren nichts anderes getan. Zwischendurch, weiß ich, könnte er was dazu sagen, wie ich Sachen schneide oder umrühre, doch er tut es nicht. Er sieht nur zu, macht seine eigenen Dinge und ergänzt meine.

Er fragt ein zweites Mal nach Omar, dann ein drittes, bis ich ihm sage, es wäre unangemessen und es wird auf keinen verdammten Fall dazu kommen. Da fällt das erste Ei auf den Boden, gefolgt von zweien weiteren.

Und jetzt, eine Stunde später, sitzen unsere Familien zusammen. Wir essen den Reis und schlürfen die Suppe. Mike, Lydia und ich hocken auf dem Boden, meine Eltern sitzen neben Mitsuko auf dem Sofa und jonglieren mit ihren Stäbchen und Löffeln. Ich sehe, wie Mikes Mutter in eine Krokette beißt, und als sie in meine Richtung blickt, zwinkert sie.

Alles in allem ist das Essen einfach und sättigend, trotzdem hätte ich nicht gedacht, dass es funktionieren würde. Ich habe meinen Vater noch nie an einer Schüssel Tomatensuppe nippen sehen, ganz zu schweigen davon, dass er etwas gegessen hätte, das ihm völlig unvertraut ist.

Aber jetzt kaut er schweigend.

Wir sechs kauen schweigend.

Die Einzigen, die etwas sagen, sind Mike und Lydia. Sie stellen sich gegenseitig Fragen und lachen über dumme Witze. Mike erwähnt weder seine lange Abwesenheit noch seinen Vater, spricht aber *meinen* Vater an, und Lydia antwortet an dessen Stelle, und Lydia sagt etwas zu Mitsuko, und ihr Sohn antwortet für sie, und irgendwann fragt Mike, wie es der Familie meiner Mutter geht, ihrer anderen Familie, und bevor ich ihm einen Tritt versetzen kann, sagt sie, es geht allen gut.

Gesund und glücklich, sagt meine Mutter.

Toll, sagt Mike.

Wir haben es gemütlich.

Das freut mich.

Tyler und Teju wachsen aus allem heraus.

Das ist bei Kids so, sagt Mike. Das höre ich von Ben auch ständig.

Sie werden bald damit aufhören, sage ich. Am Ende sind alle erwachsen.

Du nie, sagt Mitsuko zu Mike.

Das ist die Sache, sagt meine Mutter. Man will nicht, dass es aufhört.

Man weiß es, sagt sie. Irgendwann ist es so weit. Unausweichlich. Deshalb versucht man, es hinauszuschieben. Alle Eltern sind da ihre eigenen Zauberer. Wir versuchen, die Zeit möglichst zu verlängern. Der Trick ist, den Kids keinen bleibenden Schaden zuzufügen.

Meine Mutter sagt das mit heller, klarer Stimme, ihr Gesicht ist eher düster.

Ich sehe Lydia, dann meinen Vater an. Meine Schwester hält den Blick auf meine Mutter gerichtet. Mein Vater zupft an den Härchen an seinem Unterarm.

Es ist vergeblich, sagt Mitsuko mit einem Seufzen. So ist nun mal der Lauf der Welt.

Trotzdem müssen wir es versuchen, sagt meine Mutter.

Ich könnte mir nicht vorstellen, es noch einmal zu tun, sagt Mitsuko.

Ich auch nicht, sagt meine Mutter und lacht. Und ich kann wirklich nicht sagen, wie ich es überhaupt gemacht habe.

Ich bin sicher, Sie haben Ihr Bestes getan.

Alle tun ihr Bestes, sagt meine Mutter. Das ist es, was wir uns sagen müssen.

Nun, sagt Mitsuko und deutet auf mich, bei dem ist es Ihnen ganz gut gelungen.

*Er* hat sich um *mich* gekümmert, sagt sie.

Ich habe es ihm nicht leicht gemacht, sagt Mitsuko, aber er hat sich nicht beschwert.

Mein Vater blickt auf. Meine Mutter macht ein Gesicht, wie ich es schon sehr lange nicht mehr gesehen habe. Alle im Raum schauen mich an. Bis auf Mike.

Er sieht wieder so nachdenklich aus.

Oder wenigstens hat er sich nicht zu sehr beschwert, sagt Mitsuko. Nur in vernünftigem Maß.

Es ist das Mindeste, was Benson tun konnte, sagt meine Mutter. Glauben Sie mir.

Ich wünschte, er könnte das Gleiche von mir sagen, sagt mein Vater.

Aber wie stehen die Chancen, sagt er, dass sich zwei gute Jungs gegenseitig finden?

Mein Vater nickt Mike zu, und zum ersten Mal wird mein Partner, den ich nie in Verlegenheit erlebt habe, dunkelrot.

Wer hätte das gedacht, sagt mein Vater.

Moment, sagt Lydia, ich habe dir von ihm erzählt.

Und alle stöhnen.

Der Himmel geliert zu einem verhangenen Gelborange. Ich bringe meine Familie zu ihren Autos.

Meine Mutter drückt mir die Hand, bevor sie in ihren Van steigt.

Mein Vater sagt: Ich sehe dich irgendwann, und knallt Lydias Autotür zu.

Lydia steht neben mir auf dem Hof.

Sie sagt: Wir sollten das regelmäßig machen.

Ich lächele.

Ich sage: Ich hoffe, es hat dir gefallen, weil es nie wieder dazu kommen wird.

Und Lydia fängt an zu lachen, bis sie mein Gesicht sieht und ihr Lachen erstirbt. Doch dann kommen ihre Zähne erneut zum Vorschein, langsam, mit einem Grinsen.

Lydia sagt: Kleiner Bruder, du lernst es wirklich nie.

Und jetzt: Mike und ich stehen in der Küche. Er spült ab, und ich trete gegen die Theke. Mitsuko ist im Wohnzimmer und zappt durch die Kanäle. Später übertönt ihr Schnarchen den Fernseher.

Frag ihn einfach, sagt Mike. Hab keine Angst.

Das hat mit Angst nichts zu tun, sage ich. Es ist nur scheiß peinlich.

Nein, sagt Mike.

Willst du deswegen wirklich einen Streit anfangen?

Nein, sagt Mike. Also frag ihn. Komm schon.

Ich sage Mike, dass ich nichts dergleichen tun werde, und er stöhnt.

Entschuldige, sage ich.

Hör mit der verdammten Entschuldigerei auf, sagt

Mike, spült mit vorsichtigen Bewegungen und stellt die Teller ins Gestell.

Zwanzig Minuten später schreibe ich Omar. Aus einer Laune heraus. Am Morgen hat er sich gemeldet, und ich hatte seine Nachricht nicht gelesen.

Ehrlich, wir waren noch nichts. Wir hatten noch nichts entschieden. Aber wir hatten wieder gevögelt, bei ihm, und dann noch mal, und hinterher, nachdem wir beide zweimal gekommen waren, habe ich Omar gefragt, was er sich wünsche, und Omar sagte, er sei sich nicht sicher.

Meine Finger trommelten auf Omars Rücken. Wir lagen in seinem Bett. Ich konnte sein Gesicht nicht sehen, nur seine Hände, die mit einem Kissen spielten.

Sag du es mir.

Ich habe dich gefragt.

Ich weiß, sagte Omar. Aber ich weiß auch, dass du bestimmte, äh, Beschränkungen hast, die ich nicht habe.

So kann man meinen Freund auch bezeichnen, sagte ich.

Sorry, sagte Omar, und ich drückte ihm eine Arschbacke.

Schon gut, sagte ich. Ich bin hier derjenige, der die Sache kompliziert macht.

Nun, sagte Omar. Das hast du gesagt. Nicht ich.

Hey!

Du hast es gesagt!

Aber hör mal, sagte Omar.

Er drehte sich auf der Matratze und sah mir ins Gesicht. Wir waren beide nackt, lagen Haut an Haut in den Laken.

Es kann so ernst sein, wie du möchtest, sagte er. Oder

nicht. Ich sage nicht, wir sollen einen Welpen oder so was adoptieren.

Ich weiß, sagte ich.

Gut, sagte Omar. Es gibt keinen Druck. Wir machen es, wie immer du es willst.

Aber ich mag dich, sagte Omar. Und ich glaube, das bleibt auch so. Ich denke, ich möchte nur, dass du das weißt.

Und es hat seitdem auch keinen Druck gegeben.

Ich starre auf mein Telefon, ohne es wirklich zu wollen, als könnte ich auf diese Weise eine Nachricht daraus hervorzaubern.

Als Mike ins Zimmer kommt, sagt er: Junge Liebe, und ich sage, er soll sich verpissen.

Solltest du nicht packen?, sage ich.

Mach kein so begeistertes Gesicht, weil ich wieder verschwinde, sagt er und grinst, aber nicht wirklich.

Mike setzt sich auf den Boden und ordnet seine Sachen neu. Wir haben seit Monaten nicht mehr im selben Zimmer gesessen, ohne zu sprechen. Und ich weiß, ich sollte mich entschuldigen, meiner Zuneigung und meinem Verständnis Ausdruck geben.

Aber ich tus nicht.

Ich weiß nicht, warum.

Und die Gelegenheit verstreicht.

Ein paar Stunden später antwortet Omar. Die Nachricht ist voll von Emojis.

Er schreibt: Wäre toll!!! 😄😄😄😄

## 6.

Das achte *Ich liebe dich* kam nach einem Streit, unserem letzten großen, bevor Mike nach Japan flog.

Ich hatte eine Kerze gegen die Wand geworfen. Mike hob sie auf und warf damit nach mir. Er stieß mir gegen die Schulter, und ich packte seinen Arm, was uns auf dem Boden landen ließ, wo er mich festhielt, als ich ihm ins Gesicht schlug. Am Ende gab ich den Versuch auf, mich loszuwinden, und Mike lockerte seinen Griff. Ich zog an seinem Hemd, er an meiner Shorts. Er rutschte an meinem Körper herunter und griff in meine Haare. Hinterher blieben wir auf dem Holzboden liegen, verschwitzt und stinkend, und schliefen ohne ein Wort ein.

Als ich aufwachte, fegte Mike die Überbleibsel der Kerze zusammen. Er trug nur seine Boxershorts und beugte sich über den Besen. Stumm sah ich zu, wie er fegte, das Mondlicht im Rücken, und begriff in dem Moment wohl, dass unsere Zeit tatsächlich enden würde.

Ich begriff auch, dass ich es nicht wollte.

Und ich fand es okay, es nicht zu wollen.

Und vielleicht auch okay, dass es nicht jetzt schon vorbei war.

Aber es würde so kommen.

Wahrscheinlich.

Da trat Mike in ein paar Scherben. Er schrie auf und hüpfte im Kreis.

Nicht bewegen, sagte ich. Du machst es nur noch schlimmer.

Machst du fucking Witze?, sagte Mike.

Ich sagte, er solle sich setzen. Wir hatten Verbandsmull im Bad. Ich wischte den Bereich mit den Splittern mit Alkohol ab und holte ein Messer aus der Küche. Es war das schärfste, das ich sah, und Mikes Augen wurden größer, als ich damit kam. Ich sagte, er solle ganz locker bleiben, und Mike erwiderte, er werde mir keine Vorwürfe machen, wenn ich ihn schnitt.

Ich mir aber, sagte ich.

Wenn meine Hände zu zittern begannen, machte ich eine Pause. Ich ging langsam vor, Schritt für Schritt. Es dauerte zehn Minuten, aber dann waren alle Scherben entfernt.

Danach wischte ich Mikes Fuß mit einem Desinfektionsmittel ab und verband ihn, und als ich den Blick hob, war mein Partner komplett eingeschlafen.

Ich weiß nicht, ob er es mich sagen hörte, aber sein Körper versteifte sich kurz, entspannte sich wieder und kam zur Ruhe.

# 7.

Zwei Tage bevor Mitsuko Amerika wieder verlässt, treffe ich sie morgens in der Küche beim Reiswaschen an. Sie nickt mir zu und fährt mit den Händen durch den Topf. Ich setzte mich ihr gegenüber auf einen Hocker, und sie sieht wieder auf ihre Hände.

Mike ist unterwegs, Verabredungen mit seinen Arbeitskollegen treffen. Er hat mir nicht gesagt, was er ihnen erzählen wird, aber ich weiß, es wird nicht gut ausgehen.

Als Mitsuko mit dem Reis fertig ist, stellt sie einen Topf auf den Herd. Sie verschränkt die Arme und hält den Blick zur Decke gerichtet.

Mike kehrt also nach Hause zurück, sage ich, und Mitsuko sieht mich an.

Du könntest auch sagen, er verlässt sein Zuhause, sagt sie.

Du freust dich doch bestimmt, ihn näher bei dir zu haben?

Ich freue mich immer, das Kind zu sehen, das ich gemacht habe.

Eine Viertelstunde kommunizieren wir nicht miteinander. Ich sehe zu, wie Mitsuko den Reis aus dem Topf zu den Eiern in der Pfanne gibt. Dazu kommen Süßkartoffeln, Cheddar, ein Radieschen und Knoblauch. Mitsuko faltet das Omelett so, dass es am Ende alles umschließt, und lässt das Omuraisu köcheln, bis wir etwas haben, das wie der Beginn eines Essens aussieht.

Sie fragt: Wartest du auf irgendwas?

Nein, sage ich, ich bin auf dem Sprung.

Aber du hast nichts gegessen, sagt Mitsuko und greift nach einer Schüssel.

Sie stellt sie für mich auf den Tisch.

Ich kann nicht, sage ich.

Du kannst, sagt Mitsuko. So viele Gelegenheiten wirst du nicht mehr bekommen.

Ich kann mir immer selbst was kochen.

Wenn du es sagst, Benson.

Mitsuko setzt sich mir gegenüber an den Tisch.

Es tut mir leid, sage ich.

Was?

Du weißt schon, sage ich, und in diesem Moment geht es los – die Tränen strömen nur so über mein Gesicht. Ich weiß nicht, wo sie plötzlich alle herkommen, sie tropfen von meinen Wangen und meiner Nase. Ich beginne zu zittern, erst ein wenig, dann immer mehr. Der Hocker fängt unter mir an zu tanzen. Geräusche dringen aus meinem Mund, tierische Geräusche, die ich nicht kenne, und als ich versuche, sie hinunterzuschlucken, werden sie zu etwas anderem. Meine Hände liegen auf dem Tisch. Zehn Finger formen zwei Fäuste. Ein Daumen gräbt sich in eine Handfläche und sucht nach Blut, und dann liegt Mitsukos Hand auf meiner und zieht ihn langsam zurück.

Benson, sagt Mitsuko. Sieh mich an.

Sieh mich an, sagt sie ein zweites Mal, und ich bedecke mein Gesicht.

Ich weiß, sagt Mitsuko.

Nein, tust du nicht, sage ich.

Doch. Du hast nichts falsch gemacht. Nichts.

Mike meinte, genau das hat ihm sein Dad auch gesagt, sage ich und wische mir über das Gesicht.

Da bin ich sicher, sagt Mitsuko. Das ist genau das, was mein Mann so gesagt hat.

Irgendwann hört das Zittern auf. Mein Atem beruhigt sich. Ich sehe Mitsuko wieder an, und jetzt sieht sie zu, wie ich sie betrachte.

Sie nimmt ihren Löffel und streicht Ketchup über mein Omelett.

Schließlich nehme ich einen Löffel.

Wir essen.

Du solltest mit meinem Sohn reden, sagt Mitsuko kauend.

Wir haben darüber gesprochen, sage ich.

Er war schon immer ein bisschen komisch, sagt Mitsuko. Schon als Junge. Er erzählte mir von etwas, fing damit an und entschied sich dann doch für etwas anderes. Oder er bekam einen Tunnelblick.

Mitsuko starrt in ihre Schüssel und rührt darin herum. Sie kratzt den Ketchup zusammen und türmt ihn nach und nach an einem Ende auf, bevor sie ihn wieder verteilt.

Wie alt warst du, als du angefangen hast, dir selbst die Schuhe zuzubinden?, sagt Mitsuko.

Was, sage ich und reibe mir die Augen.

Du hast mich gebeten, dir eine Geschichte zu erzählen. Wie alt warst du?

Ich weiß es nicht, sage ich. Scheiße. Sechs?

Michael hat elf Jahre dafür gebraucht, sagt Mitsuko. So lange hat es gedauert, bis mein Sohn es begriff. Er glaubte einfach nicht, dass er es konnte. Die Schnürsenkel rutschten ihm aus den Händen. Ich zeigte es ihm, sein Vater zeigte es ihm, und er versuchte es, gab aber immer wieder auf. Fast viertausend Tage seines Lebens. Bis zur Mittelschule musste er Schuhe mit Klettverschluss tragen.

Ich sehe zu, wie Mitsuko mit ihrem Essen spielt. Sie sieht mich nicht an.

Wie ging es weiter?, sage ich.

Wie in jeder Geschichte über meinen Sohn, sagt Mitsuko mit einem leichten Lächeln. Er hat es rausgekriegt. Irgendwann hat er beschlossen, es zu lernen, und dann ging es. Genauso ist es mit seiner Entscheidung, in Osaka diese Kneipe, oder was auch immer es ist, zu führen. Oder wie er meinte, seinen Vater auf dem letzten Stück des Wegs begleiten zu müssen.

Und du wolltest nicht, dass er ging, sage ich.

Richtig, sagt Mitsuko. Ich wollte es nicht. Es war nicht die Entscheidung, die ich mir für meinen Sohn gewünscht habe.

Aber er brauchte das, sagt sie. Und wusste es. Von Zeit zu Zeit kann Michael über den Tag hinaussehen. Und er ist darin offenbar besser geworden. Und selbst wenn ich es ihm nie sagen werde – und du wirst ihm ebenfalls nicht sagen, dass ich es dir gesagt habe: Es macht mich stolz auf ihn. Zu sehen, wie er Entscheidungen trifft, wichtige Entscheidungen, es macht mich stolz. Allerdings glaube ich nicht, dass diese Entscheidung jetzt dazugehört.

Mitsuko verschränkt die Arme vor der Brust und beugt sich vor. Endlich hebt sie den Blick zu mir.

Verstehst du, worauf ich hinauswill, sagt sie.

Ich bin nicht sicher, sage ich.

Ich sage, dass wenn du Michael seine eigenen Entscheidungen treffen lässt, wird er irgendwann wieder zu sich kommen. Das wird er. Nur mag es für dich dann zu spät sein. Aber mein Sohn mag dich.

Ich liebe ihn auch.

Genau, sagt Mitsuko. Also sag es ihm. Mit genau den Worten.

Und dann ändert er seine Meinung?

Das weiß ich nicht. Aber dann wird er die Entscheidung treffen, die er treffen will, im Gegensatz zu der, die er treffen sollte. Oder der, die wie die einfachste Lösung aussieht.

Es wird gut für dich ausgehen, sagt Mitsuko. Es wird gut ausgehen. Versprochen.

Wenn du es sagst.

Das tu ich.

Du kommst aus einer guten Familie, sagt Mitsuko, und bevor sie die Küche verlässt, legt sie mir eine Hand in den Nacken.

Als ich Ximena an ihrem ersten Tag zurück in der Tagesstätte sehe, habe ich keine Ahnung, was mich erwartet. Wir haben noch nicht geöffnet, und sie blättert durch eine Zeitschrift.

Sie zwinkert mir zu, als sie mich sieht.

Noah hat heute ein verdammtes Chaos in der Wohnung hinterlassen, sagt sie.

Klingt nach einer glücklichen Ehe, sage ich.

Sei still, sagt Ximena. Er ist ein Schlunz. Tassen und alles auf dem Tisch. Er hat gesagt, er würde sich bessern, aber nichts ist, er macht nur scheiß Probleme.

Es sind die kleinen Dinge.

Leck mich. Ich bin nicht sein Hausmädchen.

Die Flitterwochen sind vorbei, sage ich. Willkommen daheim.

Das hat nichts damit zu tun, sagt Ximena. Mit der Hochzeit und so.

Aber schau, sagt sie, und Ximena zeigt mir, wie braun sie ist. Ihre Haut leuchtet bronzefarben, von den Schultern bis zu den Fingerspitzen.

Ich *strahle* buchstäblich, sagt Ximena.

Das ist der Unterschied, sagt sie. Darauf kommt es an.

Das hättest du auch ohne ihn haben können, sage ich.

Sag bloß, Kierkegaard. Denkst du, das weiß ich nicht?

Aber die Sache ist die, sagt sie und zwinkert mir zu, *er* glaubt, es liegt an ihm.

Die Kids sind heute ruhelos. Als ich Marcos und Margaret sage, sie sollen nicht so wild herumrennen, plustern sie nur die Backen auf und rennen noch schneller. Ich sage zu Silvia, sie soll die Buntstifte in Ruhe lassen, worauf sie zwei in der Mitte durchbricht. Xu und Ethan ermahne ich zum fünfzehnten Mal, mir den supergroßen Gefallen zu tun, die Hände voneinander zu lassen, und die Brüder blinzeln nur, tun genau das und gehen stattdessen mit Kopfstößen aufeinander los.

Scheiße, sagt Barry. Ich glaube echt, die Welt geht unter.

Stell dir vor, sagt Ximena.

Die Kinder zucken nur mit den Schultern.

Aber ehrlich, wir können ihnen keine Vorwürfe machen. Es ist nicht ihr Fehler. Wir haben es in ihrem Alter doch genauso gemacht – und würden es wieder tun, wenn wir könnten.

Als Barry und Ximena am Ende des Tages anfangen, staubzusaugen, zu fegen und zu putzen, setze ich mich mit Ahmad an die Tür. Er ist das letzte Kind, das noch abgeholt werden muss, ist ruhig und hält die Hände im Schoß. Den Morgen über hat er sich mit einem Malbuch beschäftigt, das ihm seine Eltern gekauft haben, wie er mir gesagt hat, nachmittags hat er im Hof Basketball gespielt. Erst mit Barry. Dann mit Ethan und Xu. Schließlich mit Thomas, Margaret und Silvia, und am Ende war nur noch er da.

Jetzt malt er wieder. Die Pastellfarben gehen ineinander über und formen winzige, helle Sonnensysteme.

Ich frage ihn, ob er immer noch streikt.

Der Streik ist vorbei, sagt Ahmad. Du kommst zu spät.

Nun, sage ich, wenigstens hast du dir endlich die Haare schneiden lassen.

Steht mir gut, sagt Ahmad.

Hundertpro, sage ich.

Daliah hat es so empfohlen.

Daliah.

Sie ist ein Mädchen in meiner Schule.

Nun. Die volle Punktzahl für Daliah.

Sie ist der klügste Mensch, den ich kenne, sagt Ahmad. Meistens.

Meistens?, sage ich.

Ja, sagt Ahmad, beißt sich auf die Lippe und scheint echt drüber nachzudenken.

Dann sagt er: Ximena ist auch ziemlich klug.

Guck mal, sagt er, und dann zeigt er mir, was er gemalt hat. Er legt mir sein Malbuch auf die Knie.

Da ist ein grüner Planet zu sehen, zwischen einer lockeren Ansammlung Sterne. Zwei Männer sind darauf gemalt. Einer ist offensichtlich sein Bruder. Der andere braucht unbedingt einen Haarschnitt.

Darf ich fragen, was das ist?, sage ich.

Siehst du das nicht?

Es ist immer höflich zu fragen.

Das Universum, sagt Ahmad sachlich.

Und, sagt er und zeigt auf die beiden Männer. Du weißt schon.

Endlich kommt Omar, um seinen Bruder abzuholen. Er hat seinen Arbeitskittel gegen einen Hoodie und Shorts eingetauscht.

Gehen wir noch essen?, sagt er.

Ahmad lässt sich von seinem Bruder mit der Hand über den Kopf fahren. Die beiden ähneln sich nicht, aber sehen doch so aus, als passten sie zueinander.

Das sagen die Leute auch über mich und meinen Vater, und meinen Vater und meine Schwester.

Es trifft auch auf Mitsuko und Mike zu.

Und auf Mike und mich.

Ja, sage ich, es sei denn, du hast deine Meinung geändert.

Nein, sagt Omar und klopft mir auf die Schulter, ich komm damit klar.

Als wir gehen, sehe ich, wie Barry und Ximena uns beobachten – sie stoßen sich an, strecken die Zunge raus und machen sich lustig über mich. Ich will abwinken, aber Ahmad fängt meinen Blick auf, also lass ich es.

Der Junge sagt nichts. Er verdreht nur die Augen.

Omar fährt uns drei runter nach Montrose und parkt beim Burger Shack.

Eine verzerrte Beyoncé dröhnt aus den Lautsprechern, bis Ahmad sich das Telefon seines Bruders schnappt und zu einer Art K-Pop wechselt, mit viel zu viel Synthesizer. Er dreht sich zu mir um, um mich zu fragen, ob ich das kenne. Ich sage Nein.

Der Text ist einfach, sagt Ahmad. Den lernst du.

Ich will etwas sagen, aber Omar fängt meinen Blick im Rückspiegel auf – und wieder behalte ich meine Worte für mich.

Als wir ihn entdecken, hat Mike bereits eine Flasche Wasser vor sich. Er trägt eine Sonnenbrille und ist in Shorts. Es ist fürchterlich heiß, der Beginn der teuflisch heißen Zeit im Südwesten, und die Ventilatoren auf der Terrasse mühen sich ab, die Körper unter sich zu erreichen. Omar schleicht auf den Tisch zu, und als er eine Begrüßung herausstottert, fasse ich ihm unten auf den Rücken, eine ungewollt zärtliche Geste. Ahmad hat keinen Blick für uns, er blättert durch das Geld, das Omar ihm für unsere Burger gegeben hat.

Mike klopft auf die Bank neben sich. Als ich mich zu ihm setzen will, hält er mich auf.

Der Platz ist für unseren neuen Freund, sagt Mike.

Ihr kennt euch ja noch nicht mal, sage ich.

Deshalb unser kleines Treffen, sagt Mike. Komm schon.

Omar lässt sich ködern. Ich rutsche neben Ahmad, der mit einem Tablett mit vier Burgern zurückgekommen ist.

Ich sitze den beiden Männern gegenüber, die die A- und B-Seite meines Lebens sein könnten.

Was ich zu Mike sage, ist: Kein Bier?

Kein Bier, sagt er und schüttelt den Kopf.

So, sagt Omar, wie war dein Tag?

Ach, sagt Mike. Musste Sachen vorbereiten und so. Rechnungen zahlen.

Benson sagt, du verlässt bald die Stadt.

Sieh mal an. Ben tut sein Bestes, um mich loszuwerden.

Tu ich nicht, sage ich.

Okay, tut er nicht, sagt Mike.

Ich frage ihn, wie die Arbeit gelaufen ist, und er nickt mir zu. Kurz verdüstert sich sein Ausdruck, doch das ist gleich wieder vorbei.

Ende gut, alles gut, sagt Mike.

Ich will etwas sagen, doch da zieht Ahmad mich am Ärmel. Er zeigt mir etwas auf seinem Telefon. Eine Nachricht.

Sie lautet: bist du okay

Ich sehe den Jungen an. Nehme sein Telefon.

Ich schreibe: ja 😄

Als ich den Blick wieder hebe, unterhalten sich Omar und Mike.

Ich sehe ihnen zu.

Ich sehe Ahmad an.

So, sage ich, wie gehts dir?

Ohne sich von seinen Pommes abzuwenden, zeigt mir Ahmad seine Zähne.

Irgendwann umgibt uns so etwas wie ein angenehmes Schweigen. Die Weißen um uns herum füllen die Luft mit ihren Unterhaltungen, und ein altes Spiel der Astros schallt aus den Fernsehern auf uns herab. Wenn man genau hinhört, merkt man, dass der Verkehr auf dem Montrose Boulevard nachlässt, aber alles um uns herum verschmilzt zu einer Sache, einem Vakuum, das uns ganz verschlingt.

Ahmad sieht seinen Bruder an und fragt, wie lange sie noch bleiben. Als Omar ihm sagt, er soll nicht unhöflich sein, verzieht der Junge das Gesicht.

Aber wir *tun* nichts, sagt Ahmad.

Es muss nicht immer alles ein Actionfilm sein, sagt Omar.

Wir genießen unsere Gesellschaft, sagt Mike mit den Händen auf dem Bauch. Es ist schön hier im Freien. Und ich werde etwas fetter.

Du bist nicht fett, sage ich.

Du bist schön, sagt Omar, und wir alle sehen ihn an, und er scheint es völlig ernst zu meinen.

Zum zweiten Mal in den letzten zwei Tagen wirkt Mike ernsthaft verblüfft.

Omar sagt das über *jeden*, sagt Ahmad und klopft auf das Telefon seines Bruders.

Für mich war es ehrlich gesagt beflügelnd, das zu hören, sagt Mike.

Er versucht sich nur bei dir einzuschmeicheln, sage ich.

Nein, sagt Omar und sieht mich entschieden an. Es stimmt.

Er lehnt sich zurück und verschränkt die Arme.

Ich meine, sieh uns nur an, sagt Omar und breitet die Arme aus. Ist es nicht wunderbar? Wie wir hier zusammengefunden haben?

Ein wenig berauscht von seinen Worten sehen wir zum hölzernen Vordach über uns auf.

Ich meins ernst, sagt Ahmad. Das sagt er *allen*.

Keiner von uns isst alles auf. Uns allen bleiben Burger-Reste. Ahmad packt seine zum Mitnehmen ein, zusammen mit Omars übrig gebliebenen Pommes. Wir stehen auf, ohne dass einer wirklich wüsste, was er mit seinen Händen machen soll, bis Omar schließlich die Arme öffnet und Mike ihn umarmt.

Dann umarme ich Omar.

Mike umarmt mich.

Zwischendurch drücken wir Ahmads Hand, der nur den Kopf schüttelt.

Zu Omar sagt er: Können wir *bitte* jetzt gehen?

Ich sage zu Omar: Bis bald, und er nickt und grinst. Ohne dass ich es will, überzieht ein Lächeln mein Gesicht. Und mir wird bewusst, dass es immer noch da ist, als Mike mich darauf hinweist.

Es ist nichts, sage ich.

Nichts ist nichts, sagt Mike. Du siehst glücklich aus. Ich freue mich für dich.

Und er mag dich, sagt Mike.

Halt den Mund.

Nein. Es ist wichtig. Und du magst ihn, oder?

Ich sehe auf die Straße vor uns. Es ist gerade mal Anfang März, doch der Teer flimmert bereits. Eines Tages heben wir den Blick, und es ist wieder Sommer. Keiner von uns wird es kommen sehen.

Ich weiß es noch nicht, sage ich.

Das ist okay, sagt Mike.

Aber du *könntest* ihn mögen, sagt er.

Nun, sage ich.

Ja, sage ich. Ja, ich glaube, das könnte sein.

Mehr kannst du nicht verlangen, sagt Mike, biegt links ab, und ich sehe ihn nicht an und will gar nicht wissen, was wahrscheinlich in seinem Gesicht zu erkennen ist.

Auf unserem Weg zur Wohnung geraten wir in einen Hinterhalt: Ein Skateboard schießt über die Straße auf Mike zu. Er passt nicht auf, scheint auf einem anderen Planeten. Das Skateboard erwischt ihn an der Ferse, und er grinst zu den Jungs hinüber, die es auf die Reise geschickt haben.

Es gibt eine kurze Verzögerung, dann kommen sie angelaufen. Es sind unsere Nachbarn. Es tut ihnen leid. Sie fragen, ob Mike okay ist, und flehen uns im selben Atemzug an, ihrem Dad nichts zu sagen.

Er wird das Skateboard zerschlagen, sagt der Älteste nüchtern.

Bitte, bitte, bitte, bitte, por favor, por favor, bitte, bitte, sagt der Jüngste.

Mike schiebt die Lippen vor und überlegt. Dann hüpft er auf das Board, locker, sanft. Lehnt sich auf ein Ende, dann auf das andere, macht einen kleinen Wheelie. Als die Kinder begreifen, was da vorgeht, lächeln sie, lachen und klatschen und jauchzen, und mir kommen die Tränen, und ich klatsche mit.

# 8.

Mein Vater sagt: Sagt man das nicht so? Man verliert sie, wie man sie findet?

Ich frage ihn, *wer* das sagt, und er bittet mich, ihm den Sirup zu geben. Wir essen in einem Diner direkt außerhalb vom Loop. An jedem zweiten Tisch sitzen Cops, doch die beachten uns nicht. Ich habe Mike und seine Mutter für den Rest des Nachmittags allein gelassen. Sie fliegt morgen, und ihr Sohn wird ihr ein paar Wochen später folgen, und wir haben immer noch keine Ahnung, wie das aussehen wird. Aber Mike hat mir mehr als einmal gesagt, dass ihm sein Dad auch dafür etwas Geld hinterlassen hat.

Der Therapeut meines Vaters hat ihm geraten, neue Orte und Dinge auszuprobieren, wieder an der Welt teilzuhaben, und mein Dad grummelt vor sich hin, während er seine Pfannkuchen isst, aber ich weiß, das war es, was er hatte hören wollen. Er hat wieder angefangen, Nachhilfeunterricht zu geben, in begrenztem Umfang. Im Herbst, wenn die Schulen wieder losgehen, wird es mehr werden.

Jetzt sitzt er in unserer Nische, hat die Beine übereinandergeschlagen und hält ein Glas Orangensaft in der Hand.

Neben ihm liegt ein Stapel Schulaufgaben. Sie sind voll mit grüner Tinte und hier und da etwas Blau.

Ich frage meinen Vater nach Lydia, und er stöhnt.

Deine Schwester denkt, ich bremse sie aus.

Sie zieht nur gern ihr eigenes Ding durch.

Jeder zieht gern sein eigenes Ding durch, sagt mein Vater. Das heißt nicht, dass man nicht etwas Zeit gemeinsam verbringen kann.

Sie ist bei dir eingezogen, Dad, sage ich, und so, wie er an seinem Saft nippt, ist klar, dass er das zu schätzen weiß und will, dass ich es sehe.

Er und meine Mutter haben sich versprochen, hin und wieder gemeinsam einen Kaffee trinken zu gehen. Als ich sage, hin und wieder sei eine ziemlich vage Aussage, sagt mein Vater, dass meine Mutter meint, genau das sei der Punkt.

So werde ich gezwungen, Pläne zu machen, sagt er.

Das wirst du.

Du bist das Kind deiner Mutter.

Das bin ich, sage ich. Aber auch deins.

Die Pfannkuchen sind nicht schlecht. Wir bitten unsere Kellnerin, eine ältere schwarze Lady, um mehr Sirup. Mein Vater will dem Rat seines Therapeuten folgen und auch noch den letzten Diner im Umkreis der I-610 ausprobieren.

Ist ein netter Kerl, sagt mein Vater. Jung. Mexikaner, glaube ich. Auf seinem Schreibtisch steht die Flagge. Erst hatte ich Sorge, dass er mir Scheiß erzählen würde. Über alte Niggas hat der auf seinen Schulen bestimmt nichts beigebracht bekommen.

Da wäre ich mir nicht sicher.

Doch, bist du.

Du bist ein Heuchler.

Du bist der optimistischste Pessimist, den ich kenne.

Ich mache mir Sorgen um deine Schüler, sage ich.

Aus denen wird schon was, sagt mein Vater. Du bist ja auch was geworden. Aber mein Doktor, es könnte sein, dass er, du weißt schon. Wie *du* ist.

Wie ich.

Du weißt schon.

Sag es.

Schwul, sagt mein Dad.

Ich blinzele. Er zuckt nur mit den Schultern.

Als er aufsteht und einen Zwanziger auf den Tisch klatscht, klingt das, was er sagt, in meinem Kopf wie eine Autoalarmanlage.

Du musst mich mit niemandem verkuppeln, sage ich.

Man weiß nie, sagt mein Vater.

Tus nicht.

Ich habe ihm gesagt, dass du perfekt für ihn wärst.

Ich bin im Moment versorgt.

Sicher. Aber manchmal vergehen Momente.

Wir verlassen den Diner mit den Händen in den Taschen. Mein Vater nickt mir zu und geht ohne ein Wort zu seinem Truck. Der Highway hinter uns rast auf ein paar Brücken zu, und die Luft riecht ein bisschen nach Öl, ein bisschen nach Keksen und ein bisschen nach Houston.

Mein Vater richtet den Rückspiegel aus, legt den Sicherheitsgurt an, und ich sehe zu, wie er vom Parkplatz fährt. Bevor er auf den Zubringer biegt, dreht er sich noch mal zu mir um und winkt.

Auf dem Weg zurück zur Wohnung lasse ich mir einen neuen Haarschnitt verpassen. Nichts Wildes. Gerade genug, um mir das Gefühl zu geben, dass sich etwas verändert hat, etwas Konkretes. Ich schneide den Scheiß einfach ab.

Und dann stehe ich auf der Veranda.

In der Tür.

Mike ist über den Koffer seiner Mutter gebeugt, legt sein ganzes Gewicht darauf und versucht den Reißverschluss zuzubekommen.

Ich sage ihm, dass er wie eine Karikatur aussieht.

Wie wäre es, wenn du den Mund hältst und mir hilfst, knurrt er.

Ich frage, wo Mitsuko ist, und er nickt zu unserem Schlafzimmer hin.

Die Tür ist verschlossen, und im Bad läuft das Wasser, trotzdem dringt unterdrücktes Schluchzen zu uns heraus. Ich sehe Mike an, aber der konzentriert sich auf den Koffer. Schwitzend versucht er, die Tränen seiner Mutter zu ignorieren.

Ich gehe auf die Knie und helfe ihm drücken. Aber der Koffer gibt einfach nicht nach, und ich will gerade aufhören, als ich spüre, wie Mike seine Position verändert. Er beugt sich über mich und schlingt seine Arme um meinen Körper. Ich halte die Hände auf dem Koffer, weil er sonst aufspringt, und Mike sagt kein Wort. Er drückt mich nur an sich.

Da ist immer noch etwas. Es ist nicht heiß genug für eine Verbrennung. Könnte es aber sein, wenn ich es wollte, und ich bin überrascht, dass ich überlege.

Er sagt mir ins Ohr: Du könntest immer noch deine Meinung ändern.

Ich knie einen Moment lang da.

Und dann sage ich: Ich könnte.

Okay, sagt Mike. Das ist alles. Du sollst das einfach wissen. Und so weiß ich, dass du es weißt.

Das tu ich, sage ich.

Da wird die Tür des Bads aufgeschlossen, und Mike beugt sich weiter über mich vor, um den Rest des Reisverschlusses zuzuziehen, und es geht.

Mitsukos Gesicht ist gerötet. Ihre Haare liegen wild durcheinander. Sie trägt einen Trainingsanzug und wischt sich über die Wangen, und erneut kommt mir der Gedanke, wie ungeheuer schön sie aussieht, trotz ihrer Verzweiflung.

Sie sagt, wenn wir mit unserem Getue fertig sind, ist sie so weit.

Ich frage Mike, was sie meint, aber er zuckt nur mit den Schultern. Sie müssen etwas erledigen, sagt er, und wenn ich darauf bestehe, kann ich mitkommen.

Es ist möglich, von einem Teil Houstons in einen anderen zu fahren und das Gefühl zu haben, in ein komplett anderes Land zu kommen. Von Bellaire nach Sugar Land nach Katy nach Midtown nach Downtown nach River Oaks nach Montrose und in die Heights, ins East End, Third Ward, zum Warehouse District und zurück.

Aber manchmal muss man gar nicht so weit. Wir fahren über eine Brücke und auf die Wheeler. Auf der bleiben wir, bis sie zur Elgin wird, dann weiter zur Studemont, und von der geht es auf den Memorial Drive. Mike hält beim Park, direkt über dem Bayou, und er und seine Mutter steigen gleichzeitig aus, als hätten sie das alles eingeübt.

Wir folgen dem Weg in den Park hinein. Es ist mitten in der Woche, und es sind nicht viele Leute unterwegs. Ein paar Obdachlose liegen mit übereinandergeschlagenen Beinen im Gras. Ein junges weißes Pärchen sonnt sich auf einer Decke, mit einem Baby und einer Flasche Wein.

Vor einer Überführung beim Bayou bleiben wir stehen. Mitsuko setzt sich eine Sonnenbrille auf. Mike sieht mich an, dann holt er etwas aus seinem Rucksack: die Urne. Er sieht den Deckel an und küsste ihn, und ich zucke zusammen, denn es ist ein letzter Kuss für etwas, mit dem er jahrzehntelang, sein ganzes verdammtes Leben lang, im Clinch lag, und Mike gibt seiner Mutter die Urne, und Mitsuko öffnet sie, und die Asche fliegt direkt heraus.

Wir sehen zu, wie sie sich in die Luft erhebt, in den Himmel hinauf, alles auf einmal. Und ihre Partikel zerstäuben, bis sie so klein sind, dass das Auge sie nicht mehr erkennen kann, verfangen sich in den Holzlatten der Brücke, im Fluss, im Nichts, bis wir die Einzigen sind, die das Wissen um ihre Existenz in uns tragen. Bis auch unsere Erinnerung vergehen wird, obwohl es sie wahrscheinlich immer noch irgendwo gibt. Es ist nicht sehr schön.

Mitsuko nimmt ihre Sonnenbrille ab. Ich sehe Mike an, und er schließt die Augen. Seine Mutter umfasst das Brückengeländer, stellt sich auf die Zehen und sagt dann, mit dem ganzen Körper: *FUCK.*

Mitsuko sagt, sie will an ihrem letzten Abend im Land nicht kochen, und so fahren wir zu einen völlig unscheinbaren Tex-Mex-Restaurant gleich ums Eck.

Die Atmosphäre ist viel zu aufgekratzt für unsere Stimmung. Salsa übertönt das Gerede des weißen Publikums, das zur Happy Hour gekommen ist. Ein junger Mann in einem Smoking führt uns zu unserem Tisch und mustert uns von Kopf bis Fuß, einmal, dann noch mal, und übergibt uns einer Kellnerin, die nicht älter als fünfzehn sein kann.

Aber die ist ganz bei der Sache. Sie notiert unsere Bestellungen, dazu sämtliche Sonderwünsche von Mike, stellt Fragen, macht Vorschläge, und nachdem sie alles noch einmal wiederholt hat, verschwindet sie.

Mike trinkt zunächst ein Wasser. Ich bestelle ein Bier. Mitsuko sitzt vor einer Margarita, so groß wie ihr Kopf, und keiner von uns sagt ein Wort, während es an den Tischen um uns herum hoch hergeht.

In der Nische gegenüber linst ein Kind über die Schulter seiner Mutter. Als ich versuche, ihm einen ernsten Blick zuzuwerfen, zuckt der kleine Junge mit keiner Wimper.

Nach zwei großen Schlucken hat Mitsuko ihre Margarita zur Hälfte geleert.

So, sagt sie, was ist der Plan?

Dein Flug geht um sechs, sagt Mike. Um fünf sind wir da.

Nein, winkt Mitsuko ab und sieht mich an.

Was ist *euer* Plan?, sagt sie.

Benson, sagt Mitsuko, hat mein Sohn dir gesagt, was er sich wünscht?

Ich wende mich Mike zu. Er sieht seine Mutter mit einem Ausdruck an, den ich nicht lesen kann.

Wir wollen jetzt nicht darüber reden, sagt er.

Natürlich wollen wir das, sagt Mitsuko. Benson?

Mike geht weg, sage ich. Nach Osaka. Und ich bleibe hier.

Das wars?, sagt Mitsuko.

Ich denke ja, sage ich.

Hm, sagt Mitsuko und trinkt den Rest ihrer Margarita.

Als unsere Kellnerin kommt, um zu fragen, ob alles okay ist, bestellt sie noch eine.

Ma, sagt Mike.

Liebster, sagt Mitsuko.

Also, sagt sie, als der Drink vor ihr steht. Habe ich je von meinem ersten Date mit Eiju erzählt?

Ich wohnte seit einer Weile in Osaka, sagt Mitsuko. Er schlug eine Kneipe vor. Was ungeheuer originell ist. Niemand hatte das je getan. Ich habe mir nicht gedacht, dafür bin ich zu gut. Habe mir nicht gedacht, der will nur seinen Spaß. Ich habe überhaupt nicht drüber nachgedacht, was er eigentlich will, weil ich zu der Zeit einen Freund hatte, einen guten. Was Festes. Der war übrigens Eijus Cousin. Und ich hatte einfach von nichts eine Ahnung damals, und Eiju sagte, wo wir uns treffen, und ich sagte: Okay. Und als ich ein bisschen zu früh da war, habe ich mir den Laden genau angesehen. Er schien völlig normal. Ich habe mir meinen kleinen Drink bestellt und gewartet.

Nach drei Stunden bin ich gegangen. Einhundertachtzig Minuten. Er ist nicht gekommen. Tauchte nicht auf. Ich war wütend, und erleichtert, weil es genau das war, was ich hätte erwarten sollen, und es gab nichts, wozu ich mich womöglich hätte entscheiden müssen. Am nächsten Nachmittag traf ich meinen Freund, und ich habe ihm nichts von all dem erzählt und dachte mir, dass da Gott seine Hand im Spiel gehabt haben musste, bestimmt hatte der den Verlauf meines Lebens korrigiert.

Unsere Kellnerin kommt mit einem anderen Burschen

im Schlepptau. Sie stellen drei Teller mit gebratenem Fisch, geschmorten Pinto-Bohnen und gelbem Reis auf den Tisch. Der Typ löffelt Tortillas in eine Schüssel und steht noch einen Moment da und starrt Mike an, aber Mike hebt nicht mal den Blick, er sieht nur seine Mutter an.

Mitsuko nimmt eine Gabel und zerteilt ihren Fisch, isst aber nicht wirklich etwas.

Ich habe Eiju erst eine Woche danach wieder gesehen, sagt sie. Er klopft an meine Tür, ich mache auf. Und da steht er und sieht fürchterlich aus. Seine Hände sind verbunden, und er hat Blutergüsse überall im Gesicht. Er sieht so mitgenommen aus, dass ich ihn fragen muss, was passiert ist, und wisst ihr, was er darauf antwortet? Das geht dich nichts an. Einfach so, ich bin nur *irgendwer* für ihn. Oder auch niemand. Einfach nur dieses Mädchen, das mit seinem Cousin geht. Ich habe ihm die Türe vor der Nase zugeknallt.

Wir reden Monate nicht miteinander, obwohl er immer im Haus seines Cousins auf dem Sofa sitzt und raucht. Aber ein paar Wochen später erfahre ich, dass mein Freund es war, der Eiju zusammengeschlagen hat. Entweder morgens vor unserer Verabredung oder am Abend zuvor. Er ist zu ihm gegangen, hat sich aufs Sofa gesetzt und ihm die Seele aus dem Leib geprügelt. Erst habe ich es nicht geglaubt, und als ich meinen Freund fragte, stritt er es ab. Aber er log mich an, das konnte ich sehen. Die Wahrheit kam heraus. Er sagte, er hätte sich zu sehr geschämt, um es mir zu sagen. Er hätte Angst gehabt, mich zu verlieren, weil er mich so sehr liebe, und ich sagte ihm, was immer zwischen uns gewesen sei, sei damit vorbei.

Ich ging dann nicht mehr zu meinem Freund, was hieß,

dass Eiju zu mir kommen musste. Und irgendwann tat er es. Mitten in der Nacht. Komplett in Anzug und mit Jackett, er sah aus wie ein Clown. Ich fragte ihn, ob er was getrunken hätte, und natürlich hatte er das, aber er sagte, er wolle mit mir ausgehen. Eigentlich wusste ich es mittlerweile besser, dachte aber, dass es das Mindeste war, was ich tun konnte. Ich sagte ihm, ich wolle in der Nähe bleiben. Ich zog mir ein Paar Slipper an, eine Jacke, und wir aßen was im Curry-Laden gleich gegenüber.

Das ganze Essen redete Eiju darüber, wie gut das Curry sei. Ich war damit aufgewachsen. Seit Jahren hatte ich da gegessen, wann immer ich in Osaka war. Er bestellte eine Portion und gleich noch eine, und ich fragte ihn, warum er mir nicht gesagt habe, dass es mein Freund war, der ihn zusammengeschlagen hatte. Und, Michael, dein Vater sah mich mit vollem Mund an und sagte: Du hättest es mir nicht geglaubt. Du hättest gedacht, ich würde Unsinn reden. Du mochtest ihn zu sehr. Ich hätte es verdorben, wenn ich was gesagt hätte. Du musstest es selbst herausfinden.

Mitsuko stochert nicht weiter in ihrem Essen herum. Ihr Blick geht in die Leere zwischen uns.

Ich sagte zu Eiju, dass es auf diese Weise schmerzhafter war, und er sagte, das sei etwas anderes. Etwas ganz anderes. Er sagte, es gibt Dinge, die wir am besten selbst herausfinden. Er habe nicht der sein wollen, der es mir sagte. Er wolle nicht, dass ich so von ihm dächte.

Und das wars, sagt Mitsuko. Eiju hat mich zurück nach Hause gebracht. Er hat nicht mal mein Essen bezahlt. Er hatte kaum genug Geld, sein eigenes zu bezahlen.

Mittlerweile ist Mitsuko mit dem Herumstochern in ihrem Essen fertig. Dazu hat sie ihre dritte Margarita in sich hineingeschüttet und spielt mit der Limette herum. Hinter uns hat sich ein Teenagerquartett in Mariachi-Ausrüstung für ein Geburtstagsständchen aufgebaut. Die Frau, für die sie spielen, strahlt unter einem Hidschab. Ihre Freundinnen sitzen neben ihr und klatschen mit, als die Teenager in die Saiten greifen.

Und, sagt Mike, was ist der Punkt?

Der Punkt, sagt Mitsuko.

Warum erzählst du uns das alles?, sagt Mike.

Was redest du da?, sagt Mitsuko.

Der Punkt ist, dass du daraus entstanden bist, sagt sie. Eine Sache geschah, dann eine andere. Wir haben nicht darüber nachgedacht, ob es funktionieren würde oder nicht. Wir haben es einfach getan.

Was du sagst, ergibt keinen Sinn.

Du willst es nur nicht verstehen.

Doch, sagt Mike und legt das Besteck beiseite.

Dad hat mir erzählt, sagt Mike, ein paar Tage bevor er gestorben ist, hat er mir erzählt, dass er auf dich gewartet hat. Ich hatte ihn nicht mal danach gefragt. Er hat es mir einfach so erzählt.

Dad ist nach Japan geflogen, sagt Mike, und wir sollten ihm folgen. Aber du hast dafür gesorgt, dass wir es nicht taten.

Ich sehe Mitsuko an. Ich sehe den Salzstreuer auf dem Tisch an. Der Lärm von den Tischen um uns herum scheint mit einem Mal weniger zu werden.

Natürlich hat Eiju es dir so erzählt, sagt Mitsuko.

Weil es wahr ist, sagt Mike, oder nicht?

Dad hat mir erzählt, dass wir ihm nach Japan folgen sollten, sagt Mike und wischt sich über die Augen. Deshalb ist er weg. Er ist vorausgeflogen, und wir sollten nachkommen. Aber das haben wir nicht getan, weil du es nicht wolltest. Du wolltest nicht, dass wir wieder zusammenkommen.

Mike sieht seine Mutter an, sieht sie direkt an. Tränen treten ihm in die Augen, und dann laufen sie ihm übers Gesicht. Ich gebe ihm die Serviette von meinem Schoß, doch er lässt sie fallen, und Mitsuko sitzt direkt bei ihm, aber ehrlich, sie kuckt schon wieder an ihm vorbei und nimmt einen Schluck von ihrer Margarita.

Hör mal, sagt Mitsuko.

Nehmen wir mal an, rein hypothetisch, dass da was dran wäre, sagt Mitsuko.

Wenn du recht hättest, sagt Mitsuko, würde das einige Dinge ändern. Es würde bedeuten, dass Eiju nicht wirklich das Monster war, als das ich ihn dir die letzten sechzehn Jahre beschrieben habe. Rein hypothetisch würde es bedeuten, dass ich die Schuldige war. Dass ich die Familie zerstört habe. Trotz all seiner Fehler wäre ich dann die Schlimmere von uns beiden.

Mitsuko fährt sich mit einem Finger über ihren Ohrring. Sie tippt gegen die Seite ihres Glases.

Aber, sagt sie, stell dir vor, was es mich gekostet hätte, so eine Entscheidung zu fällen. Dich von deinem Vater zu trennen. Überlege dir, was mir da durch den Kopf gegangen wäre. Wie es mich aufgefressen hätte. Ich hätte die Situation betrachten und zu dem Schluss kommen müssen, dass es besser für dich wäre, ohne ihn aufzuwachsen, als mit dem Vater, der er noch werden konnte. Es hätte bedeutet, dass ich mehr an uns, dich und mich, geglaubt hätte als an den, der dein Vater vielleicht eines Tages noch werden mochte. Und ich hätte mit dem Wissen leben müssen, dass ich mich womöglich täuschte. Und falls ja, dass es dann nicht mehr rückgängig zu machen wäre. Wenn ich mich täuschte, würde mich meine Entscheidung bis aufs Totenbett verfolgen.

Mitsuko wendet sich den Teenagern zu, die gerade ihr Ständchen beenden, und applaudiert dann viel zu laut. Sie sehen zu uns herüber, und einer hebt eine Faust.

Als unsere Kellnerin kommt, fragt sie, ob Mitsuko noch eine Margarita möchte. Sie nickt, und Mike schüttelt den Kopf. Er sagt seiner Mutter, dass sie genug hat.

Unsinn, sagt Mitsuko.

Ma, sagt Mike und heult noch immer.

Sag nicht Ma. Ich habe dich gemacht.

Du hast keinen Bissen gegessen.

Benson. Sag es ihm.

Ich glaube nicht, dass ich dazu etwas sagen sollte, sage ich.

Es ist dein Problem, sagt Mitsuko und verschränkt die Arme vor der Brust. Euer Problem. Um das geht es hier.

Ich nehme noch eine, sagt Mitsuko zur Kellnerin. Und ich denke, ich nehme mein Essen mit. Ich esse es später.

Mike nimmt den kurzen Weg nach Hause, trotzdem bleibt Zeit, zum Himmel hinaufzusehen. Als wir zu Hause ankommen, parkt er hastig und schief und steigt ohne einen Blick zu uns aus dem Auto. Er läuft auf die Tür zu, vorbei an den Nachbarn, die seinen Namen rufen. Ich warte auf Mitsuko, die bedächtig aussteigt, bevor sie zur Veranda geht und sich auf die Stufen plumpsen lässt.

Mitsuko macht ihre To-go-Schachtel auf und nimmt Messer und Gabel, fängt an zu essen und sieht zu mir auf. Ich setze mich neben sie.

Glühwürmchen schweben unter dem schwachen Licht über uns. Alles ist goldverhangen. Die venezolanische Mutter von nebenan sitzt ebenfalls auf ihrer Veranda und winkt Mitsuko zu, die zur Antwort ihre Schachtel hebt.

So sitzen wir da, schwitzen und sagen nichts. Mitsuko fächelt sich mit ihrer freien Hand Luft zu, lässt den Blick über die Nachbarschaft gleiten und tritt sich die Schuhe von den Füßen.

Und dann sagt sie: Ich sage ja nur, dass es euch beiden gut geht.

Okay, sage ich.

Es *wird* euch gut gehen, sagt Mitsuko. Ihr findet eine Lösung. Es ist nicht umsonst, das meine ich. Nichts ist umsonst. Entweder nichts oder alles. Aber euch zweien könnte es schlechter gehen, als wenn ihr zusammen seid, im Leben des anderen. Verstehst du?

Ja.

Also sei nicht verzweifelt.

Bin ich nicht.

Du musst es versprechen, sagt Mitsuko.

Versprochen.

Gut, sagt Mitsuko und nimmt noch eine Gabel.

Wir sitzen draußen und beobachten so lange den Verkehr, bis wir nur noch uns sehen können, aber wir müssen auch nicht alles andere sehen, um zu wissen, dass es da ist. Und irgendwann drückt Mike die Fliegengittertür auf und sagt, Mitsuko sollte jetzt wirklich ins Bett, und sie sagt, natürlich, das weiß sie, denkt er etwa, sie wäre noch nie geflogen?

# 9.

Das erste Mal ruht in einer Erinnerung, die ich aufs Grundsätzliche eingedampft habe: Wir gehen, denke ich, durch die Nachbarschaft. Ich sage zu Mike, dass ich die Gegend liebe, oder mich doch daran gewöhnen könnte, sie zu lieben. Er hebt den Blick viel zu schnell, und es ist schon zu spät, ich habe sein Grinsen gesehen. Aber genau jetzt, im Angesicht einer potenziellen Katastrophe, deutet Mike auf ein Haus und sagt, er liebt es, wie es sich zur Seite neigt. Ich zeige auf eine Katze, die unter einer Laterne liegt und sich sonnt, und sage, ich liebe es, wie die durchs Leben geht. Mike deutet auf die Wildblumen gleich neben der Straße, ich deute auf die Laternen. Beide deuten wir hinter uns, unter uns, in Ecken und durch Fenster, nur nicht aufeinander, obwohl ich später begriffen habe, dass auch das natürlich ein Bekenntnis war.

# 10.

Am nächsten Morgen wache ich auf und sehe auf mein Telefon, und da ist eine Nachricht von Omar: ein Mix verschiedener Herzen.

Eine Nachricht von Ximena: ein Selfie – sie sitzt lächelnd in einem Flugzeug, hat ihr Kind auf dem Schoß, und Noah hält ihren Ellbogen.

Eine Nachricht von meiner Mutter: Sie fragt, wie es mir geht.

Eine Nachricht von Lydia: Sie möchte wissen, ob ich Zeit habe, mittags mit ihr zu essen.

Und eine von Mike: eine ganze Fotoserie.

Er muss sie gemacht haben, wenn ich nicht hingesehen habe. Das erste ist von mir und seiner Mutter. Und dann ist da eins nur von mir. Und eins von unserer Veranda.

Und dann noch eins von meinem Hintern, durch einen Filter und vergrößert. Und eins von Mike, wie er in die Kamera lächelt.

Aber es ist ein echtes Lächeln. Und das ist das Bild, an das ich mich erinnern werde, egal, wie es ausgeht. Das ist das Foto, das ich speichere.

Mike ist schon wach, liegt neben mir und starrt an die Decke.

Als wir angezogen sind, sitzt Mitsuko im Wohnzimmer. Sie hat genau das an, was sie bei ihrer Ankunft anhatte, trägt dieselbe Jacke und dieselbe Sonnenbrille.

Die Fahrt zum IAH ist kurz. Mike ist gereizt, weil es so früh schon so viel Verkehr hat. Mitsuko sieht mich einmal, dann noch einmal im Rückspiegel an. Es ist noch so früh, dass wir die hässlichen Sterne am Himmel zählen könnten. Der Mond ist hässlich lila, so habe ich ihn bisher nur in dieser Stadt gesehen, und ich bin ziemlich sicher, dass es ihn sonst nirgends so gibt. Ich weiß, ich werde immer nach ihm Ausschau halten, egal an welchem Ort.

Als wir beim Abflugbereich halten, helfen Mike und ich Mitsuko mit ihrem Gepäck. Ihr Sohn öffnet den Mund und schließt ihn wieder. Dann sagt er ihr, dass er sie bald besuchen wird. Mitsuko fragt, ob er bald meint oder ganz bald, und bevor Mike antworten kann, beugt sich seine Mutter vor und flüstert ihm etwas ins Ohr – und da entgleisen Mike die Gesichtszüge, und er fängt wieder an zu heulen, und dabei steht sein Mund ein klein wenig auf.

Mitsuko beugt sich vor, um auch mir etwas zuzuflüstern. Aber statt Worten bekomme ich einen Kuss.

Und so sehe ich zu, wie sie ihr Gepäck nimmt. Sie blickt nicht zurück, als sie das Flughafengebäude betritt. Sie geht um die Ecke, um ihr Ticket vorzuzeigen, und schwenkt auf die Rolltreppe, und dann schwebt sie langsam in die Höhe, anmutig, strahlend, bis sie auf dem Weg nach Hause ist.

## DANK

Arlena und Gary.
Alison und Patrick.
Adam und Rachel und Sanda und Isaac.
Thu.
Alex.
Joanna.
Rhonda.
Paul.
Allegra.
Nicole.
Kuniaki und Yuji.
Ryosei.
Hiroyuki und Shinji.
Aja.
Szilvia.
Lou.
Ashley und Min Jung.
Laura.
Den Leuten von Riverhead.
Danielle.